元華文創
頂尖文庫 EA032

臺灣設計 計
美學 史

卷二

盛
清
臺
灣

楊裕富 著

序 言

「臺灣設計美學史」的寫作，起心動念於三十年前籌備雲林科技大學建築系的時候，

那時一邊在工業設計系教書，另一邊在準備建築系的設系提案及向教育部提出課程

師資設備計畫書。

那個年代，重視本土的口號已經響徹雲霄，然而相關本土設計的相關教材乃至於師
資卻極其缺乏，工業設計史幾乎全是英國工業設計史或西洋工業設計史，建築史雖
然有中國建築史的教材，但多數只談到盛清時期就結束，教材上尚未採取臺灣建築
史料進入建築史的階段。然而我們的設計教育目標卻強調能培養出具中國文化特色
兼具臺灣本土文化特色的設計人才。我覺得這樣子的教學資料而要達成相對的教育
目標，幾乎是緣木求魚，所以就一頭栽入臺灣本土設計資源的研究，連續多年向國
科會提出年度研究計畫案。

隨著十餘次的國科會研究計畫的完成，我的「臺灣設計美學史」的寫作材料也收集
得相當豐富，再加上二十年前主持過三個文建會的社區總體營造案，其中竹山社寮
紫南宮的社區總體營造案的經驗，更讓我對民俗宗教的實際活動有更深刻的體驗，
社區總體營造案進行過程中所收集的資料更豐富了「臺灣設計美學史」的相關內容
的提煉。所以我就開始著手這本「臺灣設計美學史」的初步寫作。然而這本「臺灣
設計美學史」的寫作也隨著我的教學回饋而有相繼的寫作調整，如今出版的已是我
「臺灣設計美學史」寫作上的第三個版本了。

回顧這麼長期的寫作過程裡，該感謝的人實在太多了，首先該感謝的是國科會連續
十幾年核准我所提出來的研究案，其次感謝文建會核准的「竹山社寮紫南宮的社區
總體營造案」與當時文建會副主任委員陳其南先生的指導與鼓勵，再其次則感謝我
的碩班研究生與博班研究生們在上課過程中與我的激烈又營養的互動，以及我所指
導的研究生們中有三十幾位以傳統與當代建築，傳統與當代工藝為研究對象時，所
進行辛苦又踏實「田野調查成果」的滋養，特別是許峰旗博士與馮永華博士在工藝
史與視傳設計史上的深入研究，在在都形成本書的重要養分。

最後也要謝謝元華文創公司在出版業艱困的年代挑選本書出版的眼光，更謝謝元華
文創的蔡佩玲經理與編輯們辛勤的作業，才能讓這三本埋沒十年的好書能順利出版。

謝謝，謝謝所有幫助這本書形成與出版的朋友們，也預先謝謝對這系列感到興趣的
讀者們。謝謝！！

目 次

第五章：盛清時期的臺灣設計美學

臺灣臺灣設計美學的歷史分期裡，清朝從西元 1683 年至 1895 年共計二百一十二年，這期間臺灣的變化實在太大，所以本書以臺灣、福建、清朝朝廷三個觀點，將這一時期以 1850 年作為分界，而稱 1683 年至 1850 年為盛清時期的臺灣與 1850 年至 1895 年為晚清的臺灣。本章描述分析盛清時期的設計美學，就先將這分期的緣由及這一時期歷史背景作一簡要說明。1850 年太平天國崛起至 1872 年太平天國餘部被「剿滅」，對清朝朝廷、福建省乃至於福建省的臺灣府卻有不同的意義與影響。

對清朝朝廷而言，太平天國崛起才發現清朝的正規武力已經生鏽，尤其是所謂的八旗滿族子弟兵縱有最精良的的裝備也無所謂戰力可言，更別說裝備落伍的綠營。要打敗太平天國軍居然得靠「忠心的漢人大臣」自行想辦法籌糧籌餉的地方團練出手才有可能，而且這種情境在清朝朝廷的滿大臣及皇親國戚心裡還是默默體認心照不宣。清朝政治權力的腐敗雖不是自此開始，但 1850 年的太平天國事件及 1861 年起的慈禧太后垂簾聽政，卻明確的為權力腐敗添加上昏庸無能的權力毒藥。所以，1850 年對清朝來說是盛衰的分界點。

對福建省而言，太平天國肆虐的十二年間，四度進出福建（註一），雖然閩西本是客家族群的群居地，但這支以廣西客家族群為主的太平天國軍卻一樣燒殺擄掠，福建至民國時期仍有「再哭鬧長毛鬼就要來抓你」的制止小孩哭鬧用語，所謂的「長毛鬼」指的就是太平天國軍。「太平天國軍隊所過之處，任意殺戮，屠城無數；分裂之後，內鬥更是血腥無比。湘軍、淮軍視太平天國為社會的毒瘤，下手絕不留情，太平軍及其支持者即便投降也無不被屠殺殆盡，難逃一死。經過四十年的動亂，華中及華南許多省分血流成河，遍地白骨。……太平天國之亂就是所有中國發生過的動亂中，造成的死亡人數最多的一次」（註二）。太平天國對福建而言其實就是有組織的土匪，對福建的民生經濟起了絕大的破壞作用，雖不謂民窮財盡，但也元氣大傷。

對臺灣府而言，太平天國崛起不但沒有「騷擾」到臺灣，反而因臺灣義勇渡海加入剿平太平軍或捐助朝廷銀兩剿匪等事蹟（註三），讓清朝朝廷開始更加「重視」臺灣。此後，臺灣對清廷言已經不只是一個徵糧徵稅的好地方，更是朝廷「遇難」時額外出錢出力的好地方，多些「破格敘獎」又何妨？臺灣近代大家族於是乎崛起，臺灣在亂世中終於被朝廷視為富而好禮的仕紳社會。整體而言，臺灣在 1683 年至 1895 年這個時段裡，十九世紀中葉是個臨界點，之前是個墾拓形社會，之後在全國各省中算是個快速變化的高生產力社會，所以十九世紀中是一個研究臺灣史上，分期分段的時間點。

或許在周朝之前的封建社會與民國之後的「民主社會」有些不同的社會運行法則,但在傳統帝王社會裡社會運行法則只有四個字:「戶、丁、畝、糧」,丁是戶的精算,糧是畝的精算,主要都在計算人民能否「吃飽飯」,這種計算算準了,才有所謂「衣食足而後知榮辱」,才有所謂「文明教化」,才有所謂「吾皇萬歲萬歲萬萬歲」。我們從這個角度來看明朝末年的政局,來看明清時期福建人口的大量外遷,來看臺灣漢人人口的快速成長,來看鄭成功的奉明朝為正統,來看太平天國事件,大概都可以理出一個「先經濟而後才有文明」的小道理。

5-1,盛清時期的人口政策與社會轉型

清廷派福建水軍提督施琅攻打臺灣後,怎麼看待臺灣其實攸關著臺灣爾後兩百餘年的發展。可惜的是目前臺灣史的寫作裡往往「自我想像」康熙怎麼「看待臺灣」,自我想像出清廷的「棄臺說」轉變到「消極治臺說」,然後書寫出一部「哀怨的臺灣開發史」。筆者認為帶著這種偏狹「意識形態」眼鏡是無法看清歷史真相,更無法「貼近事實」來描述歷史發展的道理,所以先引述一段學者許毓良的研究,排除了這意識形態的障礙後,再論述盛清時期的人口政策與社會轉型。

「消極治臺說。此觀點能找到最早的首倡者,則是日治時期學者伊能嘉矩。伊能根據康熙二十二年(1683)棄留臺灣的廷議,認為雖然以福建水師提督施琅為主的留臺派取得勝利,但受到棄臺意見的影響,使得清廷對臺實施嚴格的移民政策,並造成層出不窮的偷渡案件。日后的研究者抓住這一點再多作發揮,並把例如:劃定番界、番民分治、航運限制、社會動亂等政策與現象的出現,全歸咎于是清廷態度被動導致的結果。于是乎"消極治臺"說的刻板印象形成,它已成為同治十三年(1874)臺灣執行開山撫番前,清廷治臺的一個注腳」(註四)。

換句話說,臺灣史研究採取「消極治臺說」甚或採取「棄臺治臺說」的第一人是個日本帝國殖民臺灣時期的日本學者伊能嘉矩。這種論點的不符常識判斷,不符歷史真相,則為後繼採取這種觀點的學者所「無法辯駁」,但更重要的是後繼採取這種觀點的學者通常「忽略、否認、不屑」任何違反「消極治臺說」的證據。甚至連劉銘傳在首任巡撫任內的積極「現代化事業」都可說成繼任者(第三任)邵友濂眼中的一堆「財政爛攤子」,草草收場而作罷。筆者認為伊能家矩採取這種「治殖民地史」的態度對當時的大日本帝國的國民而言,好像理所當然且光明正大。但是後繼採取這種觀點的學者,之所以堅持這種觀點到底,毋寧說是一種權威式科學主義者的「偏狹意識形態」作祟而已。「偏狹意識形態」在治史上理應排除。

我們再引一段連橫臺灣史施琅傳的內容,重新解讀清廷「治臺政策」。

「（康熙二十二年，1683）澎湖既破，克塽遂降。琅命二等侍衛吳啟爵先入臺灣，諭官民薙髮。八月十八日，琅至，克塽迎之。越數日，刑牲奉幣，告於成功之廟曰：『自同安侯入臺，臺地始有居民……今琅賴天子之靈、將帥之力，克有茲土。不辭滅國之罪，所以忠朝廷而報父兄之職分也……』……。捷書至闕，上大喜，解御袍賜之，封靖海侯，世襲罔替，仍管水師提督事。命侍郎蘇拜至福建與都撫及琅議善後。廷議以臺灣險遠，欲墟其地。琅疏言不可。旨下議政王大臣會議，仍未決。復詢廷臣。大學士李霨請從琅議。啟聖亦言收臺之利。乃設府一、縣三，駐巡道，棣福建；調水陸兵，以總兵鎮之。已又奏減臺灣地租，許之。二十四年（1685），請申嚴海禁。二十七年（1688），入覲，優旨嘉錫。三十五年（1696）三月，薨於位，年七十有六，贈太子少傅，賜祭葬，諡襄壯，雍正十年詔祀賢良祠，子世範襲爵六子世驃亦有名」（註五）。

從這段引言描述我們可以得出如下的疑義與分析：

其一，「命侍郎蘇拜至福建與都撫及琅議善後。廷議以臺灣險遠，欲墟其地。琅疏言不可。」到底是什麼意思？

「廷議以臺灣險遠，欲墟其地」是什麼意思？如果我們只就當代白話文來讀「廷議以臺灣險遠，欲墟其地」就解讀成：「朝廷裡的大臣們（都）認為臺灣又遠又危險，還是將臺灣民眾全數撤回福建，讓臺灣是塊無人之地好了」，那就大錯特錯。事實並非如此，朝廷裡的大臣並非「都有」如此荒唐的想法。只是「少數」康熙的近臣佞臣有這些意見罷了。康熙為了塞住這些近臣佞臣的嘴巴，所以才命朝中大臣至福建與都撫及施琅來議「善後」。

「命侍郎蘇拜至福建與都撫及琅議善後」是什意思？如果我們解讀成「議攻臺佔臺治臺」的善後就絕對不通了。

康熙在獲得攻臺成功後的中秋節就寫了一首詩<<中秋日聞海上捷音>>，表明對臺的態度，這首詩全文為：「萬里扶桑早掛弓，水犀軍指島門空。來庭豈為修文德，柔遠初非默武功。在適受降秋色外，羽林奏捷月明中。海隅久念蒼生困，耕鑿從今九壤同」（註六）。

所以「命侍郎蘇拜至福建與都撫及琅議善後」就是要蘇拜、姚啟聖與派駐福建的高級武官、施琅想個辦法，處理少數近臣「棄臺說、墟臺說」的善後。或許連橫在寫這一段文字時並不是這個「處理棄臺說善後」的意思，但是就真來看這一段史實，還是解讀成「處理棄臺說善後」才說得通。

康熙皇帝是不是英明另當別論，一個年輕氣盛的清朝皇帝，會因為一般大臣廷議棄臺墟臺而要求蘇拜、姚啟聖乃至施琅等人想個辦法處理「收復臺灣」的善後或去留，才是「六神無主兼精神錯亂」吧。說實在，若不是這種廷議是「少數滿大臣、康熙皇帝的近臣、佞臣，甚或皇帝的長輩」的聲音，發此種言論者早就被拖出去斬了，還需要大費周章的「暗示」施琅趕快上個奏則，好來個事緩則圓嗎？

其二，康熙治臺的權力佈局：「海隅久念蒼生困，耕鑿從今九壤同」。
初期的權力佈局就是「設府一、縣三，駐巡道，隸福建；調水陸兵，以總兵鎮之」，當初派文武官員尚未就任時，施琅「已又奏減臺灣地租，許之」，過兩年，施琅上奏「請申嚴海禁」就沒有下文了。當然沒有下文，這表示此後治臺是臺灣府縣巡道（兵備道）及臺灣總兵負責之事，而非施琅靖海侯之事。施琅在臺灣的權力或權利僅止於封侯時的「賞地收租權」，而無涉治臺方略。康熙治臺的目標或理想就是「海隅久念蒼生困，耕鑿從今九壤同」，這個目標作得到作不到，是快是慢，當有不同的歷史解讀。但總不可能也不會「清廷派駐臺灣的官吏，是形成移民反抗最大的主因。他們對移民只有壓迫而沒有助益，平時愛好留戀在大煙館與妓院之間，衙門辦事則向移民強所紅包，苟且成性，一心一意只想累積財富，三年一到，就趕快逃回唐山大陸」（註七）這般的不堪。在康熙治臺的權力佈局下，爾後清廷治臺毋寧說是有方法有步驟的，而其方法與步驟就是「制度」。

盛清時期的人口政策，乃至清朝的各種制度才是解讀臺灣在 1683 年至 1850 年發展、轉變的重要依據。

施琅上奏「請申嚴海禁」之所以沒有下文，就是表明清廷乃至福建省自有人口政策與制度，無須水師提督置咮。那麼清盛期這個政策與制度又是什麼呢？道理很簡單，事實也很清楚，那就是「戶、丁、畝、糧」的精密計算與朝廷地方（省）的共同決策。

清朝的籍貫制度其實是延用長久以來傳統的籍貫制度，再加上滿州特有的「抬旗落戶」制，乃至介於兩者之間的「流寓落戶」制所混合而成。不只是「戶、丁、畝、糧」的精密計算要依靠此籍貫制度，設府設縣、駐軍輪調、設學設（書）院、科舉考試、良民賤民、是匪是民、事件管轄也都要依靠此籍貫制度。而此籍貫制度裡的「流寓落戶」到「幾代設籍」基本上也是朝廷與地方共同決策，而由地方（省）負責執行。盛清時期臺灣設一府三縣於福建省轄下，基本上就決定了臺灣爾後移民以福建省移民為主，文化向福州府靠攏的格局。當然 1883 年開始籌設臺灣建省之後這種格局才又另當別論。如果不理解這種制度與格局，只憑口傳集體記憶來訴說臺灣的漢人移民多是「偷渡客與羅漢腳」，臺灣漢人移民的第二代多是「有唐山公無唐山姆」，如此一來，所得的推論就會「失之毫里而差之千里」了。

臺灣在 1663 年至 1895 年間一直都是漢人移民的新樂園，或許 1850 年後略有改觀，但是自從顏鄭來臺從事墾拓之後，臺灣是漢人移民的新樂園卻實是個總趨勢，而這個總趨勢在 1663 年至 1895 年間是由福建省乃至福州府負責執行。而這個總趨勢裡在 1790 年至 1810 年間卻出現了「移民高潮」，這種移民高潮基本上是家庭移民或家族移民而不是單身移民。

在分析乾隆末年至嘉慶初年臺灣人口激增一事時，許毓良指出：「另外還有一個問題是清代的臺灣人口，什麼時候突破一百萬人？按照表二十一的數據，"有可能"在乾隆五十九年（1794）臺灣人口才達到百萬。不過根據<<黃冊>>的紀錄，年代應可提前幾年。乾隆五十四年（1789）<<黃冊>>記載福建省人口，不算臺灣府的人數是 12234872；乾隆五十六年（1791）<<黃冊>>提到前一年通省人口為 13298394。這兩個數字相減所得為 1063522，應就是乾隆五十五年的人口數」（註八）至於這個數據明顯與另一算法上的乾隆五十五年臺灣人口 94314（閩省督撫奏則中的數據）不符，這又怎麼解釋呢？許毓良的解釋則為督撫奏則為督撫計算（可徵糧徵稅的）帳面人口直接奏報給皇帝，且督撫奏則通常不計流寓人口，所以數值才會較小；另外接著許毓良又指出：「可以想見臺灣的人口成長，一定是呈現大幅度的增加。現有的幾個紀錄觸及此議題。其一，嘉慶末年編纂的<<福建通志>>記載臺灣人口為 1944737。其二，嘉慶十六年（1811）<<大清一統志>>記載臺灣府人口為 1786883 人。其三，陳孔立以未標明出處的資料，說明嘉慶十六年臺灣人口為 1901833。其四，金梁使用據信是<<清史稿>>稿本的資料，說明嘉慶十六年臺灣人口為 2003861。其五，陳紹馨認為嘉慶十五年臺灣人口已增至二百萬人。前述不管是哪一個數據，都是一個相當驚人的數目。但卻是可以理解。按前文時至乾隆末年（1790）臺灣人口才突破百萬，結果僅花了二十年的時間，臺灣人口就激增七十八萬、九十萬、甚至一百萬。這個原因只有一種可能，那就是臺灣歷經乾隆五十一年至五十三年林爽文事件，嘉慶十一年（1806）蔡牽侵擾南路，二次重大兵燹造成龐大的死傷，使得勞動力嚴重不足。唯有大量移民，才能在短期間內恢復生產」（註九）。

上述這兩段引文明確的顯示了臺灣人口成長過程中，「唯有大量移民，才能在短期間內恢復生產」的實況，乃至於明確的顯示了臺灣移民高潮時福建省與福州府主導「家庭移民」的事實與必要性。必要性何在？「在福建人口增加上，康熙二十四年（1685）閩省約有 1395102 人，但到了乾隆十八年（1753）增至 4710339 人，乾隆三十二年（1767）再增至 8094294 人。迅增出來的人口在原鄉謀食艱難，而移民同屬一省的臺灣府是很自然的事。在福建家族的發展上，刻板印象認為家族是安土重遷、自給自足的團體，現在也有所改變。由於族眾的繁衍已超出地域應有的容量，部分家族成員不得不另覓他鄉發展。臺灣有如四川、南洋都是當時選擇的地方之一」（註十）。

從康熙治臺的權力布局到而後臺灣漢人移民精密推算的「接近事實」,我們都可以得到臺灣在 1663 年至 1895 年間的發展,清廷都是「墾拓治臺、積極經營臺灣」。而福建省與福州府都是「積極主導了福建人移民臺灣,以圖增加臺灣的生產力」。福建省各級官員並無「消極治臺」的理由,福建省派駐在臺官員通常也是兢兢業業,斷無「平時愛好留戀在大煙館與妓院之間,衙門辦事則向移民強所紅包,苟且成性,一心一意只想累積財富,三年一到,就趕快逃回唐山大陸」之理。清朝時福建省的貪官污吏容或有之,但翻開中國史,明朝中期以後的政局及明朝福建省的貪官污吏才是逼民為盜的元兇,而不是清朝時期福建省的官員,更不是清盛時期臺灣府的官員。

這點史論與史實之間的辯證非常重要,它關係著臺灣移民的成分與臺灣文化的走向,這點史論與史實之間的辯證如果未能澄清,那麼臺灣的歷史寫作就會導向「草寇與棄民的冒險犯難開創了嶄新的臺灣文化」這樣沒有根據的歷史鬧劇寫作,臺灣文化的成分也就會被編織成與福建文化存有巨大差距的新文化,然而事實並非如此,最少在 1663 年至 1885 年的兩百零二年間,臺灣府是福建省直屬的一個府,而福建省的省會一直都在福州。福州在清朝所崛起的「閩侯文化、理學之鄉」的風氣直接形塑著臺灣文化在盛清時期的走向,「閩侯文化」只薰陶出甘國寶、林則徐、沈葆楨這些國之重臣與蔣元樞、劉銘傳這些到任官員的知恥知勇。福建文化的發展乃至清廷主導下的臺灣文化發展也是如此期待與推動,否則又怎麼會有「甘國寶過臺灣」、「嘉慶君遊臺灣」的民間劇曲傳唱,乃至臺南民眾為蔣元樞設像祭祀的事蹟呢?

在 1663 年至 1885 年間臺灣文化發展企圖追上福建文化發展甚至與之同步,這是理所當然的期待與方向,而臺灣生產力企圖追上福建生產力則是事實,這個事實在太平天國事件後更為明顯而已。如果生產力分成士農工商的話,那麼農業與商業的生產力則應更早就超過福建省了,否則也不至於在 1790 年至 1810 年間湧現「福建移民到臺灣」的新移民浪潮,相對的士與工的生產力是低於福建省,這從當時臺灣建築往往以聘請福建內地匠師來臺主持興建為傲,乃至於許多金飾工藝匠師、佛像雕刻匠師、佛像金身衣物裝飾匠師往往打出福州師傅為招牌等現象就可略知一二。只可惜當時匠師的社會地位比起士人而言還相差甚遠,所以,除了少數畫家留名及少數家族匠班還有承傳的事蹟外,通常匠師幾乎沒有落款留名的機會,加以木建築、磚土建築的耐侯性較差,常以維修,以致匠師承傳系譜或建築工藝作品風格承傳的系譜幾乎難以查明。不過,臺灣的 1663 年至 1850 年也在這一波波的新移民浪潮裡,帶著從福建新來以農業為主流的士農工商各行業,結合了先來的漢人,結合了原住民,從墾拓社會邁入士紳社會。一個以福建文化為本源,以閩侯文化為樣版的士紳社會,也就在總生產力逐漸高過福建原鄉的情境裡誕生。

5-2，盛清時期的建築

盛清時期的臺灣建築大致上是原住民建築、墾拓型建築、福建原鄉傳統建築等三種建築形態並列發展的，只不過這三種建築裡原住民建築與墾拓型建築的存在年限通常較短，而福建原鄉建築在臺灣落地生根後也逐漸有了新的變化出現，諸如：竹構造加茅草頂建築與土角磚加薄屋瓦建築等既可視為墾拓型建築的變化，也可視為福建原鄉建築的變化，只是這些新形態建築新形態建築的存在年限一樣很短，只有在構造形態上採木構造主體的建築，或是福建原鄉建築構造體加少裝飾變化的建築物，才有機會歷經長期維修，改建，擴增而留存至今。我們即以現存建築之改建或始建年代先後為序，選臺南祀典武廟等三十三個案例簡介於後。

其一，臺南祀典武廟（1665 年始建，1690 年大致完成）

祀典武廟歷史悠久，有學者推測應是由明鄭寧靖王府的關帝廳改建而來，原來面向也可能是朝北，而非今日的南向，但這種說法並無依據。武廟第一次改建紀錄是在清康熙 29 年（1690），由於這次的改建動到了基本格局，且這次的改建也奠定了以後臺南祀典武廟的格局，所以臺南武廟的興建年代應該就是 1690 年。雖然以後武廟歷有修繕，其中只有 1725 年「可能」擴建三代殿（關夫子的祖宗三代，通稱父母殿）的增建使祀典武廟的格局縱身加深，其餘的修繕基本上是完全沒有動到祀典武廟的格局，甚至於 1777 年蔣元樞的募款大規模修繕或 1841 年六條街大火後的民眾募款修繕，也都沒有更動此祀典武廟格局的理由與紀錄，只有日據時期在三川殿的內軒加設戲臺，「可能」調整了三川殿內軒的高度，而光復後這內軒戲臺即以不合規制而予以拆除。所以，在現存臺灣所有古蹟中，臺南祀典武廟的格局，建築規制，工程作法，都是停留在 1690 年臺灣傳統木構造的規劃設計模式中，也是全臺最難得的一座研究清盛期傳統建築的為一案例。

現今對臺南祀典武廟興建、修建、整建、改建、重建的疑義，主要就在於 1725 年「可能」擴建三代殿及將西側觀音殿納為僧房乙事，及 1765 年知府蔣允熙加建公廨乙事，歷史紀錄不詳所致。這兩件事的歷史紀錄不詳，都讓續任官員與當今古蹟研究人員誤認為三代殿是 1725 年才加建，西側觀音廳可能是 1765 年所加建，亦屬祀典武廟的第三進或第三殿。這種誤會與誤認才使得祀典武廟的格局、範圍、建築形式、建築工法、傳統匠藝這些線索全亂了套。很清楚的是，軸線西側現稱觀音亭或觀音殿者本來就是「僧房」，是屬於清朝劃分管理所有廟宇寺院所必要的服務性建築，僧房可能是暫用明鄭時期寧靖王府的房舍，也可能是 1690 年所建，屬於廟產，但不屬於廟的儀式空間，所以「觀音廳或觀音殿」當然不是祀典武廟的第三進，這「觀音廳或觀音殿」在 1690 年時只是個僧房而已。另外，廟方紀錄 1789 年知府增建戲臺一座，則可能是後人自行想像添加一筆的事件。作為祀典武廟既有廟田廟產，又有僧人管裡，每年知府還要率隨行官員代表天子

進行春秋二祭，應該是種肅穆的儀式，蔣允熙大概還不置於糊塗到在祀典武廟裡建戲臺的程度。倒是臺灣割讓日本以後，清朝滅亡以後，清朝時配置的住廟僧也撤除了，武廟變成私廟（不再是官廟）後，才有可能在民眾的管裡下興建戲臺。總而言之，現今臺南祀典武廟雖然「廟產」包括了西側觀音廳，但武廟的格局裡是不包括這西側觀音廳。而 1690 年時臺南武廟的格局就是兩落兩進由山川殿連內軒加上第一進的正殿（重簷歇山下加兩軒），再加上第二進的父母殿（所謂硬山燕尾脊飾），各落之間以狹小的廊聯繫，以免中庭過於狹長。

其二，臺南北極殿（1665 年始建，屢有修葺）

臺南北極殿，該廟於明永曆十九年（1665 年）創建於鷲嶺之頂，所奉祀的是鄭成功攜來臺灣的武神玄天上帝。歷經雍正八年（1730 年）、乾隆五十六年（1790 年）、道光十八年（1838 年）、咸豐六年（1856 年）的整修。1911 年實行市區改正計畫，闢建道路而拆除了廟埕，1964 年因拓寬道路而拆毀了三川殿。然而新建的山川殿則因「配合都市計畫」而興建成「下設騎樓的山川殿」。目前全廟規模為，坐南朝北，三開間，由三川殿、中庭、正殿拜亭、正殿、後殿拜亭及後殿所組成。

其三，臺南大南門與大東門（建於 1736 年，1977 年原址原樣部分重建）

臺南市現有城門古蹟為大南門與大東門及大南門城郭上之兌悅門。大南門與大東門均始建於 1763 年，為石造城門上築城樓，石造城門周二十五丈，高二丈八尺，四正門之城樓均為重簷歇山建築，此種歇山頂因城樓為木石混用結構，所以與其說是歇山頂，不如說是硬山頂的兩山靠三層出挑拱頂出兩山外狀似歇山的坡，而與正背兩坡結合成一體的屋頂構造。由於是石造城門與城門樓，所以歷來維修容易，少有損壞。只是到了日據時期也難逃市區改正而遭拆除，「十四座城門僅留下大東門、大南門、小西門和兌悅門四座，城牆僅剩東城牆和南城牆的部分殘段」（註十一）。大東門、大南門、小西門在二次大戰時曾略受砲火波及，唯城樓無損，光復後城牆殘段及城門也曾部分被拆取建材及附近違建叢生、強住城樓等情境，乃至大東門、大南門、小西門也逐日凋零，不復原貌。1970 年小西門因都市計畫道路開闢面臨拆除，後經協商小西門原樣遷建於成功大學校園內。1977 年臺南市政府將殘留的大東門、大南門報請核定國家二級古蹟，隨後即完成原址原樣的古蹟維修重建成果。

其四，臺南五妃廟（1746 年始建現今格局）

1683 年寧靖王朱述桂以身殉國，其五位姬妾跟隨寧靖王自縊，後人將五人合葬於魁斗山，始稱五烈墓，後稱五妃墓。1746 年臺灣府海防補盜同知方邦基於該

五妃墓地加以增建廟宇，該廟稱為「五妃廟」。1977 年五妃廟重建多次，報請核定國家一級古蹟後重修為現今前廟後墓兩廂樣貌。

其五，關廟鄉方氏宗祠（1746 年）

關廟鄉東勢村方氏宗祠為一私人家族老厝，始建年代為西元 1746 年。關廟鄉原地名稱「香洋仔」。方氏原籍福建漳州府龍溪縣十一郡十碼鄉登地社。來臺祖方胤祉繁衍至第三代時據傳福建方氏有一族新高中進士，出仕官吏之餘來臺尋覓宗親，見方氏第三代雖然家境顯著改善，但所居房舍並不理想，這位進士遂出資興建房舍供在臺族人居住，這就是現今東勢村的方氏祠堂，方氏祠堂雖不豪華，但在兩百多年前談起臺灣府東門城外「香洋方家進士府」，卻是無人不知無人不曉。關廟方家也從第四代起至第八代間屢出進士、邑庠生、貢生、太學生，同時也經營糖業交易，可謂家氏顯赫、財富廣積，至到第九代後才不復昔日繁華（註十二）。

方氏祠堂原為方氏祖厝後族人繁衍才改為「祠堂」，其形式即為標準的三合院，祠堂正堂牆體為土埆磚砌，外粉白灰，屋身高大屋面陡峭，燕尾微略起翹，成為優美弧線。正堂桁木直接擱於牆頂，沒有木構架。內室（兩稍間）牆體為磚砌，屋脊亦作燕尾起翹。外室（兩廂房）牆體以壁磚堆砌，窗戶為櫺條木窗，開間不大，有過水與正身相接（註十三）。方氏祠堂因保養維修良好，為目前臺灣所見民居類建築之最早完整案例，能代表乾隆年間官商家族的建築工法與式樣，實為少見，彌足珍貴。

其六，臺南孔廟（1665 年始建，1751 年原地重建）

臺南孔廟建於 1665 年（明永曆十九年，康熙四年），由陳永華建議鄭經在承天府桂仔埔（鬼仔埔）建立，初設時僅設大成殿，用來祭祀孔子，又稱先師聖廟，之後又設明倫堂作為講學之用，是為全臺首學。後歷有增建。1719 年，巡道梁文煊將大成殿的格局改為重簷歇山式，以示尊崇之意。1749 年，在巡臺御史楊開鼎的倡議下，於該年十月「重建」孔廟，於乾隆十六年（1751 年）三月完工，而此次工程中大成殿與兩廡的規模倍前，此即為爾後臺南孔廟的基本格局。雖然到了 1777 年，知府蔣元樞又加以整建，並增建了泮宮坊、府學署成為臺南孔廟規模最大的時期，其格局並未改變。

1917 年至 1918 年日本殖民政府以孔廟為「國語（日語）小學」而進行原地原址解體維修重建，解體維修後孔廟格局不變，但範圍縮小。仍維持四合院中立至聖先師大成殿，四合院前有寬廣空地南面再接泮池，四合院前與泮池間由東大坊之全臺首學區之方門，以及西大坊之大成門進入孔廟園區。四合院東側緊鄰明倫堂與魁星塔（文昌閣）。二次大戰後，西大坊及大成門均為忠義國小校舍，2003 年

忠義國小縮減校園範圍，回復重建大成門，使臺南孔廟格局再度趨於完整。

大成殿位於石砌高臺之上，前有祭孔時跳佾舞的露臺與石刻御路。主體建築為正方形，由十二根柱子與三面承重牆支撐，而除了點金柱與南面中央兩根外其餘的柱子都是附壁柱。屋頂則為重簷歇山式。殿內除祭祀孔子牌位外，還四配祀及十二門生牌位。東西廡位於大成殿所在合院的兩側，面寬五開間，室內空間為一長廊型態，其中東廡奉祀 41 位先賢 39 位先儒，西廡奉祀 40 位先賢 38 位先儒。崇聖祠位在大成殿北邊，面寬三開間，是由 18 根柱子支撐的敞廳，屋頂為硬山式燕尾。其中央神龕供奉孔子五代祖先，東側則是東配先賢與東從先儒神龕，西側則是西配先賢與西從先儒神龕。

東側院落第一進為「入德之門」，面寬五開間，兩端為側室，中央三開間開有三門，中央門額題「入德之門」，東題「聖域」，西題「賢關」，屋頂則為硬山式。第二進明倫堂為儒學的講堂，面寬三開間，前有抱軒，屋頂為硬山式。明倫堂的東北角為文昌閣，樓高三層，一樓為方形，二樓圓形，供奉文昌帝君，三樓八角形，供奉魁星，因而此樓又稱魁星樓。

其七，彰化元清觀（1763 年始建，日據時期後殿削一角，2008 年中殿毀於大火，目前積極維修中）。

元清觀為清代臺灣少數以「觀」為名的寺廟，彰化市民稱為「天公壇」。早年元清觀為神明會的組織型態，至清乾隆 28 年（1763）始創建廟宇，後由泉籍人士林文濬、貢生鄭士模等士紳修建。清道光 28 年（1848）11 月初八彰化大地震，元清觀五門殿（前殿）及戲臺崩塌受損，士紳原議遷建縣城南方，後因戴潮春事件而暫緩。清同治 5 年（1866）由舉人蔡德芳、士紳陳元吉等倡議重修，監生楊祥光負責重修工程，歷經數年的重修仍未竣工，日後由張昭彩、職員莊瓊輝再進行重修工程，至清光緒 13 年（1887）完成。日治時期實施市區改正，拓寬天公壇巷（今陳稜路），正殿及後殿右側遭部份拆除。光復後，元清觀遭居民佔用，至民國 71 年住戶遷出後，由市公所進行修護，民國 74 年 8 月 19 日指定為第二級古蹟。民國 88 年九二一地震，元清觀三川殿牆面受損，民國 91 年進行修復，保存元清觀的風貌。民國 95 年 4 月 9 日元清觀遭回祿之災，正殿與廂廊燒毀，目前正積極進行古蹟修復中。

元清觀的建築雖維持 1763 年始建之格局，但 1848 年彰化大地震時前殿及戲臺受損後的修建卻一直延遲至 1866 年至 1887 年的二十年才完成，所以在原有的乾隆年間風格外，也帶有不少同治、光緒年間的建築風格。重修後除戲臺外格局不變，為三進二院的建築格局，分別為三川殿、正殿及後殿。三川殿面寬五開間，因開有五個門，故又稱五門殿。五門殿屋頂為「歇山牌樓升簷式」的造型，正門三開

間處屋頂升高，兩旁屋簷較低，主次分明。

其八，臺南臺灣府城隍廟（1669 始建，1777 年就地改建定格局，歷有修葺）

臺灣府城隍廟，是奉祀臺灣府城隍威靈公的道教廟宇，位於臺南市青年路，國家二級古蹟，是全臺知名的城隍廟。明鄭永曆二十三年（1669 年）廟建於東安坊右，時稱承天府城隍廟為一規模隘小廟宇。歷經 1693 年原址改建為單座式三開間廟宇，1777 年再度就地改建成為含頭門計的七包四進兩廂房式廟宇，從此成為臺南府城隍廟的基本格局。1907 年因市區改正而廟埕改為道路，二次大戰期間曾遭美軍轟炸而部分廟宇損毀，光復後再度重修，1982 年因都市計畫道路拓寬，使廟埕再度縮減，前殿逼近街道，廟埕成為三角形畸零地。現況格局雖然仍為西元 1777 年臺灣知府蔣元樞的《重修臺郡各建築圖說》所繪的四殿兩廂房式的廟宇建築，但第一進頭門（山川殿）幾乎緊靠著正殿的拜亭，然後才進入兩廂房所形成的較大院落與後殿及大士殿（註十四）。

其九，臺南接官亭與風神廟（1777 年建）

接官亭現址附近於乾隆四年時，位處臺南府內港渡口，所以乾隆四年（1739 年）於內港渡口處建有三進之接官亭，分別為：第一進大門、第二進官廳、第三進風神廟。1777 年臺灣知府蔣廷樞於重修風神廟時，即於碼頭與接官亭間建一接官亭石牌坊。日據時期 1918 年街道改正時將第一進大門與第三進風神廟拆除，並將第二進官廳改設為風神廟，1924 年地方人士則於原官廳處重建三合院式風神廟，光復後原接官亭附近即常有民房佔用及違建林立狀況，甚至 1971 年臺南市政府還核發建照執照允許石牌坊前西側民房興建。1985 年經協調賠償後拆除霸佔石牌坊用地之民房，並聲請核准將接官亭石牌坊定為國家三級古蹟。

其十，臺南三山國王廟（1726 創建，1784 整修奠定當今格局，後屢有整修）。日據時期臺南三山國王廟先是充作臺南國語（日語）師範學校，後產產又遭盜賣，前殿成為肥料倉庫，後殿成為木工廠。光復後廟產收歸國有而缺乏管理，直到民國五十三年（1964 年）申請宗教團體登記後，該廟才由臺南市潮汕同鄉會及隨後成立的廟宇管理委員會管理。這階段雖有信眾集資整修，但廟宇外貌仍然殘破不堪。終於在民國八十三年（1994 年）指定為國家二級古蹟後，由政府出資進行大規模維修以回復 1784 年之格局與樣貌為目標，而成現今樣貌。

1784 年該廟格局即為座東向西，面寬是由三棟三開間的祠廟組成。中間是三山國王廟，由三川殿、拜殿及正殿組成，而拜殿兩側有著龍虎井。而左右兩側的韓文公祠與天后聖母祠空間布局則大致相同，由三川殿及正殿組成，兩殿以過水廊

相接,內埕則有水井。而在三山國王廟與天后聖母祠均有門可通後埕,再接會館。後殿中央祀有三山國王夫人。1784 年該廟樣貌風格則為:潮州運來之建材,並雇潮州匠師營建,而呈現與臺灣廟宇常見之閩南式建築不同的潮州式風格。例如廟牆是以磚疊砌,再塗以白灰,無牆堵裝飾;灰黑色屋瓦,且屋脊平直僅於兩端捲曲脊飾等。

其十一,臺南大內鄉楊家古厝(1790 年)

臺南縣大內鄉分別有三派福建楊姓:楊長利公業(來自福建漳州府龍溪縣烘頭社)、楊榜派下楊協發祭祀公業(來自福建漳州府龍溪縣二十三四都杏林堡)、楊順盈派下(來自福建漳州府龍溪縣)來臺南開墾,並在大內鄉留下許多精美的古厝。其中以楊長利之子楊光謨為歲貢生,富甲一方於 1790 年所建的大內鄉楊氏古厝(現為楊家祠堂)規模最為宏大,歷史最為悠久。

楊家祠堂為三進三落五開間透後的大家宅院,原本有「三落百二門」的稱號,也就是說三進三落五開間的大家宅院共有大大小小一百二十個門,可見其規模之大。可惜目前第二進與第三進已毀,楊長利眾多子孫也早已在附近另建屋宅安居或遷移它處發展,只留下第一進為公廳,每年祭祖之用。

楊家宗祠正廳屋架為三通抬樑式屋架,正面寬敞,燕尾氣宇軒昂。左右對堵磚雕以葫蘆構成錢幣紋飾,雕工精美。簷廊桁架左右的垂花雕飾,仍可見精雕美感。左右稍間為火庫起且稍間屋脊獨立兩端皆起翹,形式作法實屬罕見。正廳後方仍有後堂石階與前方門廳石砌的門檻,三落大厝殘跡依稀可見。目前正廳前院雖然已顯荒蕪,但前右方的旗竿座猶在唬唬生風的述說著楊家祖先的「豐功偉業」。而當初(1790 年)興建這三進三落五開間大厝時,「楊光謨任官職,富裕後由楊光謨出資起建燕尾大宅,(但)大宅設計督建則由楊光遠負責,所以楊宅可說是兩兄弟心血精華。當時建材皆由廈門船運來臺。早年曾文溪比現在寬好幾倍,由大陸來臺的船隻可以直通到玉井,而大內石仔瀨一帶也有港口可停靠船隻」(註十五)。所以,這三進三落五開間的建築設計者就是楊光遠,而使用的建材絕大部均為福建廈門船運至臺南大內鄉來,其中較特殊且如今較少見的「珍貴」建材有:清斗石、烏青磚(二十二公分乘三十七公分乘六公分)等。連旗竿座上的石雕、牆面上的磚雕也十分細膩考究,實為探討乾隆年間建築裝飾工藝的難得案例。

其十二,鹿草到青寮的阮氏閣樓店屋(1795 年)

臺南縣後壁鄉青寮的阮氏閣樓店屋有一段頗為傳奇遷移的經歷。這棟閣樓式街屋原為嘉義縣鹿草鄉頂潭村林氏望族的祖厝,始建於乾隆末年,後來在同治光緒年間由後壁許遷買下這棟閣樓式街屋古厝,運用拆遷技術將宅第搬遷到後壁青寮現

址，重新原件組裝並加整修成為目前青寮這棟閣樓店屋，在經過一代（約三、四十年）後壁青寮阮家的阮謙再從許家以三甲良田為代價盤下這棟街屋及其後的土地，其後阮謙之六子阮齊即於此街屋開設中藥店（金興德藥鋪），進而成為極其出名的老字號中藥店，而這棟街屋也就稱為青寮阮氏閣樓店屋。

青寮阮氏閣樓店屋為一三開間二樓造兩坡水街屋，「上層作閣樓，在明間廳上留一天井並設欄杆，木構架應為清中葉作品，雕飾雅致。次間後側留作臥室，正廳屏後作為通道及放置櫥櫃」（註十六）。這棟阮氏閣樓店屋經 1995 年內政部古蹟鑑定小組「實地勘查判斷可能建於清乾隆高宗年間，大約有一百九十年至二百二十年的歷史，為閣樓式建築，未遭整建（拆移遷建）破壞，構造及材料完全由精密切割的木材榫接而成，未見一釘一鉚，建築仍保有中原型式，門窗、樑柱、斗拱、牆壁有精美的雕刻、彩繪」（註十七）。終於在幾經協商後指定為縣級古蹟。

其十三，臺南開元寺（1686 年始建，1796 年重修為當今格局）

臺南開元寺原為鄭經奉養其母於 1680 年所建的「北館別園」，入清之後曾充為官舍並一度荒廢。1690 年臺灣鎮總兵王化行在原址興建海會寺。1772 年臺灣知府蔣元樞整修該寺，並奠基該寺的初步格局。1796 年為慶祝皇帝登基，臺灣總兵哈當阿遂取「聖天予綏靖海疆至意」將寺名改為「海靖寺」，並予以重資重修，完備了爾後的格局與建築。開元寺坐西朝東，連三川門在內就是四進寺落各有廂房的龐大建築群，在蔣元樞整修之後為四殿兩廂房的建築群，為符合伽藍七堂的寺院。從北園街上的山門進入後，便是寬廣的廟埕，過了廟埕之後，便是三川門，其中央寬五開間，稱為彌樂殿。彌勒殿之後便是大雄寶殿，供奉釋迦牟尼、普賢菩薩與文殊菩薩，另外還陪祀了多尊菩薩、尊者與十八羅漢。經過大雄寶殿後方的拜亭之後，便是大士殿，供奉觀音菩薩，目前大士殿為鋼筋混凝土造二層中式建築，一樓主祀觀音菩薩，二樓主祀千手觀音。廂房目前多改建為新式磚造傳統建築。

其十四，鹿港瑤林街蘇家街屋（約 1800 年始建，1980 年代古蹟保存維修）

鹿港崛起於十八世紀末，1784 年鹿港與泉州蚶江口建立正式的對渡航線後，不但引入更多的泉州移民（先是泉州府移民，後是泉州府所轄之縣，鄉移民）乃至漳州移民。這一波波的移民浪潮也在鹿港逐漸興建出許許多多的行郊船頭行與文市的傳統店鋪住宅。在文市的傳統店鋪裡目前以埔頭街及瑤林街經過 1990 年代的「街區保存式古蹟維修」，成為當前鹿港所能保存的最古老的傳統街屋案例之一。瑤林街大多是福建同安瑤林鄉移民至鹿港從事「商業」之移民聚集所建，依此判斷瑤林街街屋大約是在 1800 年前後始建。鹿港瑤林街蘇家街屋就是是時興建的豪華型二樓式街屋的典型案例。

通常當時的店屋即為泉州「手巾寮」的翻版，手巾寮在建築形式上即為單開間兩進一落（天井）或三進兩落（天井）之狹長型建築，由於街道寬度不大，作為店鋪的第一進通常只是稍微加高的一層建築，或附建低矮閣樓，或直接顯示店鋪氣派，而較富有者則於落與後進均蓋兩層格樓式。更富有者則併三開間狹長型之手巾寮，並將正堂屋加寬，堂屋前的天井加大，而使居住條件的通風採光更為理想。蘇家街屋就是這種富豪型街屋的典型案例。蘇家街屋的二樓天井處的欄杆製工也頗具巧思，以直檻欄杆與額頸欄杆成排交錯出現。第三落部分則正堂屋並未延伸，而形成更大的庭院（天井），左右次間則向旁縮減延伸建築，如此一來，既保持了手巾寮的「刀柄連身型」建築配置，也加大了正間所留院落的面積。

其十五，嘉義新港水仙宮（1739 年始建，1814 年重建，1848 年增建後殿）
新港水仙宮位於嘉義縣新港鄉南港村舊南港五十八號，地處嘉義縣和雲林縣交界處亦即古魍港內海重要諸河港範圍內，其中以「笨港」為古魍港的新稱呼。笨港為清領時期乾隆以前，臺灣中南部的重要貿易港口，史載「商賈輳集，載五穀貨物，臺屬近海市鎮此為最大」。因與中國間的海上貿易活動頻繁，此處百姓除信奉媽祖之外，亦奉祀水仙尊王--帝禹。傳聞古笨港曾有三廟：清康熙年間興建諸羅天后宮，專祀天上聖母，乾隆四年（西元 1739 年）興建水仙宮專祀水仙尊王，建造年代不詳的協天宮奉祀關帝聖君。乾隆四年創建的水仙宮，原址位於九莊笨港街上，僅為一處簡陋的祭祀地，直至乾隆四十五年（1780 年），方由貢生林開周倡議募資重建。嘉慶八年（1803 年），笨港溪（俗稱烏水，即今之北港溪）氾濫，河床改道，沖毀原有市區，水仙宮、協天宮均遭水難。嘉慶十九年（1814年），水仙宮重建於今日南港村現址上，格局規模為兩進兩廂式，其中部分構件仍沿用乾隆年間原物。道光二十八年（1848 年），本宮增建後殿成為三開間三進兩落兩廂兩護龍之格局，以附祀同遭大水沖毀而不曾復建原廟的關帝聖君。這1814 年及 1848 年的擴建格局就成為爾後新港水仙宮的主要格局與規模。

1990 年新港水仙宮核定為國家二級古蹟後開始積極維修。2002 年原寄奉於水仙宮內之媽祖神像另於廟後方新建一座鋼筋混泥土造的「笨港天后宮」。為了興建此一座新廟，新港水仙宮的右側護龍完全拆除，以利新廟正面通路與正面氣勢，所以如今新港嘉義水仙宮就成為三開間三進兩落兩廂左護龍之格局。三進分別為：第一進三川殿，第二進拜殿與正殿，第三進後殿。由於正身的縱向動線是沿各殿次間及過水廊前後連貫，因其各部分構件涵蓋有乾隆、嘉慶、道光及二戰後初期等不同年代的材料，所以成為研究本省傳統廟宇的極珍貴個案。

其十六，臺南大天后宮（1683 年由寧靖王府修建改設，1821 年大改建）

大天后宮前身為明朝朱術桂所居住的寧靖王府邸，1683 年，臺灣進入清朝時期，才將該府邸改建為官建大廟天后宮。經過幾次整修，其中以 1821 年的整修改變最大。1818 年，大天后宮因火災，廟宇建物與殿內匾額等文物幾乎全燬。災後，臺南地區士紳決定於原地重建，並計劃新廟宇建築仍依原有四進的原有風貌。1821 年興建經過九年，該廟宇於 1830 年整建落成，此次整修遺留下的廟宇格局與外貌幾乎完全沿襲至今。另外，1939 年新化大地震的損傷南牆與部分三川殿，雖然於 1950 年重新維修南牆與三川殿，但 1960 年時管理委員會決定重建三川殿。而這次重建三川殿卻將原先格局提升為歇山疊燕尾的新形式。

臺南天后宮的格局為四進三落三開間，依序為（第一進）三川殿、（第二進）拜殿、（第三進）正殿、（第四進）後殿（父母殿）。由於進入清朝後，所有廟宇均由僧侶管裡，而在大天后宮左側另一座較小規模三進兩落三開間的傳統建築也成為僧房與祭祀時的衣帽間，而收為大天后宮的廟產，並隨時間的遞移其第二進成為觀音殿（原衣帽間），第三進成為三寶殿（原僧房）。這原本不屬於媽祖祭祀的廟宇空間（衣帽間、僧房），其建築規制本來就是較為粗略，但隨著改為廟宇後好像也成為「重要的官制傳統建築」，甚至成為推測原「寧靖王府邸」的依據。這種推測從兩座建築的柱位圖完全兜不攏就可以瞭解其實只是一種「一相情願」。換句話說，現有大天后宮右側的觀音殿與三寶殿原先只是服務性的僧房與衣帽間而已，與大天后宮的儀式空間是毫無禮制上的牽扯。

2004 年神像斷裂事件。2004 年 6 月 11 日清晨，寺廟管理人員開啟廟門時，發現正殿的大媽金身從胸部以上裂開並斷落地面，頭部、雙手裂成兩截。冕冠裝飾有部分損壞，臉龐稍損，幸大致結構仍完整。而廟方隨即以紅布覆蓋神像。神像修復期間，發現媽祖法相原為金面，經多年之煙燻變為黑面。所以，經學者專家及修護委員會討論後，報內政部於 2005 年 10 月核准改為金面，如今臺南大天后宮之媽祖神像即為原先原樣修復的金面媽祖。

其十七，臺中萬和宮（1726 年始建，1821 年震災後原址重建）
1684 年（康熙 23 年），相傳萬和宮聖母神像由張國（後任臺灣北路營參將）自福建湄洲恭請護船來臺，神像安置犁頭店，初建小祠祭祀。1726 年（雍正 4 年）9 月 20 日，由時居犁頭店地區的張、廖、簡、江、劉、黃、何、賴、楊、戴、陳、林等十二大姓氏集資擴建，大廟建竣，定名為萬和宮。1821 年震災後原址重建確定爾後格局與規模為三進兩落五開間建築。1985 年 11 月 27 日，由內政部公告為國家第三級古蹟。1994 年鑑於原廟宇五開間左右不對稱而以信徒募款一千七百萬元並陸續引進大陸石材、樟木施工改建三川門及加建虎邊金爐，稱為五門院殿顯示五福臨門之意。1999 年，政府再斥資四千餘萬元進行古蹟修復工程，2001 年底修復完成。所以除三川殿建築以引進較新的漳州傳統建築風格外，

全廟古蹟修復工程均儘量維持 1821 年之格局、規模與建築形式，而被認為保存十九世紀初漳州傳統建築的難得案例。、

由於 1726 年時擴建改名為萬和宮時即為集犁頭店地區十二大姓原有媽祖信仰於一廟，所以此後就有大媽（開基媽）、二媽、三媽、四媽的眾媽祖神像齊聚共祀的狀況，更流傳下各姓氏輪番獻子弟戲的風俗。1821 年格局之三進兩落五開間建築中，第一進之三川殿為三開間，第二進與第三進則為五開間中間三開間加軒成拜殿，第一落左右廂房，第二落則於中央三開間兩邊以迴廊聯繫。此時之第三進由於不是官建廟宇所以可能已不是制式的父母殿，而是觀音殿。原父母殿之規制則以主殿後牆置祖廟彩繪或祖廟浮雕或假山園林替代。1994 年所稱「原廟宇五開間左右不對稱」其實應是「原三開間三川殿氣勢不足」的託詞，所以改建三川殿為段檐升箭新形式，同時也於兩廂房前各加建單開間歇山重檐樓宇一座，成形廟方所稱之「五院門殿」之壯麗形式。

其十八，臺北林安泰古厝（1822 年始建，1978-1985 遷建）
歷史 1754 年，本籍中國福建泉州安溪林欽明移民至現今臺北市大安區，其子林志能因為於臺北艋舺創建榮泰行從事船運與貨物貿易而致富。大安由福建泉州安溪移民開發，為紀念家鄉，故命名為大安。1822 年，林志能於今臺北市大安區中心興建四合院住居，取地名大安的「安」與榮泰行的「泰」為大厝名，定名為「安泰厝」。

1970 年代，臺北市政府為了拓寬東區敦化南路，計劃拆除林家古厝。各界人士有感於古厝之美以及其他種種價值，經過多方人士奔走搶救才得以保存。然而當時古厝並未列入古蹟無法獲得保護，所幸在專家學者的努力之下，終於在 1978 年一項古建築遷建計畫出爐了，再加上林家後代林思訓獨排眾議將古厝磚瓦無條件捐獻，古厝存廢的爭議遂塵埃落定。只是這全臺灣第一宗的遷址古蹟保存進行的並不順利，整個林安泰古厝經過五個月拆卸後，足足放置於漏水倉庫中達六年之久。終於在 1984 年於現址開始重新組裝至 1985 年底組裝完成，加上補修家具等至 1987 年才全部完工，開放參觀。

林安泰古厝在原址已發展成多進多院的聚落群，擇址遷移保存者為最早的兩進一落兩廂外加雙護龍的部分。現今位於圓山中山高速公路旁的林安泰古厝就是這「兩進七開間一落兩廂外加雙護龍」的閩南傳統建築。在 2010 年花博期間在林安泰古厝左側所新建的「花茶殿」則為建築師徐裕健的作品，為一座典型的閩南式庭園，採取清朝盛期的閩南庭園格式，以木材、石材、傳統規制磚瓦所建造而成，頗具當時建築式樣實物參考價值。

其十九，鳳山舊城門（1825 年重建）

鳳山縣舊城，又稱左營舊城，位於臺灣高雄市左營區。由於清代左營劃歸鳳山縣
管轄，故稱為鳳山縣舊城，並非位於今高雄市鳳山區。現今看到的舊城是道光五
年（1825 年）所重建。由於後來在埤頭街（今鳳山區）又蓋了一座鳳山縣新城，
因此相對於「新城」，左營舊城就被稱為「舊城」。道光四年（1824 年）楊良斌
之亂再起，居民大為恐慌，乃思遷回興隆里舊城。於是知府方傳穟乘機倡議官民
捐資，集資十四餘萬銀元（民間捐獻約七成五），由知縣杜紹祁為督建，就地取
材，以咾咕石及三合土為主，城池範圍有所變更，捨去蛇山，全圍龜山在城內（所
謂放蛇圍龜）。於道光五年（1825 年）七月十五日興工，分四組對（拼）場施工，
道光六年年八月十五日一座嶄新的石城落城，在當時的臺灣，僅有彰化縣的磚
城，可與相比，謂可傲視全臺。

鳳山縣舊城北門，名為拱辰門，為一級古蹟。其形制、規格為：城門座面寬 16.64
公尺，深 8.44 公尺，石砌以六角蜂巢式堆砌為主，門面前緣磚砌雉堞有九個，
雉堞在轉角處成曲尺狀，臺座兩側設有磚階梯通達城牆馬道。馬道為士兵行走、
偵查與作戰的通道，表面鋪有磚石，利於行走。拱門內外均嵌花崗石雕門額，外
門額題為「拱辰門」，內額題「北門」，字跡雄渾，上款為「大清道光五年穀旦」，
下款「督建總理吳春藏、黃化鯉，督造總理黃耀漢、吳廷歲」。門洞為內外兩個
石拱，以花崗石條砌成。並在內層石拱外再加一層石拱，這種雙層石拱能加強城
門構造的穩定性，在清代臺灣所建的城門中實屬罕見的案例。北門外壁門洞兩側
各塑有一尊門神，也是清朝臺灣古城牆中的孤例。門洞左側之門神為「神荼」，
右手持劍、左手執鎚；右側為「鬱壘」，右手執環、左手持劍；高 237 公分，寬
116 公分，以螺灰殼浮塑為底，外施油漆彩繪及墨線。

其二十，新竹迎曦門（1827 年建）

新竹築城始於雍正十一年（1733 年）淡水海防廳從彰化縣城正式移來竹塹時，
淡水同知徐治民在四週遍植莿竹，整個區域呈圓形，週長 440 丈（約 1408 公尺），
有東、西、南、北四個門，為竹塹建城之始。1806 年，因蔡牽等人侵擾臺灣沿
岸，同知胡應魁諭民造土城。七年後，同知查廷華又再加高加寬土圍。1827 年，
開臺進士鄭用錫等向前來巡視的閩浙總督孫爾準倡議興建磚石城及四城門樓，獲
清廷同意後，於次年（1828 年）開始築造磚石城垣，周長為 860 丈（約 2752 公尺），
牆高 1 丈 5 尺（4.8 公尺），高度加雉堞則為 1 丈 8 尺（5.76 公尺）。該城以城隍廟為
中心，東門為迎曦門、西門為挹爽門、南門為歌薰門、北門為拱辰門。磚石城牆
於 1829 年秋完工，名為淡水廳城，又名竹塹城。竹塹城外挖築壕溝為護城河，
並設吊橋兩座，長 8.2 公尺，寬 1.6 公尺，與鳳山縣舊城東門段護城河同為目前
臺灣僅存的護城河。迎曦門是竹塹城僅存的城樓其始建年代即為 1827 年，為一

幢二層樓的建築。城牆雉堞以燕子磚砌成,城樓下段為城座,以唐山石及條形花崗石石塊疊砌而成。上層城樓原為木構造建築,現已改為混凝土造,城樓結構共二十四根立柱,屋簷為「歇山重簷式」建築,屋脊輕巧地如燕尾翹起,簷下飄逸地垂掛精雕吊筒。東門城現已列為二級古蹟,而護城河經過整修,現為親水景觀渠。

其二十一澎湖馬公文石書院奎星樓（1766 年始建,1829 年遺址改建）

澎湖孔廟從清朝的文石書院至今,擁有相當悠久的歷史,在光緒 11 年時遭受到中法戰爭的摧殘、破壞,至臺灣日據時代整修後,便將文石書院由祀 文昌帝 君改成主祀孔子的廟宇;至西元 1962 年時將孔子廟重建,此時整體澎湖孔廟的建築已失去原貌,1977 年又再度依文石書院外觀重建,其中只有『魁星樓』(現稱登瀛樓)保存下來成為唯一的古蹟。文石書院創建時就建有魁星樓,後來在 1829（道光 9）年改建魁星樓(現稱登瀛樓)於巽方（東南方）,所以在古蹟年代計算上應以 1829 年現址改建為準。奎星樓其建築平面為四角形,簷廊下四角各有一個拱形開口,登瀛樓的門牆、窗櫺、簷角都相當精緻,色彩鮮豔,為清盛期典型福建閣樓式建築。雖未列為幾級古蹟,但卻是澎湖現存形制最古老的傳統建築之一。

其二十二,彰化孔廟（1726 年始建,1830 年大修）

彰化孔子廟為位於臺灣彰化的一座孔廟。建於清朝雍正四年（1726 年）,為當時的彰化知縣張鎬所倡建。建築物曾於清朝道光 10 年（1830 年）大修。此次重修,將基地墊高二尺二寸,殿前改用龍柱二支及石柱二十支,露臺亦增高二尺二寸,崇聖祠旁增設名宦祠與鄉賢祠及禮器庫、樂器庫,道光 11 年的重修,歷時二年七月,奠定今日孔廟的規模與格局。日據時期,彰化孔子廟的部份建築物因道路拓寬而拆除,現僅存其原始建築物的三分之二。

彰化孔廟為四進三院的建築格局,分別是大成門、戟門、大成殿與崇聖祠。目前孔廟的建築型制仍保存清道光 10 年（1830）重修時的規模。孔廟正門稱為大成門或櫺星門,有「取士、得士」之意。正門入口兩旁有一對石雕精緻的石鼓,石鼓的基座與門柱後方的門臼為同一塊石材,為鞏固門柱的功能。石鼓上方雕刻有螺紋圖案,為仿效龍生九子之「椒圖」,其性好閉,所以立於門口。
彰化孔廟第一進為大成門,大成門上方置有六個筒狀的通天筒,象徵孔子其德配天地,道貫古今。道光版《彰化縣志》聖廟木刻圖顯示,當時孔廟已有此六根通天筒,代表「禮、樂、射、御、書、數」六藝。大成門兩旁牆垣分別是「下馬碑」與「萬仞宮牆」碑,龍邊牆垣是滿、漢文的「下馬碑」,其上書「文武官員軍民人等至此下馬」,為對孔子至高尊敬的表徵。

彰化孔廟第二進為戟門，是臺灣孔廟建築的首例。「戟」乃古代武器，昔時士宦的門戶設有戟門，為訪客拜訪時，卸下隨身兵器的門廳。戟門屋脊上方有一對「龍頭魚尾」造型的動物，稱為「螭吻」，為龍生九子之一，其性好吐水，置於屋頂上，有避火災的意涵。

彰化孔廟第三進為大成殿，大成殿前有一平臺，稱為月臺，為祭孔時神聖的空間。正殿面寬五開間，屋頂為重簷歇山式造型，四面設有走馬廊道。月臺前有一斜面花崗石，其上刻有雲龍，稱為「御路」。昔時祭孔時，文武官員從御路旁石階，登上大成殿祭孔。兩旁欄桿，以泉州白石雕刻獅子，立於柱頭。

彰化孔廟第四進為崇聖祠位於大成殿的後方，奉祀孔子五代祖先，分別是五代祖父木金父公為「肇聖王」、高祖父祈父公「裕聖王」、曾祖父防叔公「詒聖王」、祖父伯夏公「昌聖王」、父叔梁紇公「啟聖王」之牌位。

其二十三，鹿港龍山寺（1653 年始建，1786 年遷於現址始建，1831 年擴建擴建至今規模）
鹿港龍山寺，明鄭永曆七年（1653 年）時建立，在 1786 年遷到現在的位置，於 1831 年修建原本的狹小廟寺而成，並重建多次。鹿港龍山寺是一個大型建築物，被認為是現在在臺灣保存最完整的清朝建築物。整個廟宇最重要的是其建築和雕刻。鹿港龍山寺建築宏偉，佔地一千六百多坪，連入口單亭山門在內為九開間四進三院落連後廂房的龐大院落建築。有單亭山門、山川殿連戲臺、拜亭連正殿及後殿等四進，配有左右廂房，其規模格式是模仿泉州古剎開元寺。

第一進單亭山門為歇山重簷屋頂，連接磚砌圍牆。第二進三川殿共闢有五個門，又稱「五門院殿」，正中三門後連戲亭亦為歇山重簷屋頂。

第三進為拜殿連正殿，正殿為五開間建築上有巨大的歇山重簷頂，前連拜殿則為三開間建築，因其為軒所以上有卷棚是歇山頂。正殿拜殿殿前的廟埕，是用泉州的花崗石鋪成，由於朝拜的信徒眾多，初時粗糙的岩路如今已經被信徒的腳步走出了光澤。第四進為後殿，是五開間兩坡式硬山建築燕尾脊飾。左右各連較小較矮單開間稍間。其餘從第二進至第四進間由迴廊圍繞出整個院落。

其二十四，竹北問禮堂（1831 年始建，1991 年原樣維修）
問禮堂為竹北六家地區林氏宗族於道光十二年（1832）創建，「六家」原名六張犁，是個由林姓宗族組成的單一姓氏客家聚落。乾隆十四年（1749），來自廣東潮州的林氏族人來到竹塹開墾，拓荒有成。道光十一年（1831），林家第三代林

繩褒高中鄉試武舉，隨即於次年興建「問禮堂」，與「大夫第」並稱為「南北雙廳、文武雙舉」。問禮堂是林家堂號，取意於祖先林放公問禮於孔子，子曰：「大哉！斯問」，於是以此為號。

問禮堂格局是三堂四橫的大宅院，但整體上是由一個四合院所構成，兩旁加建橫屋，合院後方再加一座五開間的房屋，稱為枕頭槓。合院中間有一個天井，為前堂與正堂的中介空間，左右的南北橫屋與外橫屋間也有天井。石材，福杉及磚瓦皆來自大陸內地；牆身部份，底部下段以卵石勒牆腳，上以一層灰磚收邊，再承接土埆磚牆，外表塗上一層白色灰泥。雖然多次整修但都不改變 1831 年的格局與工法，所以在 1980 年代即列為三級古蹟，1991 年即依原建築材料與工法進行整修，雖然是重建式的煥然一新，但因材料與工法有明確的考證依據，所以就木構造建築而言，就屬於大修建而能保有等同於 1831 年建的歷史價值。

其二十五，臺北陳悅記祖厝（1807 年始建，1832 年擴建）

陳悅記祖宅，俗稱老師府。位於臺灣臺北的大龍峒附近，現為當地的陳氏家族祠廟。該祠廟始建於 19 世紀初，本為兩座閩式四合院結合成的民宅，建造人為陳遜言，而「陳悅記」並非人名，而是陳家祭祀公業的統稱。

陳氏祖厝始建於 1803 年的大龍峒四十二崁原址。1832 年，因為陳氏家族人丁衍生，該宅再於右側擴建相同樣式大小的一座四合院。其新興建部分除了門面進入的公館廳之外，仍於旁建造供族人居住的廂房。兩拼四合院組成的該祖宅，成為陳遜言一族的民宅。又因其陳遜言家譜所記載的祭祀公業名號為「陳悅記」，因此一般人都稱此宅為「陳悅記祖宅」。

陳悅記祖宅計由公媽廳與公館廳兩四合院並排組成。採坐東朝西，兩廳皆面向淡水河。公媽廳為雙護龍建築，門面連同側廂房達 10 米，三進連同後來增設的四進縱深為 20 米。公館廳為單護龍建築，除了內部構造與廳數配置與公媽廳不同之外，其規模與面積都與公媽廳相似。

另外，陳悅記祖宅所居陳氏家族，於臺灣清治時期共出了三位舉人，除了上述陳維英與陳維藻之外，尚有陳肇興。所以，陳悅記祖宅本有三對此舉人旗竿。不過因動亂整修等因素，迄今三對旗竿只留存石旗竿與其石礎一對，而該舉人石旗竿也是全臺灣現存僅有的一對。

其二十六，臺南市城廓之兌悅門（1832 年建）

為清朝道光十二年（1832 年）的張丙之亂平息後，改建三郊所築木柵為石城而設的三座城門之一。現在仍可供人車通行。已定為國家二級古蹟。

其二十七，**鹿港新祖宮**（1788 年始建，1807 年 1834 年兩度重修）
鹿港有兩座較具古蹟價值的媽祖廟：舊祖宮（今通稱鹿港大天后宮）、新祖宮（今通稱敕建天后宮），其中舊祖宮雖始建於 1647 年，歷經 1725 年的遷址，乃至歷久的多所修建，而舊祖宮現今所見建築主要是 1923 年大修擴建的建築，所以其歷史價值，除了部分神像、石碑、牌匾以外，主體建築應該算是 1923 年新建建築物。其中新祖宮雖始建於 1788 年，並經 1807 年 1834 年兩度重修及日據時期的轟炸損毀與荒廢，乃至光復後的改建擴建，但正殿與全廟格局仍然維持 1834 年重修時的格局與規模，所以其主殿建築應該算是 1834 年修建時之建築，其歷史古蹟價值應高於舊祖宮。另外，新祖宮也是臺灣唯一一座由乾隆帝下令由官費興建的媽祖廟，也稱做「敕建天后宮」。

依鹿港新祖宮管理委員會所編「清乾隆敕建天后宮志」一書記載，所有碑文、官方文書、民間記載等文件均未見「廟宇格局」之紀錄。而依這些紀錄約略可知當初始建格局應為清朝極少見的「寺院林園」式廟宇。連山門在內為兩進一落規模的建築。第一進山門為介於木牌坊與木造亭之間的建築，第二進則為三開間燕尾頂建築兩旁左右各加一稍間，前加兩坡燕尾式拜殿，院落兩側各有東西廂房，但院落作庭園配置，整座廟宇並以高聳圍牆圈起（註十八）。日據時期的 1908 年維修可能於山門與正殿間加建一座木造簡易的山川殿，唯日據時期整座廟宇之廂房與山川殿可能移作倉庫使用，且受二戰末期轟炸受損。此三川殿部分的石料與木料即為 1966 年起至 1974 年間的「整建」所拆除，「較大規模的整建計畫，委員會決議拆除廟宇傾頹的兩廂及前殿，將前殿的中楹樑及可用之木料作為修復正殿之用」（註十九）。換句話說，雖然 1908 年的改建增建改變了新祖宮的格局，但是 1966 年起至 1974 年間的部分拆除「整建」，反而陰錯陽差的回復了 1834 年的規模與形制。

其二十八，**北埔姜宅與金廣福公館**（1832 年及 1835 年）
金廣福公館始建於 1835 年。北埔姜宅始建於 1832 年。清道光 15 年（西元 1835 年），粵籍人士姜秀鑾及閩籍人士林德修、周邦正在清朝官方支持之下共同設立閩粵合股之武裝拓墾組織（俗稱金廣福大隘或金廣福墾號），金廣福公館現址即為當時之拓墾組織營運總部及隘防指揮中心。金廣福之拓墾範圍包括今日之北埔鄉、寶山鄉、峨眉鄉等地，至清代後期已擴展至苗栗南庄、三灣鄉一帶。
金廣福公館的建築形式為兩進一院之四合院格局，其兩側還各有一條外護龍。右外護龍於 1935 年大地震後改建為日式建築，而左外護龍目前仍維持清代原有格局。鄰近的天水堂是姜秀鑾的故居即北埔姜宅老厝，現由姜家家族自行修繕維護，目前仍有姜秀鑾後裔居住其中。金廣福公館以指定為一級古蹟。

其二十九，屏東阿猴城門之東門（1836 年建）

屏東阿猴城門就是屏東城門。屏東城門在 19 世紀清道光年間建設，是整個「屏東古城」的一部份，曾見證漢人移遷到屏東平原的歷史。但由於在日治時期被當時政府以修路為由，大肆拆除城門和城牆，令現址只遺下一座東門。已定為國家三級古蹟。

其三十，彰化開化寺、觀音亭（1724 年始建，1753 年重修，1836 年重修）

開化寺是彰化的第一座寺廟，又名「觀音亭」，位於原縣署的右側，清雍正 2 年（1724）由彰化第一任知縣談經正所倡建。清乾隆 18 年（1753）街民捐資重修，乾隆 58 年（1793）由南街士紳黃元世、王光寅出任董事，捐款重修寺廟，由黃元世獨資興建正殿，王光寅出資創建後殿。清道光 15 年（1835）9 月 18 日開化寺遭回祿之災，由彰邑士紳出資重修，依舊址拓建開化寺的規模，歷經 10 月餘完成開化寺的修建，此次重修開化寺即為爾後彰化開化寺之格局與規模，連山門在內為三開間三進兩落式建築，第一進為山門，第二進為拜殿連正殿供奉觀音娘娘，第三進為後殿供奉三官大帝並於龍邊供奉註生娘娘，虎邊供奉痘公痘婆，可見得雖為寺名，但卻為民俗道教信仰。日治時期因市區改正，拓寬西門大通（今中華路），開化寺的山門遭拆除，日後山門改建成今日葫蘆造型。民國 74 年指定為第三級古蹟。

其三十一，新竹開臺進士第及北郭園（1837 年）

鄭用錫宅第，又稱進士第，位於竹塹城北門外，即今新竹市北區北門街。建築群建於道光十七年（1837 年），共三開五進院落，整體風格與金門民居相同，特徵為山牆馬背較大而弧度較緩。建築木雕精美，極具地方特色。二戰期間，後三進院落遭遇美軍轟炸焚毀，僅前二進倖存至今。現為二級古蹟。

北郭園為鄭用錫於咸豐元年（1851 年）在竹塹城北興建，取唐朝李白名句「青山橫北郭」之意境。俗稱「外公館」。北郭園曾是臺灣最富盛名的庭園之一。鄭用錫身後，園林由家人繼續經營。日治時期，略有改建。臺灣光復後，園林被鄭家後人變賣，並最終於 1978 年夏拆除。

其三十二，新竹林占梅潛園（1848 年）

潛園主人林占梅(1821-1868)，幼名清江，字雪村，號鶴山(又作鶴珊)，又號巢松道人。祖父林紹賢隨父自福建同安移居府城，轉徙竹塹，經營海外貿易，辦全臺鹽務，創恆茂商號，成為鉅富。潛園建於 1848 年前後，時林占梅約 27 歲，早已

致富捐官得功名，也頗有文采，興建潛園也有與另一新竹名人鄭用錫一別苗頭的
用意。果真，鄭用錫也於三年後擇地興建北郭園。

潛園依城牆而建，佔地廣闊。園內有釣魚橋、涵鏡軒、陶愛草廬、香石山房、碧
棲堂、小螺墩、爽吟閣、蘭汀橋、吟月舫、浣霞池、宿景圓亭、留香閣、雙虹橋、
清泮橋、逍遙館、林下橋、梅花書屋、著花齋、三十六宜、掬月弄香等景點，它
緊捱著三落大厝的宅第，據說是從北京來的匠師的傑作。園成，大他 33 歲的鄭
用錫嘲謔了他一番，"取號壽名鶴頂珊，潛園又費篆雕鑽。使君終是猿驚客，既
愛山林更愛官。"

其三十三，彰化馬興陳宅益源大厝（1846—1848 年）

乾隆五十七年（1792 年），泉州府同安縣廈門二十三都五豪保官都社人陳武，因
廈門一地族繁人眾，謀生不易，遂來臺經商拓殖，定居彰化南門外。相傳陳武來
臺後，以經營檳榔、藥材、畜產買賣而致富，人皆以「青仔武」稱之。陳武在娶
妻以後，移居彰化觀音亭前，興築店屋，經商買賣，以「益源」為號，不久之後
即成巨富。陳武育有四子，其中長子爾溫、三子爾恭，於道光二十二年（1842
年）鴉片戰爭時，因率領家丁、民團協助總兵達洪阿於大安港抗拒英艦有功，爾
溫議敘得「布政使司經歷」職銜，爾恭叼賞六品頂戴，誥授「奉政大夫」，並追
贈父陳武為「承德郎」，母趙氏為「太安夫人」。

陳氏兄弟獲取功名之後，乃於道光二十六年（1846 年），著手興建益源大厝，一
則顯耀門第，二來可為百世子孫聚居之所。爾溫因頗諳堪輿之術，見馬興庄山水
秀麗，遂卜宅其中。益源大厝占地三公頃有餘，規模為三進三落雙護龍共九十餘
房間。但初期形制尚未完整，直到咸豐九年（1859 年），第三代陳聯茂中試舉人，
為豎旗桿，以巨資購得附近土地，方形成今日之面貌：三進三落雙護龍，外加右
第三護龍、右第二護龍往前延伸等長、左第二護龍間斷延伸三分之二長度微微靠
內，並於這新圍成的前方再建一外院門，形成氣勢龐大的古建築群。

圖 5-1：臺南祀典武廟

圖 5-2：臺南北極殿

圖 5-3：臺南大南門

圖 5-4：日據時期臺南大東門

圖 5-5：臺南五妃廟

圖 5-6：臺南孔廟大成殿

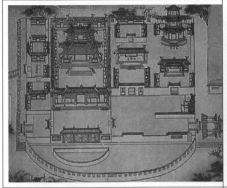

圖 5-7：1777 年臺南孔廟配置圖

圖 5-8：關廟方氏宗祠

圖 5-9：彰化元清觀

圖 5-10：臺南府城隍廟

圖 5-11：臺南接官亭與風神廟

圖 5-12：臺南三山國王廟

圖 5-13：臺南大內楊長利古厝

圖 5-14：後壁青寮阮氏街屋

圖 5-15：臺南開元寺

圖 5-16：鹿港瑤林街

圖 5-17：日據時期臺南天后宮

圖 5-18：臺中萬和宮

圖 5-19：臺北林安泰古厝及仿清式臺灣庭園

| 圖 5-20：嘉義新港水仙宮 | 圖 5-21：鳳山舊城門 |

| 圖 5-22：新竹迎曦門 | 圖 5-23：澎湖馬公奎星樓 |

| 圖 5-24：彰化孔廟 | 圖 5-25：臺北陳悅記祖厝 |

圖 5-26：鹿港龍山寺　　　　圖 5-27：新竹問禮堂

圖 5-28：鹿港新祖宮　　　　圖 5-29：臺南兌悅門

圖 5-30：北埔金廣福公館

圖 5-31：屏東阿猴城門

圖 5-32：彰化開化寺觀音亭

圖 5-33：新竹開臺進士第

圖 5-34：新竹林占梅潛園

圖 5-35：彰化馬興陳宅益源大厝

盛清時期的臺灣建築大體而言漢人建築已因人口數與制度的優勢而成為臺灣的主流建築，只是在這漢人建築裡又可區分為官式建築、廟宇建築、一般民居與士紳建築四大類。其中，廟宇建築又因官方出資興建及民間出資興建而分為官祀廟宇與民間廟宇，而古蹟實物案例上因年代久遠已無一般民居案例。我們先將上述古蹟實物案例依時間的十八世紀、十九世紀前半葉與官式建築、民間廟宇、士紳建築的分類列表整理如下：

表 5-1：清盛期臺灣建築案例時間分類表

官式建築	民間廟宇	士紳建築
臺南祀典武廟，1690 臺南大南門，1736 臺南孔廟，1751 臺南府城隍廟，1777 臺南接官亭，1777	臺南北極殿，1695 臺南五妃廟，1746 彰化元清觀，1763 臺南三山國王廟，1784 臺南開元寺，1796	關廟方氏宗祠，1746 大內楊長利古厝，1790 鹿草至青寮街屋，1795
臺南大天后宮，1821* 鳳山舊城門，1825 新竹迎曦門，1827 鹿港新祖宮，1834 屏東阿猴城門，1836	嘉義新港水仙宮，1814 臺中萬和宮，1821 馬公奎星樓，1829 彰化孔廟，1830* 彰化開化寺，1836	鹿港瑤林街，約1800 臺北林安泰古厝，1822 竹北問禮堂，1831 臺北陳悅記祖厝，1832 北埔金廣福公館，1835 新竹開臺進士第，1837 新竹林占梅潛園，1848 彰化馬興益源厝，1848

註：臺南大天后宮為施琅代表官方所改建，所以歸類於官式建築。彰化孔廟則為知縣張鎬所倡建，表示並非官方出資，所以列為民間建築廟宇類。

我們從這簡單的時間分類列表裡，配合各個案例的建築故事，最少可以「解讀」以下盛清時期臺灣建築發展的幾點趨勢。

(1.)盛清時期官式建築、民間廟宇、士紳建築的一致性與差異性。
盛清時期的臺灣建築除了臺南開元寺（1796）、臺中萬和宮（1812）與竹北問禮

堂（1831）三個個案採取「斷簷升箭」的硬山燕尾頂以外，建築屋頂形制只出現硬山馬背頂、硬山燕尾頂、歇山頂、歇山重簷頂這三種屋頂形制。而其中的歇山頂也與清式營造則例裡的歇山頂作法也有不同，基本上是福建式的歇山頂，而不是清式營造則例裡的歇山頂。甚至於連硬山頂還分成硬山馬背頂與硬山燕尾頂，這種作法也是未見諸於清式營造則例，因為馬背山牆在清式營造則例裡只是「捲棚頂」的山牆造形。這盛清時期官式建築、民間廟宇建築、士紳建築制式上的一致性，說明了在清朝時期臺灣建築與福建建築屬同一營建系統，而與北京天津的清式建築是屬於不同的營建系統。

盛清時期官式建築、民間廟宇、士紳建築的差異性：在屋頂形制上則在於官式建築好像理所當然的可以採用燕尾脊，民間廟宇只有皇帝封過神階的廟及佛教寺院才可以採用燕尾脊，未受皇帝封過的諸神乃至陰廟則只能採用硬山馬背頂。在士紳建築裡則「傳言」只有科舉功名及受封官品的民居才可以採用燕尾脊，未受封官品或未取得功名者建屋只能採硬山馬背脊（註二十）。在官式建築與民間建築（包括民間廟宇、士紳建築、一般民居、店屋）兩項比對時，官式建築的建築裝飾工藝很少，民間廟宇的建築裝飾工藝則很多，廟宇之外的民間建築則居於兩者之間，視財力而調整，通常多於官式建築而少於民間廟宇。從官祀廟與民間廟宇進行比對時，這種差異性尤其明顯。

(2.)建築原鄉類型由多樣走向整合。
十七世紀臺灣建築的原鄉類型很多，十九世紀前半葉臺灣建築的原鄉類型只剩下兩類：閩南建築與客家建築。我們從官式建築來看十七世紀至十八世紀前半葉，其制式都相當一致，簡單的說就是福建建築的翻版。但是從民間廟宇及士紳建築來看，在十七、十八世紀其「原鄉類型」雖然也是福建建築，但似乎連福建建築的地域多樣性也「移植」過來，很難指出是福建建築的哪一個地域性，然而這種「原鄉類型」的多樣性到了十九世紀前半葉，似乎已有明確的「整合過程」，而形成「原鄉閩南建築類」與「原鄉客家建築類」。

那麼，官式建築的一致性其原鄉又是哪裡呢？十七世紀民間廟宇及士紳建築其多樣的原鄉又是哪裡呢？

我們先推論這官式建築的一致性的原鄉應該不是北京，也不是閩南，而是閩東。原鄉不是北京的事實很明顯，因為這時期臺灣官式建築並不是北京宮廷檔案所整理出來的「清式營造則例」所能規範與解說。

官式建築不是閩南而是閩東的事實就在於歇山頂的作法與對歇山頂的喜好。從臺南祀典武廟歇山頂的以出挑拱撐出歇山頂下簷然後形成大面積的山牆面的作法就可看出其與「清式營造則例」裡的歇山頂作法的截然不同，這種歇山頂的作法

在同時期的閩東建築裡卻很常見，諸如：康熙年間福清黃蘗山萬福寺及興建年代更早的莆田元妙觀三清殿（1015）。這種留下極大塊山牆面的歇山頂作法很明顯先出現於閩東建築，但是這種論點與現有臺灣建築史的寫作上認為臺灣漢人建築的原鄉是閩南的論點是有明顯的差異。所以，我們在推論過程中，「證據」卻不明顯，要進行更細的抽絲剝繭，才能較具有「說服力」。這不明顯的證據就是從1683 年至 1885 年的期間臺灣府是隸屬於福建省，而福建省的省會一直都是福州，臺灣所有的官、吏、僚、幕、僧絕大部分都有在福州生活與交友經驗，不分文職或武職，其調度升遷考核大部分都是省會福州的官員僚吏進行第一手的接觸與評價。官式建築或官祀廟宇既然是由省會撥款為主，在地勸募為輔，那麼，我們如果從出資與主事的角度來看，向福州看齊也是很自然的事，向泉州或漳州看齊才是不自然的事。對歇山頂的喜好雖然不是明清閩東建築所特有的特色，而是五代至明清福建建築所共有的特色：重要建築極少採廡殿式屋頂而採用歇山式屋頂。所以我認為盛清時期臺灣官式建築的原鄉是在閩東，而到了下一個時期牡丹社事件後沈葆楨奏請清廷追諡鄭成功、建立專祠與編入祀典，這時所建的延平郡王祠（1875）就不止是當時閩東建築風格，而是更明確的福州建築風格。

我們再看看十七、十八世紀民間建築的原鄉可能在哪裡？
關廟鄉方氏宗祠（1746 年）及臺南大內鄉楊家古厝（1790 年）兩個案例可以為例證，說明「原鄉」不見得是「移民的祖籍地」，「原鄉」既可能向後看（祖籍地），也可能向前看（未來的發展，當地的特色或當時福建省會）。

關廟鄉方氏的移民來源地為漳州府龍溪縣，但目前作為方氏宗祠的方氏祖厝雖然是燕尾的屋頂裝飾，但是建築物並不是木構造屋架，而是臺灣特有的土角磚牆外抹白粉的磚牆擱檁構造。方氏一族在方氏祖厝蓋好之後連續六、七代族人經商科舉都很順遂，顯見方氏祖厝並非財力因素而採用較省錢的磚牆擱檁構造，那麼建築形式與構造的決定裡，關廟當地的特色就可能是向前看的原鄉。

大內鄉楊長利祭祀公業的移民來源地也是漳州府龍溪縣，但目前作為宗祠的楊家古厝（1790），乃至 1790 年後家族繁衍接續而蓋的附近的楊氏古厝則多採標準的木構造，甚至可以說是華麗的木構造。但在建材上與同時期的漳州民居或爾後的臺灣民居也有明顯的差異。楊氏古厝的部分牆面與前埕地坪採用「烏磚」，而閩南地區從明朝之後就很少採用烏磚，現存閩南傳統建築古蹟裡只有考證為元朝時興建的「趙家堡」單一案例，而福建建築裡對磚材的選用幾乎是以莆田為分界線，莆田以北全都是「烏磚」，莆田以南全都是「紅磚」，可能在更早的時候莆田以南也可能用「烏磚」，但現存古蹟案例裡莆田以南採用烏磚的案例只有「趙家堡」。

「楊光謨任官職，富裕後由楊光謨出資起建燕尾大宅，但大宅設計督建則由（其

第)楊光遠負責,所以楊宅可說是兩兄弟心血精華。當時建材皆由廈門船運來臺。早期曾文溪比現今寬好幾倍,由大陸來臺的船隻可以直通到玉井,而大內仔瀨一帶也有港口可停靠船隻,由大陸載運過來的建材從石仔瀨上岸再用牛車載運過來」(註二十一)。這表示烏磚的建材是「特別訂製」或是從閩東閩北採購至廈門再轉運至大內仔瀨。顯見楊光謨、楊光遠兄弟的「原鄉」當不止於漳州,可能更包括了福州、莆田以及楊光謨任職過的地方或楊光遠經商過的地方。

由此可見十七、十八世紀臺灣雖為閩南人為主的移民社會,見建築的原鄉卻不止於漳州、泉州、廈門,更包括了臺灣、福州、莆田等地方。而到了十九世紀上半葉卻逐漸形成客家建築與閩南建築這兩大類。這客家建築與閩南建築其實也只是一種簡便的分類而已,臺灣的客家建築與閩南建築其實早已是融合了在地特色與福建省會福州建築特色、媽祖故鄉莆田建築特色的建築了,應該稱作臺灣客家建築與臺灣河洛建築(河洛人),而不宜稱為臺灣粵系建築或臺灣閩南建築。

(3.)建築審美準則上的以美為貴
我們在臺灣建築發展的過程裡,清朝這一段時間裡幾乎主要建築物都是採用歇山頂,而不是採用廡殿頂。同樣的在福建建築發展的過程裡,從五代十國到清朝,重要的建築物只有極少數採用廡殿頂,絕大多數都是採用歇山頂。這種屋頂形式的採用尊貴順序,顯然與「清式營造則例」裡的所得之的「訊息」:所謂廡殿、歇山、懸山、硬山尊卑順序不同。

如果在加上屋脊的建築裝飾工程來看,所謂的燕尾起翹與屋脊曲線是決定建築物尊卑的重要法則,那麼我們應該說「清式營造則例」描述的只是中國北方建築系統,而福建建築所呈現的是中國南方建築系統。這中國建築分成北方與南方兩大系統的說法與認識,長期的被誤解為「抬梁式與穿斗式」或「殿堂式與廳堂式」(註二十二)的差異,其實更深入的理解下,應該說是因審美取向與匠師工藝成就上完全不同的建築系統,差別只在於中國南方(長江以南)幾乎少有當作政治中心的時刻,所以所謂中國南方建築系統才從未被「完整的探討過」,而認為穿斗式只是作為抬梁式的次級品與補充,廳堂是只是作為殿堂式的次級品與補充。筆者認為這兩種說法都不是事實,而只是一種北京中心的心態反映而已。

如果回到建築美學的論題來看歇山頂為什麼視為最尊貴的屋頂形式,為什麼屋脊起翹會被認為是「尊貴」或「當官」的身份。乃至於清朝開始福建建築,特別是閩南建築與臺灣建築會認為屋脊起翹的曲率與裝飾是「尊貴」的象徵。筆者認為只有承認中國南方建築系統與中國北方建築系統共存且互相影響,而中國南方建築系統向來「以美為貴」,才足以描述與解釋福建建築形制上發展的趨勢。才足以描述與解釋福建廟宇建築屋脊起翹曲率與屋脊裝飾工程的歷史發展趨勢。

(4.)建築審美取向透過建築師與工匠泛化為工藝審美取向

在大內楊長利祖厝的案例裡我們瞭解當時楊宅興建時主要建材從廈門直接船運至大內仔賴，但並沒有從廈門或漳州聘請建屋主匠師的紀錄，反而記錄了楊氏兄弟的業主與設計師的分工。當官的楊光謨出資，經商的楊光遠負責設計督造。這表是當初所找的工匠與工人絕大部分都是出自臺灣，可能少部分招自福建，但基本上應該也只是熟練工人的身份，否則遠地聘請匠師除了一般匠師的工資之外，還負責吃住與長途來回車資，其實是划不來的，如果有聘請原鄉匠師，通常會對外「誇示」，所以 1790 年興建楊宅時的「建築師」應該就是楊光遠。如果我們以當時的福建與臺灣的社經發展來看，當時執稿尺匠師的身份地位並不高，更不用說是工人，就算是很出名的匠師當建築師（執稿尺匠師），通常也不會留名下來，通常是與業主間的銀貨兩訖沒有糾紛就不錯了，執稿尺匠師往往在大家宅院的興建上，通常也只能迎合業主的審美品味與價值觀而已，通常沒有所謂堅持哪一種匠派、風格、工法、用料的必要與可能性。如果我們依照官式建築、民間廟宇、士紳建築的分類來看，所謂「聘請原鄉名匠師」而讓原鄉工匠技法與風格在臺灣承傳，應該只發生於清末或日據時期的少數民間廟宇特殊案例的放大解釋而已。就像當今的廟宇新建或翻修乃至神像添新粧，也偶有神明託夢予宮廟財團委員會主任委員指定哪一個匠師的說法一般，都是特殊案例的放大解釋而已。

那麼這樣的社經情境下，到底是哪些人是建築師、出色的匠師乃至到底哪些人決定了建築的審美取向或審美品味呢？廣泛的說在這個年代就是業主，仔細的說就是這個時期有品味的「準知識份子」。「清代臺灣的佛教，雖云有由福建鼓山及西禪兩大叢林系統，外加福清的黃檗寺（黃檗山萬福寺）一脈等相繼入臺，但僅在盛清時代，出現了道德崇高、發大願心、建立寺廟的高僧，或深蘊文藝素養的詩僧、畫僧，為社會中流砥柱、續佛慧命。而至嘉慶以下，禪規廢弛，佛燈頓滅，只賴齋教三派，略以維持」（註二十三），而清朝對「佛教」與「道教」的差別待遇，由佛教僧人接管道教或民俗宗教的廟產來看，這時候有品味的「準知識份子」就是官員，有功名的業主與福清黃檗山的禪師。這些「準知識份子」又進一步透過相關建築工匠，透過建築物的展示，而影響了一般工藝的審美取向與審美品味。

5-3，盛清時期的工藝

盛清時期的可考證確切年代的工藝實物作品留存至今的其實並不多，所幸留存在盛清時期建築物上的建築裝飾工程，以及留存在廟宇的「早期」神像或淪為古董市場流通的落難神像，乃至於神像衣飾行業的落款也都還可以提供不少盛清時期臺灣工藝的風貌於一二。

在描述盛清時期的臺灣工藝時，當然也以建築裝飾工藝與神像工藝為主，只是在

描述盛清時期的臺灣工藝時我們也要先排除兩個不太符合真相的論點。第一個論點是漳州人興建建築或廟宇時將漳州大木匠派瓜柱肥短風格帶來臺灣，泉州人興建建築或廟宇時將泉州大木匠派瓜柱瘦長風格帶來臺灣並順利的將風格承傳下來（註二十四）。對這個論點我們以 1795 年建於鹿草，清末原件移建於青寮的青寮阮氏街屋為例，說明瓜柱的瘦長肥短主要取決於屋坡斜率與「樑、拱的層數」，而不是取決於「匠派風格」，青寮阮氏街屋的例子裡，在一棟建築物上既出現了極瘦長的瓜柱，也出現了極肥短的瓜柱，然而並不覺得風格上的不一致。

| 圖 5-36：位於閣樓的瓜柱 | 圖 5-37：位於簷廊步通上瓜柱 |

第二個論點是「臺灣木雕神像，主要分福、泉二派。一般而言，古老神像均屬泉州樣式，清末以降，福州樣式始取而代之，漸為主流。其主要原因大致有二：1. 泉州派師徒制相當嚴謹、封閉，大都以家族相傳，極少授予外人；而福州派的師徒制較為開放，授徒不避外人，傳播也就較為廣泛。……泉州派以乾漆揉成之線狀來為神像嵌裝漆線圖案，較為費工，但漆線紮實不易斷裂；福州派則以稀釋之白色礦物質融合膠水，以特製管筆描繪漆線圖案，然用力扣壓即成粉狀。臺灣現存神佛雕像，到底有多少清時期作品？迄今未有徹底調查，唯以漢人開發最早的臺南市而言，在自強街上的開基媽祖廟，其神像背後刻有：『崇禎庚辰年湄州雕造』字樣，或許正是一座大陸攜來的神像，風格較接近泉州派特色」（註二十五）。

這個論點應該說是屬於不分年代的風格判斷，甚至於屬於作者資料引用的偏狹與引用後過度推論所致。總之分析的內容裡所謂泉州神像風格肥短製工精細費時承傳嚴謹，對比於福州神像風格細長製工取巧省時承傳浮濫的結果造成福州派神像「後來居上」蔚為市場主流這種結論與事實完全不符，而湄州雕造的神像到底是偏向福州雕像風格還是偏向泉州雕像風格，就像莆田話到底是偏向福州腔還是泉

州腔一樣可以有不同的「自由心證」。特別是「臺灣現存神佛雕像，到底有多少明清時期作品？迄今未有徹底調查」這種前提下提出這麼強烈的「泉州雕像質優但不利於市場競爭，福州雕像質爛但利於市場流傳」的結論，恐怕是極不恰當的論點吧。我們以新祖宮的開基媽祖及鎮殿媽祖與千里眼與順風耳的神像雕製為例說明上述論點的錯誤。新祖宮的鎮殿媽祖及陪祀的千里眼與順風耳都是「訂製」於 1788 年。其中媽祖神像是「軟身雕製」再添佛裝而成，千里眼與順風耳則為全身木雕。新祖宮的開基媽祖就是舊祖宮的開基媽祖移置於此祭祀，但開基媽祖的陪祀群神像卻是新祖宮於 1788 年開宮前後「訂製」。

圖 5-38：新祖宮鎮殿媽祖神像

圖 5-39：鎮殿媽祖陪祀千里眼順風耳

圖 5-40：鹿港新祖宮開基媽祖神像級配祀神像群

由於明朝至盛清時期都還是個「工匠不留名」的年代,所以除非少數大量製造的神像偶爾留下產地以及少數藝術品會留下「供奉人」籍貫姓名以外,多數「訂作」的神像是找不到工匠或產地,鹿港新祖宮裡的開基媽祖及配祀神像群裡也只能知道開基媽祖就是舊祖宮的原媽祖雕像,應該遠早於 1788 年外,其他配祀神像群都是 1788 年前不久「訂作」。鎮殿媽祖神像群裡,除了鎮殿媽祖是軟身神像外,其餘也都是全木雕神像,而訂作時間也是在 1788 年。

所以這些神像群裡開基媽祖可能是從「泉州渡海來臺以外」,其他的神像可能從福州渡海來臺,可能從漳州渡海來臺,可能從泉州渡海來臺,也可能是鹿港本地製造。而這些雕像的風格除了鎮殿媽祖以外卻具有明顯的一致性,如果我們稍微涉略福建媽祖神像風格的變化的話,我們可以說鎮殿媽祖的風格就是盛清時期軟身媽祖或較大仙神像(可能是泥塑,更可能是竹胎泥塑或脫胎漆器)的「清秀」風格,這種清秀風格以福州雕刻、莆田雕刻及泉州遠郊德化窯的觀音塑像最為出色。

媽祖神像的清秀風格在盛清之後又有些變化,主要就因媽祖的不斷加封後神像雕刻上自然而然又轉趨「福相」,這種變化有時還會被誤判了年代。所以,所謂泉州神像風格肥短製工精細費時承傳嚴謹,對比於福州神像風格細長製工取巧省時承傳浮濫的結果造成福州派神像「後來居上」蔚為市場主流這種描述與事實完全不符,最少與盛清時期臺灣神像雕刻的審美取向完全不符。

那麼,盛清時期的臺灣雕刻藝術是否有福州派與泉州派之分呢?兩者是否風格一致呢?我們只能說:「臺灣現存神佛雕像,到底有多少明清時期作品?迄今未有徹底調查」,同時我們也要說:「明朝至盛清時期都還是個工匠不留名的年代,除非歷史有明確的紀錄,否則就是徹底調查也無濟於事。

另一方面,盛清時期臺灣藝術風格的決定者往往是任職臺灣的官員、福建僧人與當官過的士紳階級,而不是工匠」。所以,我們在探討盛清時期臺灣設計審美取向與造像風格時,若能依此線索進一步探討,或許才能更為貼近盛清時期的臺灣的神像風格乃至於審美取向。

5-3-1,蔣元樞與盛清時期臺灣神像風格的形成

蔣元樞(1738 年－1781 年),字仲升,號香巖,江蘇常熟人。出身常熟蔣氏望族,祖父蔣廷錫、父蔣溥均官至大學士。蔣元樞於乾隆十四年(1759 年)中舉人,擔任福建知縣。乾隆三十年(1775 年)升臺灣府知府,次年署臺灣道(高於臺灣總兵)總共任職臺灣約四年,積勞成疾而退休,退休不久即病故於故鄉。任內

重建木城，整飭海防，修建多處砲臺，增葺文廟、學宮、海會寺（開元寺），編修《臺郡各建築圖說》，也捐贈薪俸倡建臺南接官亭石坊、重修風神廟，主導臺南兩大官祀建築：大天后宮、祀典武廟的整修並加建所附觀音亭或觀音殿。

簡單的說，以蔣元樞任職臺灣知府及署臺灣兵備道臺三、四年間所做的勤政愛民事蹟幾乎可抵得過其前後任相當官員三、四十年所做的建樹而言，蔣元樞一旦卸任，當時的臺南人就在其官邸及風神廟為他立生祠與立神像祭祀，也可見蔣元樞是當時臺灣第一廉官與清官，其對當時臺灣政治風氣、民俗風氣乃至藝文氣息與審美取向的影響了。

由於蔣元樞重修風神廟，重修大天后宮及擴建大天后宮觀音殿，擴建臺南武廟觀音廳，乃至為臺南開基天后宮添加巨型觀音神像。而臺南開基天后宮、大天后宮之觀音殿、祀典武廟之觀音廳裡所祭祀的觀音神像又都立牌說明為蔣元樞督造，所以連同時期大興土木的大天后宮之鎮殿媽祖神像、風神廟裡較大尊之雷公與電母神像，也都「可能」是1777年前後由蔣元樞所督造新塑。

雖然，大天后宮鎮殿媽祖神像在2004年九月因年久失修而倒塌，並發現所倒塌的媽祖神像為「道光二年（1822年）」由泉郡晉水陳成居匠師所重建（註二十六），但依重修神明雕塑慣例來看，似乎保持原有尺寸與風格仍是一般修護準則，所以現有大天后宮鎮殿媽祖神像似乎仍可「視為」1777年可能由蔣元樞督造時所行塑的風格。總而言之，幾乎都是蔣元樞1777年前後督造（訂製）的神像風格。

以下就以臺南開基天后宮觀音神像、大天后宮觀音殿觀音神像、祀典武廟觀音廳觀音神像、臺南大天后宮修護前鎮殿媽祖神像、臺南大天后宮修護後鎮殿媽祖神像、風神廟雷公神像、風神廟電母神像等實物案例，分析描述盛清時期神像風格的形成。

圖 5-41：開基天后宮觀音神像

圖 5-42：大天后工觀音殿神像

圖 5-43：祀典武廟觀音神像

圖 5-44：大天后宮鎮殿媽重修匠師記

圖 5-45：大天后宮鎮殿媽祖 1822 年造

圖 5-46：修復後鎮殿媽祖 2004 年修

圖 5-47：風神廟雷公神像

圖 5-48：風神廟電母神像

由於臺灣及福建民俗信仰裡往往有「迎神賽會」與「神明繞境出巡」的活動,對祭祀的神像製作也有一些特殊的需求直接反映在神像的製作上。所以,我們先理解一下軟身神像與全塑神像及小型神像與巨型神像在製作方法上的不同。軟身神像指神像雕塑完基本樣態及上色後,神像的四肢通常具有活動關節,然後可進行衣粧,如此一來時間久了神像可以添置新衣粧,更換新衣粧。全塑神像則神像本身在雕塑時就連衣粧都一起雕塑,然後上色成為神像,如此一來神像煙燻黑了,通常無法或極不容易「清洗」,也不容易「再上色」。另一方面,小型神像通常為單一材質的實心雕塑,而巨型神像(通常指人身等高者)由於重量的關係,除非是就山開鑿石雕神像,否則通常為骨架支撐下的中空雕塑,且以輕質泥塑為最多。

臺灣在鄭明時期由於初值開墾,除了極少數僧人就地塑造較大尊神像外,大部分的廟宇形成,都是從原居地攜帶小型神像來臺加以建廟祭祀。但是到了盛清時期,臺灣經濟越來越發達,廟宇越蓋越大,此時往往需要巨型「鎮殿神像」的訂製,才符合廟宇空間的氣勢與建廟者的心願。基於當時技術與船運的特性,這時的巨型神像的「訂製」通常是購買塑像材料並聘請雕塑工匠到廟裡來製作,而製作的期間通常長達一年半載,而不是什麼「原鄉工匠原鄉製作海運來臺」。正是基於這樣的情境,1777 年前後蔣元樞督造巨型神像,對臺灣神像工藝的發展才更具「匠藝與風格」的影響力。

我們先描述一下有限文獻裡的「技術線索及推論」,然後再分析這些神像的風格及其影響。

第一個技術線索及推論:案例的六尊神像,其原型都是 1777 年蔣元樞聘「唐山」匠師來臺建造。
在 2004 年臺南大天后宮媽祖神像倒塌重修時,發現神像腹中存有三塊小石碑,內容書寫:「天上聖母福建興化府莆田縣湄州嶼人、大宋建隆元年三月念三日誕降。道光元年天上聖母寶像由泉郡水陳成居重修,道光二年十一月十五日午時重光,重興總事三郊主導修護」(註二十七)。而道光年間(1821--1850)才正是福建佛粧店游走兩岸到移民駐臺開店的轉換期,臺灣最早的佛粧店屬府城泉州派之「來佛國(即來佛法)」,來佛國「第一代祖先蔡三番來臺後,於府城小西門附近定居,日治時期才搬到民權路現址。第二代為蔡四海,曾經住過小西腳,四海師曾裝修過府城諸多神像,大天后宮的四海龍王便是他的作品。另外道光二十一年(1841 年),武廟重修時,四海師也曾裝修正殿的關平、周倉神像」(註二十八)。可見得直到道光初年府城也還沒有佛粧店,較大型鎮殿神像的維修或建置,也還是得從福州、泉州或漳州乃至當時臺灣有通商船運的對口港市聘請佛粧匠師來臺建造。

再看圖例 5-45 與圖例 5-46 的神像維修前後比較及維修的爭議事件。2004 年臺南大天后宮鎮殿媽祖神像倒塌後，約經一年才維修完成。維修時才發現這尊黑面媽祖原本是「金面媽祖」，因長年累月煙燻才成為「黑面媽祖」，維修時到底要回復黑面還是回復金面就有了爭議，最後決議回復金面後，視覺上就顯得更為豐腴，這又引起像不像原尊的爭議，可見得神像修復其最高準則就是與「原尊」一模一樣。我們以此來推論這 1822 年所造的鎮殿媽祖與 1777 年蔣元樞所督造的鎮殿媽祖一模一樣，應該也是合理的推論。

第二個技術線索及推論：高階神尊的黑面神像絕大部分是金面神像。
案例裡蔣元樞督造的神像中只有大天后宮鎮殿媽祖這一尊是軟身神像。這從武廟觀音殿的觀音像前裝個圓洞玻璃版以及佛粧為披肩式外套的線索就可以判斷出來其為全塑神像。我們更可推論大天后宮觀音殿的觀音神像以及開基天后宮的觀音神像，原先也是「金面觀音」，在接受日積月累的香火後，神像維修主事者刻意保留部分煙燻黑面效果，只在顯著的衣飾上貼金上彩，以更顯神像的威嚴與瘦長臉型，這也不經意的顯示了主事者對觀音瓜子臉的「秀美兼慈祥」審美取向。

第三個技術線索及推論：臺灣民俗宗教裡神像的另類典型化。
福建的民俗宗教裡原本就有「儒釋道」並祀的習慣，這種福建民俗宗教的習慣到了臺灣更有佛像神像互相參照融合的傾向，乃至主神神尊也有新的典型化趨勢。事實上佛像與佛教傳入中國之後，越往西傳就越「在地化與漢人化」，觀世音菩薩就是最典型的例子。只就神像論，觀世音神像在西域時還是「男子造像」，入了玉門關後就成了「女子造像」，到了藝文氣息極重的江南就成了「中國江南美女造像」。道教信仰裡的媽祖林默娘神像，在宋朝時還是少女造像（以符合寫實紀念原則），隨著歷代皇帝的不斷追封神階後，就成為婦女造像，清朝康熙時期兩次追封媽祖，第一次康熙十九年 1680 年，清聖祖封「護國庇民妙靈昭應弘仁普濟天妃」，隔四年第二次康熙二十三年 1684 年，清聖祖封「護國庇民妙靈昭應仁慈天后」，既然神格已升至天后，從此媽祖造像也就從婦女造像轉向福態的慈母造像，這由天妃高昇天后還是因為施琅攻克臺灣收復臺灣得力於媽祖神助，所以加上這個因素，盛清時期臺灣官設神像裡的媽祖神像也就更加「福態」了，這與小尊神像裡加大頭部比例的「福態」是有著不同的起因。

福建民俗宗教的習慣到了臺灣更有佛像神像互相參照融合的傾向則顯示在大天后宮觀音殿的主祭祀神稱呼上，此尊觀音不稱觀音菩薩而稱觀音佛祖。當時的清朝不但製造民情也順應民情，既將媽祖升格為天后，也將觀音菩薩升格觀音佛祖。爾後，臺灣的媽祖神格就是女性神的最高神格天后，臺灣的觀音神格就不只是救苦救難的菩薩而是佛教裡的最高功能神觀音佛祖。這製造民情就是康熙皇帝的封神權力，這順應民情就是「巫、儒、釋、道」的混同信仰。臺灣民俗宗教裡神像的另類典型化的趨勢就是：觀音佛祖成為萬能俊秀慈母的心理投射，天后媽

祖成為救苦救難慈母的心理投射。觀音神像雕塑及媽祖神像雕塑也就隨著這種新定位、新投射而回應了信徒的期待，也以嶄新又有緣故的意象型塑了神像。

有了上述的「技術線索及推論」，以及小尊神像在視覺功能上必然需將頭部放大的認識後，這六尊神像的風格分析就清晰得多。這六尊神像都是一種極特殊的寫意寫實風格，就寫實風格而言祂具有常人的體態與表情，就寫意風格而言祂具有「功能神的心理投射意象」，因為不管是菩薩法相也好，佛祖法相也好其「法相」的規定不外乎記述神佛的行誼與心性，而就民俗宗教而言這種「行誼與心性」就是信徒的一種期待，一種「功能神意象」的投射，一種無助時尋尋覓覓的呼喚，所以就寫意風格而言祂一定要回應這種無助時尋尋覓覓的呼喚。

就西方藝術學的風格分析而言，這些神像在線條上都極為「流暢」，好像絲毫沒有「贅肉」的感覺，就算雷公小腹微凸也是為了「聚氣」打雷，電母亦如是。

如果就繪師技巧與審美取向而言，這些神像的風格當然受到福建繪師的影響，作為所有造像工作者最具關鍵性的基本技能就是「人物畫線稿」的純熟。而盛清時期正是福建畫派（莆田仙遊畫派或閩中畫派）崛起的年代，通常福建畫派也有以省會名稱為號的時候，那就是福州派了。

5-3-2，建築裝飾工藝類種與風格

建築裝飾工藝由於其工程量極大，所以往往是一般工藝發展的指標。在建築裝飾工藝的類種上以工種來分的話，建築彩繪則更是指標中的指標。其他建築裝飾工藝則有泥塑、鑿花、石雕乃至較為特殊的磚雕。臺灣的建築裝飾工藝是隨著建築工藝一起成長的，雖然在歷史分析上，臺灣建築工藝往往有所謂「唐山師傅」的影子，另一方面在盛清時期的社會情境裡工匠師傅是沒什麼社會地位，也沒什麼因作品而「留名」，所以現在的一般說法都認為建築裝飾工藝也如同「佛粧工藝」一樣，在道光年間（1821 年—1850 年）才漸漸的從「唐山師傅」轉變為「渡臺開店的在地師傅第一代」。

我們對建築史的研究往往自限於「物質證據」，並信口開河的提出第一代本土匠師的產生年代，並以日據時期特有的市場狀況為主要依據，來論斷這第一代本土匠師又分成泉州派、漳州派、福州派，或甚只有泉州溪底派的大木技藝乃至渾出個泉州派與廣東大埔派彩繪匠師技藝成為臺灣傳統建築工匠的主流來。以下則以「物質證據」來說明臺灣建築裝飾工藝成形的年代約在 1750 年至 1800 年，而不是 1895 年至 1945 年。

圖 5-49：關廟方氏宗祠：泥塑 1746

圖 5-50：大內楊長利古厝：石雕 1790

圖 5-51：大內楊常利古厝群：磚作
1790 年以後

圖 5-52：大內楊長利古厝：交趾陶、磚
雕、鑿花、玻璃鑲嵌，1790 年

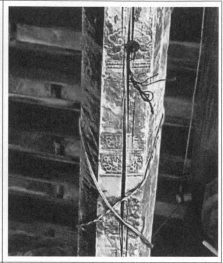

| 圖 5-53：大內楊長利祖厝：大木鑿花、建築彩繪，1790 年 | 圖 5-54：大內楊常利祖厝：丁樑建築彩繪，1790 年 |

| 圖 5-55：青寮阮氏街屋：大木鑿花，雷金彩繪、包巾彩繪，1795 年 | 圖 5-56：青寮阮氏街屋：建築壁版彩繪，1795 年 |

關廟方氏宗祠的案例裡（圖5-49），在燕尾屋脊的多層出挑上，在出挑的最底層就出現了最早的泥塑裝飾工藝，造形上是一隻可愛俏皮的青蛙（1746年）。

大內楊長利古厝的石雕旗竿座案子裡（圖5-50），顯示建築石作工藝中石雕設計的技術純熟及圖案佈局（構圖）的純熟（1790年）。大內楊長利古厝群的磚作案子裡（圖5-51），顯示磚作材料的多樣，此例為尺二磚疊砌，而不是較省料的斗子砌，其尺二磚看似「烏磚」，其實應該是在地生產的壓實煙燻土角磚（1800年以後，可能是第二代或第三代時才蓋的）。

大內楊長利古厝的入口建築裝飾案子裡（圖5-52），顯示出太多的工種，諸如：交趾陶、磚雕、玻璃鑲嵌、小木鑿花（門版、牆版），而且各樣建築裝飾工藝技藝都非常純熟（1790年）。

大內楊長利古厝的正廳屋架及燈樑（丁樑、壽樑）建築彩繪案子裡（圖5-53及圖5-54），大木鑿花工藝與建築彩繪工藝的純熟，特別是壽樑建築彩繪的放大圖裡，雖然已經褪色殆盡，但還可以看到從包巾彩繪轉到如意型箍頭花草的精心設計意圖（1790年）。

青寮阮氏街屋的閣樓屋架建築彩繪的案例裡（圖5-55），包巾彩繪與雷金彩繪依然清晰可見（1795年）。青寮阮氏街屋的閣樓臨簷下步通處的壁版建築彩繪的案例裡（圖5-56），則更是極其清楚的建築彩繪（1795年）。

建築裝飾工藝的種類：就上述的案例而言，建築裝飾工藝的主要工種幾乎在十九世紀末之前都已經出現，其中大內楊長利古厝出現交趾陶工藝及玻璃鑲嵌工藝，更是臺灣建築裝飾工藝發展的重要紀錄，如果這兩項建築裝飾工藝不是「唐山師傅」駐地現作的的話，那麼臺灣建築裝飾工藝裡的交趾陶類科的發展就要往前推了七十年，遠早於嘉義葉王從「廣東師傅」習得交趾陶工藝了。

建築裝飾工藝的風格：就上述的案例而言，或許案例太少，但是就算案例豐富，就個案來看也看不出什麼福州派、泉州派、漳州派、潮州派或興化派。在十八世紀至十九世紀的盛清時期，社會情境基本上還是以業主的審美品味及官員、士紳、文人、僧人的審美品味為依歸，再出名與再大牌的建築匠師也都還是「雇工」，酬金多一些的「雇工」而已，所謂建築匠師會作厭法（內風水與厭勝法術），其實都只是「民間傳說的以訛傳訛」而已，建築裝飾工程的匠師又有什麼可能與必要堅持自己的匠派技藝與作法呢？

5-3-3，其他工藝類種可能的發展

我們從佛粧工藝的類科裡就可以瞭解十七、十八世紀工藝類科匠師不留名的真實社會情境，如果在藝術史的研究的推論上，忽略藝術發展的社會情境，而以「當代古董市場」的品味與推理線索來論斷工藝類科的發展，那才是「虛構想像的藝術發展史」。所以，本節就不以「明確年代的實物」舉證來描述1683年至1850年間臺灣一般工藝發展。而改由社會情境、經濟規模、建築裝飾發展實況等因素來提出一些假設。本研究覺得有依據、有推理過程的假設，應該遠比沒有依據，沒有推理過程的「證據」來得更具有澄清藝術發展脈絡的說服力。

第一個推論：由哪些人決定了新臺灣人的意識形態與審美品味
就臺灣漢人移民快速增多並定居於臺灣成為臺灣的主流人口，進而帶動出臺灣工藝發展的新面貌，這個新面貌當然會有濃厚「原鄉」審美品味的「再現」，但是這個原鄉的概念是否如「少數福建單身漢」偷渡移民來臺，留在新天地天天搞派系，最後還桶出一大堆閩客械鬥、漳泉械鬥，進而由這「漢人中的少數」決定了全部來臺漢人的意識形態乃至於審美品味呢？筆者個人的看法是否定的。換句話說，人世間不可能有「移民堅持原鄉而能順利適應新天地」的道理，更何況盛清時期臺灣的漢人社會還是個文明法治的社會結構體，而不是海盜殖民屠殺牟利的社會結構體。那麼到底是哪些「力量」決定了大部分來臺漢人的意識形態乃至於審美品味呢？我們在5-2及5-3-1的分析裡，可以清楚的看到，主要是官員、士紳、僧人與文人這些準知識份子或知識份子，這裡面沒有「參與械鬥的羅漢腳」的份，羅漢腳不但是漢人社會裡的少數，而這些少數又有相當的部分在械鬥中喪命而埋在大眾爺廟後的土堆裡，又怎麼可能影響大部分在臺漢人的意識形態與審美品味呢？

第二個推論：原鄉的概念會是漳、泉、潮、粵這般的仔細口音導向嗎？
筆者主張作為移民臺灣的漢人沒有必要也沒有能力推動口音導向的原鄉概念。反過來說，以口音導向的原鄉概念來推論臺灣工藝發展的承傳派別，往往只會誤了真相，而滿足了偏狹的地域心態。歷史的發展不太可能隨著偏狹的主觀意願來發展，藝術史是如此、繪畫史事如此、工藝史更是如此，因為工藝的發展除了審美品味這個議題之外，更有經濟品味這個更直接的議題。

臺灣漢人的原鄉概念會是一種仔細口音導向的原鄉概念嗎？我們想想這種「口音導向的原鄉概念」不但害死了當初「參與械鬥的羅漢腳」，讓他們啞口無言還背負了多少莫須有的「仇恨的罪名」。另一方面，口音導向的原鄉概念更是一種「多數族群的沙文主義」，這種意識形態只負責「歧視與排擠」及錯誤的政治動員不是嗎？

最後我們從「口音導向」來辨析來臺漢人口音差異到底在哪裡？來臺漢人的分類

起於各種「毫無根據」直覺認定。這些直覺認定往往會誇大小證據，忽視大證據。以語言學的調查研究結果，中國的方言語系裡最複雜的就是閩語系，而其複雜的起因則在於福建山川地勢的隔山變腔及元、明之後福建人口的對內移民，其中主要的地點就在海南島。所以，在清朝時就呈現了閩東話、莆仙話、閩南話、閩北話、客家話（閩西話）、潮州話、汕頭話、海南話的閩語八腔，而清朝時官話的劃分就以福州話（閩東話）與浙江話訂為官話東南片，並以此官話東南片在福建浙江等省分推行「正音書院」，好讓方言與書籍語言能夠取得便利的平衡點，也讓科舉學子讀書之餘所兼聽的語言能與朝廷官話（中央官話）取得便利的平衡點。這麼說來，明清時期渡海而來臺的漢人移民就只有口音導向的福建人而已。之所以如此主要有兩個原因：其一，清朝以前渡臺移民主要就是潮州人、漳州人、泉州人、莆仙人（也稱興化人）、閩東人與客家人，這看似口音不同的人們其實只是同一種語言的不同腔調而已，所以之間還是可以「口語交談」，而這各地的科舉讀書人則更是同屬官話西南片，更是可以一起順利的打官腔。其二，清朝攻打臺灣後將臺灣編入福建省，加上清初大力推動「正音書院」及清朝的嚴格執行分省落籍的科舉資格及派官制度，這更加強了清朝時只有「籍貫福建」或「閩語系的福建人」才容易取得「渡臺移民許可」。理解上述的事實後，就可以理解所謂的「漳泉械鬥」、「閩客械鬥」，乃至於「清廷棄臺說」等等的論點，基本上都只是民粹主義式的地盤爭奪與權力爭奪而已，哪有什麼「原鄉」的正當性可言呢？

小結論，盛清以後臺灣漢人的原鄉概念就只有「福建省」這個概念是清晰且明瞭的，口音細分的原鄉概念其實逐漸淡化，只有籍貫制的習慣上還在墓碑上刻印而已，而被煽動加入漳泉械鬥、閩客械鬥的福建羅漢腳們，往往冤死後連個墓碑也沒有。更何況這種偏狹的原鄉心態在建築文化的承傳上也在盛清時期逐漸整合成「河洛客（講福建話的客家人）」與「河洛人（福建人）」兩大塊，又怎麼會到了日據時期乃至臺灣光復後還有泉州派、漳州派、福州派、潮州派等「口音導向原鄉」的技藝承傳呢？唯一的理由，只有市場地盤爭奪的藉口而已。尤其是在日本帝國主義惡意扭曲乃至刻意污衊下，拿編織出來的藉口進行排擠與分化來換取暫時的市場優勢。論述起來還真是可悲，只能說「在殖民統治下，老鄉見老鄉兩眼淚汪汪」呢，殖民主人這時根本不稱什麼中國人、漢人、泉州人、漳州人，一律稱為支那人或清國奴，不是嗎？

第三個假設與推論：回到建築裝飾工藝之外其他工藝議題。
合理的假設：盛清時期的臺灣文化會向最近的權力核心：福州靠攏。而臺灣的工藝發展則在歷經了「在地化」與「原鄉化」衝折後已有新的面貌出現，就細分的技藝派別而言就是福建派，更細的派別就是臺灣派。臺灣文化在盛清時期不可能也沒必要只成為泉州文化的延伸，或個別漳州文化、潮州文化、客家文化的延伸，而依「轉呈及代言」的權力邏輯，福州長久以來都是福建的省會，所以，臺灣文化會向福州文化靠攏。

合理的推論：除了建築裝飾工藝以外，盛清時期臺灣的工藝要項還有服裝工藝、家具工藝、陶瓷工藝、金屬工藝（金飾工藝）、及以民俗信仰為中心的宗教工藝（佛粧工藝、紙紮工藝）等。所以，本小節僅以產地臺灣，極可能是盛清時期（註二十九）的六個實物案例，偶舉如下，略述其他工藝類種可能的發展。以供分析描述此階段工藝美學情境，六個實物案例分別是：藍綢繡花女上衣（圖5-57）、石刻香爐（圖5-58）、錫製燭臺（圖5-59）、銀手鐲（圖5-60）、木雕小供桌（圖5-61）、樟木燈架（圖5-62）。

| 圖5-57：藍綢繡花女上衣，清朝臺灣臺中縣文化推廣協會收藏 | 圖5-58：石刻香爐，清乾隆臺灣新埔中央圖書館臺灣分館館藏 |

| 圖5-59：蓮花雕飾錫製燭臺，清朝臺灣中央圖書館臺灣分館館藏 | 圖5-60：花果禽獸紋銀手鐲，清朝臺灣林錦銘收藏，臺灣民俗文物大觀展出 |

圖 5-61：木製供神茶桌，清代臺灣 中央圖書館臺灣分館館藏	圖 5-62：樟木燈芯蕊架，清朝臺灣 陳昌發收藏，臺灣民俗文物大觀展出

此六案例從「民俗器物圖錄：臺灣古物篇」及「臺灣民俗文物大觀特展專輯」兩份資料中選出，而這兩次展覽專輯裡均有產地與年代的標示，其中年代標示均有清、清末、日據時期之時間分段。所以標示「清」且屬日常生活用品者，徵之於此時段臺灣神像工藝與建築裝飾工藝的技術發展程度及此時段福建一般工藝發展程度，諸如：鹿港崛起的 1800 年前後鹿港與臺南均有打錫街、臺灣當時雖尚無生產絲綢的紀錄但此時福州與泉州的裁縫與女紅均極發達，所以裁縫匠師移民來臺應屬常識，何況此時福州移民臺灣又以剪刀菜刀剃頭刀的三刀而聞名全閩。又如：臺灣的金飾業者至光復初期也以祖籍福州的臺灣人佔絕大多數，而金飾業在經濟繁榮的港市幾乎屬於必有的行業，所以精緻的銀飾在 1800 年前後已在臺灣生根。再如：木製裝飾巧工精品裡，盛清時期福州與泉州的漆雕剔紅均頗發達，但此項工藝作工繁複，學徒學藝時間極長，出師後獲利極高，所以可能要等到臺灣經濟勝過福州與泉州經濟時，這項工藝的師傅才較有可能來臺開業或授徒，而所選圖 5-61：木製供神茶桌及圖 5-62：樟木燈芯蕊架的案例，都有類似「漆雕剔紅的效果」但並非漆雕剔紅，只是較精緻的雕工與貼金而已。所以，依此而判斷此六案例應該可以是 1850 年之前的製品。

此六實物案例若要論匠師派別，恐怕很難有清晰明確的線索。但是若要論美感與風格則明顯的是福建風格，並不能分辨出是否泉州風格或福州風格，而以美感品味來論，可能人人都有不同的解讀，但筆者的解讀則是：向最近距離的權力中心靠攏：福州美感品味。

5-4，盛清時期的繪畫藝術

在書畫藝術探討內容上一般總以書畫相通而書畫並論。但本節探討盛清時期的書畫藝術上著重紙裼畫與建築彩繪、民俗畫間「相通」的可能性，所以重點不再是書畫並論，而是畫法畫技與美感品味並論。會改變論點其實與 1683 年至 1850 年間臺灣仕紳社會的形成、清朝「正常仕途」、乃至籍貫制度有關，而論述重點改變後，在書畫藝術的作者分類上當然也有所改變。

筆者先簡略考證一下雍正乾隆時期福建父子名畫家：朱芾、朱承的文獻紀錄。在（清）余文儀纂修【臺灣文獻叢刊·第 121 種】《續修臺灣府志》二裡可以查到：「朱芾字石農，臺灣府臺灣縣人，清乾隆十二年丁卯歲貢生」（註三十），而在李淑卿、明立國、翁徐德纂修【嘉義縣志·卷十一·藝術志】裡可以查到：「朱承（活躍於嘉慶道光年間）字小農，為嘉慶道光間嘉義貢生。擅長畫山水、人物，風格工整秀勁」（註三十一）。

在（清）郭白陽撰<<竹間續話·卷四>>裡可以查到：「閩縣朱芾、朱璜、朱承均能畫，有三朱之目。芾字石農，善山水，璜、芾之弟，承，芾之子，字小農，以草蟲勝」（註三十二）。

在清朝時閩縣人通常就是指福州十邑籍貫範圍的人。雖然<<竹間續話>>不是官方文書也不是官方纂修的方誌，但卻是當時福建福州人郭白陽更貼近的藝術作品與作者的描述與寫作。所以，朱芾、朱承的文獻紀錄裡既是臺灣府嘉義縣人，又是福州府閩縣人。在籍貫制度嚴格的清代怎麼解釋這種狀況？筆者認為應該是兩種狀況之一。其一，朱芾是臺灣府人（當時臺灣府包括嘉義）考上秀才（清朝時稱為貢生，有資格去京城國子監讀書）後，其生涯就轉以福州為根據地。朱芾之子朱承是嘉義縣人，考上秀才後其生涯也轉以福州為根據地，甚至朱氏父子連同朱璜三人經過三代之後「落籍」福州。其二，朱芾、朱承原本就是閩縣人，當時科舉考試有依籍貫定名額的「取材」慣例，所以在朱芾這一代就有產落籍臺灣府，以取科舉之「便利」，但福州卻是「老家」只是科舉考試時「掛籍臺灣」，當時雖然清朝科考查籍甚嚴，但朱氏父子也確實置產落籍甚堅，也在嘉義成長、生活、鄉試進榜，所以亦不違法。

問題在於當今大多數的臺灣書畫史寫作上喜歡將畫家分為三大類：本土畫家、仕宦畫家、客寓畫家，以籍貫在臺灣的稱本土畫家，來臺當官而有精彩書畫活動與作品者稱仕宦畫家，來臺當幕僚、私家書院教諭、遊歷賣畫者稱為客寓畫家。那麼，朱氏父子到底該分類於「本土畫家」、「仕宦畫家」亦或「客寓畫家」呢？這個問題表面上看起來無所謂，但是深入的論起來卻影響了「第一代本土畫家」的認定，乃至於臺灣繪畫風格的辨識。就像建築彩繪畫派裡臺南畫派的呂璧松，明明家族移民至臺南以經是第三代了，但是當今的繪畫史論述裡只有施翠峰先生認

為呂璧松是臺南人，而絕大多數的繪畫史裡都認定呂璧松是泉州人，甚至還推論出「泉州畫派」或「泉州風格」這種不存在的繪畫派別。或是有意抬高邵安畫派的聲勢，直指板橋林家三先生實為臺灣畫風形成的關鍵人物。筆者認為這些論法都是以偏蓋全、以後論先、想當然爾。繪畫史論述一方面要以「實物」為根據，另一方面也要以「前提，分類」為「意識形態」檢驗閥，才不至於「以後論先、想當然爾」，特別是 1683 年至 1850 年這一段「實物稀有」的時段，更是如此。

如果我們以福建作為大背景的話，福建省與福建省臺灣府在 1683 年至 1850 年這一段，作品及畫家分類都只適宜分為士人畫與畫師畫兩類，或士人畫家與專業畫家兩類。過多的分類通常只是為了「抬舉」士人畫而已，然而福建與臺灣有「抬舉士人」的「馬屁文化」大概最早也要到 1850 年以後才形成，形成馬屁文化之後的士人畫也不再是士人畫了，而是跟隨末流的文人畫（註三十三）。換句話說在 1683 年至 1850 年這段期間，以士人畫與畫師畫的分類或單純以繪畫的專業性來進行分類，或許才更能看出書畫發展及建築彩繪發展的脈絡與變化。總之，如果我們以本土畫家、仕宦畫家、客寓畫家這樣的重疊性概念來作分類時，畫師畫及建築彩繪工匠的作品通常再怎麼精彩，也無法進入藝術史，所以在設計美學的分析上這種以創作者留名、創作者身份來作繪畫的分類的構思，在 1683 年至 1850 年這一段時間裡應另有構思。本節也因此而分成紙褙畫與畫師畫（建築彩繪）兩小節來分述，其中明顯的以賣畫營生的畫家在兩小節中會重複出現，以符合實際狀況。

5-4-1，留名的紙褙畫

在 1683 年至 1850 年這段期間對臺灣繪畫有明顯影響的畫家，其作品曾經在臺灣廣泛出現而留存至今者，其實也不太多，不過基於以下兩個原因我們還是可以盡量找到實物影像作品，而對這些進行美學品味的分析。第一個原因，出名的畫家其風格通常都以成熟期的作品定論，而通常也以成熟期的作品創作最多，所以能保留至今者，當然是成熟期的作品。第二個原因，傳統的紙褙畫通常有仿作、假畫、偽畫的「疑慮」，一張畫被指證為「假畫」，那麼其引用的論證幾乎完全失去了正當性，不過，我們並不是在進行拍賣公司的「鑑定」，而只需要有繪畫專業理得好畫與爛畫的鑑別即可，更何況所謂中國繪畫裡的「假畫」如果是以「賣得高價」為目的，通常會臨摹得「一模一樣」，近代畫家張大千就是非常典型的例子，所以就「實物影像作品」來論述美學品味或審美取向，乃至於繪畫技巧時，重要的不見得是「是否真的親眼見到真品」，重要的反而是寫作者是否能在有限的線索中「解讀出有意義的脈絡」。基於此，我們就先從這些畫家依年代簡單描述如下。

甘國寶（**1709 年－1776 年**），字繼趙，號和庵，出生於福建福州府古田縣二十六

都（今福建寧德市屏南縣小梨洋村）。雍正元年（1723 年）武進士。乾隆二十四
年（1759 年）奉旨接任黃士俊擔任臺灣鎮總兵，後並輾轉擔任兩任該官職。是
臺灣清治時期此期間，受臺灣道制約的臺灣地區最高軍事首長。擅山水畫，尤工
於畫虎。其指虎畫應有多幅，傳言許多流傳下來的指虎畫為後人臨摹仿作，甚至
真假難辨，可見其指虎畫對後人影響之大。

朱芾（推測 1727—1800 年）字石農，臺灣府臺灣縣人，清乾隆十二年丁卯歲貢
生，工山水。朱芾在取得歲貢生（秀才與國子監入學資格）後的發展並不清楚，
但顯然省試與京試（如果直昇國子監的話就是參加京試）均未取得，生活大概以
福州、嘉義兩地為核心，乃至於<<福建人畫傳>>裡會以福州人來記錄朱芾的藝
術名聲。

林朝英（1739—1816 年）籍貫福建漳州府海澄縣，小名耀華，或作夜華，字伯
彥，別署一峰亭，又號梅峰、鯨湖英。原籍福建漳州府海澄縣，祖父林登榜自康
熙卅二年（1693）攜家帶眷渡臺，創立「元美」號，經營布匹、砂糖的海運生意，
事業蒸蒸日上。林朝英幼年聰明伶俐，琴棋書畫無所不精，年長喜讀書，作文別
出新裁，只得貢生，隨後省試考運不佳，轉以獎助文事累積資歷。乾隆四十三年
（1778），林朝英在臺南三界壇興築宅第，名曰「蓬臺書室」，林朝英也在這裏盡
情地創作。1789 年（乾隆五十四年）以資授中書銜，並贈匾額。嘉慶九年（1804）
有鑑於臺南孔廟老舊破敗，乃慷慨解囊贊助重修，歷經三年完工，地方政府聯名
提報獎勵，結果獲得皇帝頒贈「重道崇文」石坊，再受朝廷表揚。嘉慶廿一年（1816）
壽終正寢，年七十八歲，受清廷諡封「謙尊」，留給後世「海外才子」的典範。

莊敬夫（推測 1750—1816 年）祖籍福建同安，字欽翰，號桂園，世居郡治之西
定坊，視同臺南人。武舉人出身，唯却以水墨繪事著名，凡山水、人物、草木、
花鳥，意到筆隨，各臻其妙。每有作，得者輒秘為家珍。以是鄉人仿莊敬夫作品
甚多，尤多仿其松鹿圖以便賣個好價錢，可惜仿作的功力較差，都難達到莊敬夫
的工筆精細。由於莊敬夫有個武舉人出身的功名，所以歷史上的資料與記錄就較
為豐富，但莊敬夫真正留名的卻是書畫作品，而不是武舉人致仕。

葉文舟（推測 1756—1826 年）字晴帆，號藕香，海城人，乾隆五十一年（1786）
舉人。歷任連江、晉江、1812 年任嘉義教諭。擅長指墨畫，松柏尤為所長。指
畫與毛筆畫意趣大異，作畫時指甲、指頭、手掌兼用，別具風味情趣。指畫早在
唐朝有之，王默尤為擅長，或說更早。指畫的發展在清朝高其佩（1672—1734）
始見盛行，追仿者甚多。葉文舟與甘國寶即可能受高氏影響。或是葉文舟同受高
其佩及甘國寶的共同影響。

朱承（推測 1760—1840 年）字小農，臺灣府嘉義縣人，為朱芾之子，字小農即

取石農之小兒子之意，以畫家留名。朱承應是以嘉義縣的籍貫取得貢生資格，取得貢生後的發展並不清楚，傳言曾官四川某府同知，可見得至少也有六品的功名，也以任官遊歷中國各處，當當各地的「仕宦畫家」。朱承取得貢生資格後大概也與其父朱蘆一樣，常以福州及嘉義兩地為生活居地，所以<<福建人畫傳>>裡也以閩縣人來記錄朱承的藝術名聲，只不過就繪畫與仕途而言，朱承似乎遠勝於其父朱蘆，乃至於坊間多有朱蘆、朱承的仿作問世，但以朱蘆的朱承父子關係及明確的朱蘆於乾隆十二年考取臺灣府貢生這一事件，來反推朱蘆、朱承可能的活躍年代，倒是可以發現許多仿作題款記為 1850 年之後創作，則顯然是「劣品偽作」。

蔡催慶（推測 1760—1816 年）晉江人，後定居彰化，書畫雙絕（名字出現於道光十六年（1836 年）周璽主修的彰化縣誌人物誌）。

林覺（推測 1786—1858 年），祖籍推測為嘉義、臺南或泉州。字鈴子，號臥雲子。善繪花鳥、人物、山水、走獸等題材，且筆法、墨彩之間頗具揚州八怪之一黃慎之風格，尤其所繪線條轉折之間的「飛白」，瀟灑自然以外，更是意趣飛揚。另外，林覺也為廟宇及建築物作壁畫，亦為備受敬重的「彩繪師傅」。其主要活動的地區域以府城為主，遊蹤也曾到過嘉義、竹塹潛園等處。

陳邦選（推測 1815—1909 年），字仲子、得青、寶谷，號怡卿、白鶴山人。福建漳州人，能詩文，善篆刻，尤工指畫，也擅長民俗彩繪。先於道光年間入居彰化，成名後娶妻北港柯氏。道光年間即極出名，咸豐年後更遊走臺灣西岸各地作畫賣畫，留存作品頗豐。

從這九位畫家中依年代序，甘國寶（1709—1776 年）畫作挑出「指虎畫」（圖 5-63）；朱蘆（推測 1727—1800 年）畫作挑出「擬白陽山人擬本」（圖 5-64，圖 5-65）；林朝英（1739—1816 年）畫作挑出兩幅，分別是「雙鷥圖」（圖 5-66）與「蕉石白鷺」（圖 5-67）；莊敬夫（推測 1750—1816 年）畫作挑出兩幅，分別是「福祿壽圖」（圖 5-68）與「松鹿圖」（圖 5-69）；葉文舟（推測 1756—1826 年）畫作挑出「指松圖」（圖 5-70）；朱承（推測 1760—1840 年）畫作挑出「扇面蟋蟀花草」（圖 5-71）；蔡催慶（推測 1760—1816 年）畫作挑出「漁翁」（圖 5-72）；林覺（推測 1786—1858 年）畫作挑出「歸漁圖」（圖 5-73）與「蘆鴨圖」（圖 5-74）；陳邦選（推測 1815—1909 年）畫作挑出「山水人物」（圖 5-75）、「指畫禪定圖」（圖 5-76）與「指畫壽星圖」（圖 5-77）。其中除了甘國寶及朱蘆畫作因年代久遠、名聲頗大而可能是臨摹作品外，其餘的真品機會較大。

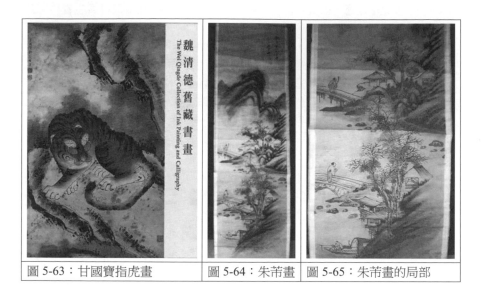

| 圖 5-63：甘國寶指虎畫 | 圖 5-64：朱芾畫 | 圖 5-65：朱芾畫的局部 |

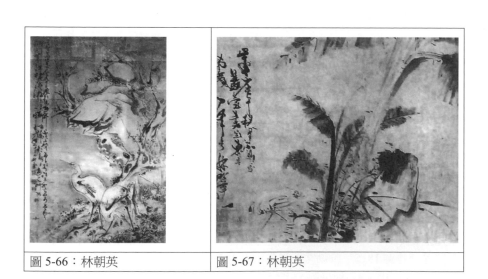

| 圖 5-66：林朝英 | 圖 5-67：林朝英 |

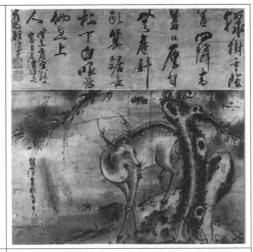

| 圖 5-68：莊敬夫 | 圖 5-69：莊敬夫 |

| 圖 5-70：葉文舟指松畫 | 圖 5-71：朱承 | 圖 5-72：蔡催慶 |

| 圖 5-73：林覺 | 圖 5-74：林覺，蘆鴨圖 |

| 圖 5-75：陳邦選 | 圖 5-76：陳邦選，指畫達摩 | 圖 5-77：陳邦選，指畫壽星圖 |

　　這些畫作依時間排列起來大致可以看出畫類的偏好轉變，從早期的鳥獸寓意到中期的花鳥、人物到晚期的花鳥、人物、禪佛、山水。這種轉變意味著什麼？容後

再分析。

在畫技上則可看到各種畫技的突破，最明顯的就是所謂的「指畫」，不但從甘國寶（1709—1776）的指虎畫到陳邦選（推測 1815—1909 年）一脈相傳，更看到指畫的畫技應用越來越廣。

在畫家的籍貫上則更是與一般的印象有所差別了，這裡除了繪師出身的林覺之外，大部分的畫家籍貫都是福州、泉州、漳州，甚至於浙江，而不是臺灣。反而明確有了「科舉功名」後一生大部分在中國生活或福州生活的朱芾、朱承父子其「籍貫」明確的是臺灣府及臺灣府嘉義縣。這麼一來，難道這重要的畫家除了林覺、朱芾、朱承外都不是臺灣本土畫家或臺灣本土畫家的第一代了嗎？可見得當今臺灣繪畫史上對 1895 年至 1945 年這一段裡對「誰才是臺灣本土畫家、誰算是本土藝術的第一代」的認定上「兩套標準」的失誤（註三十四）。這種兩套標準的失誤還包括臺灣繪畫發展上美學品味的「囫圇吞棗」（註三十五），將「閩習」視為浙派之末流，從錯解「野逸風格」衍伸出什麼草莽之氣、在野習氣、甚至還不清不楚的連上日本的南畫，說與日本的南畫禪畫僧畫頗有淵源云云。然後又不甘於居浙派之末，所以凡技法上有雷同者都是習自「浙派之頭」或「海上畫派之佼佼者」，這種論述都是不查「物質證據」，而斤斤計較與真品、贗品的權威感下，捉住末流藝評據以「倒果為因」的研究成果。我們如果連同民俗繪畫的線索來考察看看，這種錯誤意識形態所造成的藝術史脈絡混亂，則更是令人啼笑皆非的與事實不符。

5-4-2，民間畫師作品的發展脈絡

在 1683 年至 1850 年的時段上，民間畫師的藝術發展通常比紙裱畫的藝術發展更難描述。就這一個時段的社會情境下，民間匠師的作品通常是屬於訂購或承攬的工作成果，留名的只有業主而不是「匠師」或「畫師」，就好像歷史上重要的宗教壁畫通常只有「供養人」留名留像，而不會有「匠師」留名留像的道理一樣，當今的社會情境裡，我們到廟裡到的藝術作品所署名的絕大多數是捐錢助廟的「善男信女」，而不會是「畫家、工匠」。

所幸的是，就算在這樣的情境裡，我們還是可以透過「古蹟」裡的建築彩繪，以及臺灣歷史上「名人」家廟裡的「畫像」，依年代序，排列出民間畫師作品的發展脈絡。更何況在有限的資料裡，前一小節紙裱畫的畫家裡也有三分之一以上的畫家，明確的有建築彩畫與廟會賣畫或「遊走名門」紀錄，所以這些畫家的作品當然也是民間畫師的作品，甚至這些畫家就是於是眾多民間畫師的「畫風領導者」。以下就以這樣的觀點依時間序選了一些作品進行分析，而這些作品的年代判斷，如果是建築彩繪則以建築興建的年代為準，如果是家廟裡的畫像則以畫像

主人盛年或官位最高時的年代為準,除非另有考證,否則這樣的年代判斷足以在
1683 年至 1850 年的一百六十七年間作個前後時序的判斷。以下及分別從畫塑像
系統與彩繪與建築裝飾塑像系統分別盧列選出之圖像,並分析如後。

其一,畫塑像系統

| 圖 5-78:蔣元樞塑像 1777 年前後 | 圖 5-79:林朝英自畫像 1800 年前後 |

| 圖 5-80:王得祿畫像 1835 年前後 | 圖 5-81:鄭用錫塑像 1845 年前後 | 圖 5-82:姜秀鑾畫像 1850 年前後 |

這些挑選出來的繪畫塑像,依時間排列起來看的話,可以瞭解肖像畫在十八世
紀、十九世紀的臺灣就已經很發達,如果以技法來論的話,所謂閩習裡的凹凸技
法或福建曾鯨所形成的波臣畫派的明暗技法,以線條來形成明暗的技法早已為民
間肖像畫師所熟悉。

其二,彩繪與建築裝飾塑像系統

圖 5-83：1746 年關廟方氏祠堂，屋脊泥塑

圖 5-84：1790 年大內楊長利祖厝，包巾彩繪

圖 5-85：1790 年大內楊長利祖厝，許多可復原的大木鑿花與樑枋彩繪

圖 5-85：1790 年楊長利祖厝，吉祥話鑿花彩繪

圖 5-86：推測 1795 年建 1885 年由鹿野遷至青寮的阮氏街屋，在 2000 年拍攝時，廊下步通上的樑枋彩繪，雖有剝落，但仍清晰。

圖 5-87：青寮阮氏街屋閣樓上的梁枋彩繪已逐漸消失。	圖 5-88：青寮阮氏街屋藥鋪匾額與其後的壁版彩繪，判斷壁版彩繪是 1895 年

圖 5-89：1822 年臺北林安泰古厝，經二十於年維修後的鑿花彩繪

圖 5-90：1822 年臺北林安泰古宅，維修過後的灰壁彩繪、鑿花。

圖 5-91：1822 年林安泰古宅之石雕土地公廟，石雕彩繪。

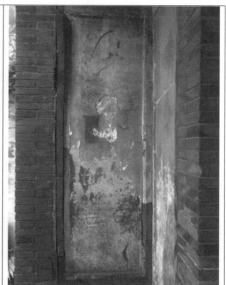

圖 5-92：1830 年代興建新竹北郭園在 1970 年代後消失，褪色灰壁字畫。

圖 5-93：1840 年代末興建新竹留園，入口處的灰壁彩繪。

如果只就建築彩繪來觀察的話，建築彩繪先是大木鑿花的上漆上色，然後建築彩繪先是由樑枋包巾彩畫所逐漸發展出來的，包巾彩畫原是圖案彩畫，就如楊長利祖厝上的燈樑所表現。彩繪的進一步發展就是木壁版彩繪，就如青寮阮氏街屋廊下店面木板上所見。最後，彩繪的進一步發展就是灰壁壁版彩繪，如北郭園及新竹留園所見。

如果就建築裝飾理彩繪得廣泛運用而言，則很難考證何時以進入石雕的彩繪，但最晚到臺北林安泰古厝裡的石雕土地公廟上就已清楚看到石雕彩繪的例子。

如果就建築彩繪的主題來看，1683 年至 1850 年的建築彩繪案例還太少，特別是壁版彩繪太少，但已可看出花鳥獸虫類繪畫主題，或吉祥話與吉祥畫主題已呈為主流。

5-5，盛清時期的美學生成

我們如何總結明清時期臺灣的設計美學，當今論述明清時期臺灣書畫的風格上似乎也有類似的提法，那就是「閩習到臺風」的觀點。「提到臺灣明清時代的書畫藝術，不能不考慮到地域性風格的問題。……浙派畫風的普遍化之後，就中福建的粗放墨法，後來被稱為『閩習』，廣東的奇縱水墨畫法，也成為後來嶺南派的特色。……所謂的『閩習』，在黃慎的作品中是表露無遺的，尤其是以墨為主調的特色，他的變形人物，充滿誇張表情，常常強調衣紋的粗放描寫，製造獨特氣氛，這種閩派作風，其實也非黃慎所特有，而是根植於福建的地方樣式。在居臺畫家中，林覺就是一個最好的例子，他的人物筆法，甚至題字書體，與黃慎極為相似，線條有飛舞轉折之趣，但似乎較黃慎畫為輕快。再如學習林覺的謝彬，亦有相同的特色，惟線條較為拘謹」（註三十六）。「就文化或美學的角度言，『浙派』與『閩習』乃是一種具有『狂野』氣質的審美傾向。『狂野』一詞語出論語，子曰『不得中而行之，必也狂狷乎！狂者進取，狷者有所不為也』……『狂野』氣質正是一種進取、質樸的美感傾向，也是臺地墾拓社會特殊的文化特質。……上述幾位畫家（指：朱述桂、鄭成功、黃慎、林朝英、莊敬夫、林覺、謝彬、許龍），前後貫穿清代臺灣畫壇狂野美感的發展主軸，呈顯臺灣殊異美感的代表性傾向，其中除林朝英外，均有為寺廟作壁畫的經驗，似與民間畫師（繪師）系統關係密切，然又超越畫師格局，在畫面上呈顯獨立的美感價值，可為考察臺灣美感趣味的典型取樣」（註三十七）。所以，「閩習」或閩習的「狂野」之氣，好像可以縱論明清兩代臺灣設計美學，不只是繪畫如此，工藝如此，建築亦如此。

但很可惜的的是這種觀點失之缺乏更細的論證,也缺乏對閩習或閩派在長時段裡變化的認識。既然閩習是浙派的尾巴,所以明清之後臺灣傳統書畫的風格也就堂而皇之的跟上浙派的下一代「海上畫派」的大師們,臺灣畫家的風格既可像黃慎,也可像錢慧安,更可像任伯年,或是轉向與嶺南畫派有地緣關係的「紹安畫派」。筆者認為這應該都是日據時期所謂日本漢學家尾崎秀真「想當然爾」(註三十八)的便宜延伸而已。

1683 年至 1850 年臺灣設計藝術美學的特質到底是什麼?我們說就是「閩習」或是「閩派」,那是毫無疑義的,因為這段期間臺灣府就是福建省的直隸府,所有這段期間裡的藝評、藝論,指稱福建者當然包括了臺灣。只是閩習或閩派居然能明清通論,還延伸到日據時期,延伸到臺灣光復,延伸到二十一世紀,哪就有些不可思議。特別是如果閩習只是靠「文字推衍」解釋成正面的「墾拓質樸」,而擺脫了「浙派之末」的陰影,那才是當今藝評論述所論不透的地方。所以,我們不如只就各類作品先分類揣摩其設計美學取向,然後再結合起來析論其間的對大公約數會是什麼,這樣或許才更能貼近 1683 年至 1850 年間的創作者與消費者(或業主)的心思。

5-5-1,建築設計的類型演變與美學

如果就建築設計的技術面來看,1683 年至 1850 年間臺灣建築當然是墾拓型建築、原住民建築、福建漢人建築三種類型並存,但不可諱言的是福建漢人的移民急速增加,臺灣生產力的逐漸提高,使得福建建築很快的就成為臺灣建築的主流類型,但墾拓型建築與原住民建築,甚至於荷蘭殖民建築的諸多「在地元素」也逐漸融入福建漢人建築中,最明顯的例子就是麻豆、關廟等地民居裡所出現的「山牆剪刀拴」的山花裝飾以及關廟方氏宗祠燕尾下所出現的「青蛙扛燕尾」。但這些「裝飾題材在地化」的現象絲毫沒有撼動福建漢人建築成為臺灣主流建築的趨勢與事實。當然「移民原鄉建築在地化」的現象並不止於「裝飾題材」,也在建築構造類型及合院發展類型或單棟建築之上的建築組合上呈現在地化現象。在建築構造類型上土角磚砌造、准夯土構造、磚造、竹造等構造類型逐漸成為建屋數量上的主流,木構造反而因為「造價因素」在數量上頗為稀有,而且很長一段時間裡,建材木料還以「福杉」為主,這都說明了臺灣森林的大量砍伐都要從日據時期才起算。在建築合院類型上,雖然也以三合院為主,但縱進深的院落發展遠少於橫面闊的護龍發展,甚至出現單伸手連棟准三合院的特殊形態。

如果就建築設計的造形面來看,傳統建築論述裡以屋頂形式論貴賤的倫理觀念仍然根深蒂固,只是尊卑順序有些變動,屋脊形狀也以所調整,而這些變動與調整幾乎與福建同步。以宋朝的營造法式及清朝的屋宇通論都指出,屋頂的尊卑順序

都是廡殿而歇山，再而懸山，再而硬山，卷棚馬背只出現在草架及庭園中，並非
正式。然而福建建築從明清之後這個順序有了改變，屋頂的尊卑順序則是歇山而
廡殿，再而懸山，再而硬山，民居建築則「自動規範為：當官加脊飾（燕尾或文
脊、武脊），平民硬山各式山牆」。臺灣建築則更為特殊，幾乎絕少懸山頂，民居
則「自動規範為：當官燕尾脊，平民硬山馬背山牆」。而福建與臺灣都一樣的是
屋脊曲線從盛清之後才開始由質變曲，且越來越曲。總的趨勢來看就是越複雜越
好看的屋頂造形就越尊貴。以比德美感論來說，這應該稱為「以美為貴」的美感
取向。

5-5-2，工藝設計的技術與美學

就工藝的技術面來看，1683 年至 1850 年間臺灣工藝雖然也可以說原住民工藝與
福建漢人工藝併陳發展，但不可諱言的是加上「市場機制」，原住民工藝也逐漸
失去優勢，但臺灣特有的藤竹通草材料所支持的工藝類科也頗有市場優勢而獲得
較佳的發展。

就工藝類種而言，建築裝飾工藝幾乎石雕、鑿花、泥作、磚雕、建築彩繪一應俱
全，只差有沒有錢，所以建築裝飾工藝都在花大家錢的廟宇，以及大戶人家的民
居或家廟裡出現，官式建築幾乎只有具儀式作用的石雕及面版鑿花出現，連稍微
花俏的斗栱、短柱（童柱、瓜筒）也都「並無必要」而未見。一般工藝則家具、
衣飾、金屬工藝也是一應俱全，只差具不具備「市場規模」，具備市場規模者，
就有福建技術移民來臺開舖，所以家具店、金飾店、裁縫店、錫器舖這些講究美
感的工藝一應俱全，只顧實用的民生工藝如打鐵舖、茶碗陶器則更是無庸置疑早
就有了，只差刻書業、雕版印刷還待清末到日據初期才有技術移民來臺開舖。

就工藝的裝飾題材與審美取向則與福建或整個中國此刻（明清時期）的審美取向
發展雷同，都是以月圓花好、富貴吉祥為裝飾母題。

5-5-3，繪畫母題與繪畫美學

就繪畫技藝而言，這個時期的繪畫系統就是福建繪畫系統的移植，或是說 1683
年至 1850 年間臺灣繪畫系統就是福建繪畫系統，通常所謂清初的藝評裡就稱為
「閩習」。只是這「閩習」與明中期至清初所稱的「浙派」之間似乎有些更細微
的差別，如今都化作「少有差別」或「浙派末流」而定性下來，如此一來反而缺
乏「閩習」審美取向變化的細微辨認。

筆者就現有的書畫資料來看，稱閩習一詞實為「貶稱」，而應稱為「閩派」，閩派
在從明至盛清的發展其實已有許多微妙的變化，但這種微妙的變化都建立在福建

畫工到繪師在到宮廷畫家與市場畫家的連通互動紮實基礎上。簡單的說,從宋朝開始宮廷南移,明朝的兩京制度都造成宮廷畫家裡浙江、福建兩省已居大半的事實。論閩派的形成實比浙派的戴進一人來得聲勢浩大,更重要的是明朝時諸多福建宮廷畫家告老還鄉也還從事民俗彩繪,而福建地區特有的「畫工、繪師、畫家」的進階關係已然到了准產業化、制度化階段,這從福建曾鯨開創近代中國第一京城外畫派:波臣畫派,乃至上官周、黃慎對閩派形成的重大貢獻,都可以清楚瞭解閩派在傳統繪畫上的重大突破。我們如果只看黃慎,只看福建畫家對民俗彩繪的影響的話,閩派在明清之際的重大變化就在於:讓壁版彩繪、粉壁彩繪成為中國繪畫史裡除敦煌彩繪外最重要的與最精緻的民俗彩繪。在盛清時期更讓花鳥畫與典故畫爬上樑坊,成為全中國最精彩的建築彩繪。如果就建築彩繪題材來看,盛清至清末以寓意花鳥彩繪到吉祥話彩繪到「聖跡圖」、「戲文彩繪」、「文人雅趣彩繪」莫不以江南為盛,而江南彩畫或江南彩繪又莫不以福建廟宇為領先,為先發,為風流之發源地。臺灣紙褙畫與寺廟彩繪緊隨福建廟宇彩繪,蘇州瞠乎其後只有裱褙後可移動的紙褙畫而已。

5-5-4,社會情境導出審美取向

從顏思齊鄭芝龍墾拓臺灣歷經明鄭至清初(1800年)的百年間,臺灣最大的變化在於地形與自然資源的變化。顏鄭時期的魍港潟湖內海及安平潟湖內海基本上因原曾文溪與原濁水溪的無記錄土石流與改道,幾乎已將潟湖內海填平成陸地,而原潟湖內海領域上的河流似乎能可通航至原潟湖內海裡的港口,只是這種河運上的通航,也隨著土石流得繼續發生,也幾乎在十九世紀末全部淤積,原先臺灣河運之便也告終止,而由陸運替代。

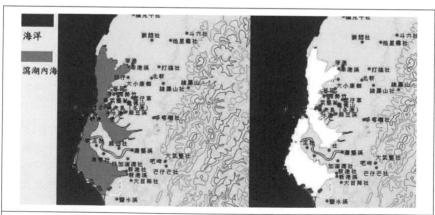

圖 5-94:在 1700 年至 1800 年的百年間臺灣自然環境的重大變化圖示

然而臺灣在這百年間（1700 年至 1800 年）人文環境裡的最大變化則在於福建漢人移民在百年間已然成為人口上的主流。其中 1763 年的清朝派施琅攻打臺灣，並馬上收歸疆域設府設縣影響最大，不但帶來穩定而大量的福建移民，也帶來法律制度與市場經濟。從 1763 年被清廷視為地廣人稀的臺灣，也逐漸由南部出現聚落都市，聚落開發也一路延伸由南至北，社會結構的最大改變則在於進入十九世紀初時的士紳社會的形成，透過科舉而取得功名的家族日益增多、透過向朝廷捐輸而取得功名的家族則在下一階段（1850--1895）更為活躍，這些都是傳統社會視為士紳社會的主要依據及表徵，進而臺灣社會就與中國傳統社會同步而行。臺灣作為一個來源穩定的漢人移民社會，原鄉概念成為審美取向則是近在咫尺水到渠成的事，社會情境自然涵養了主流價值觀，也帶動了審美取向。

整體而言，明至盛清時期福建審美取向在於「以美為貴來調整已經固定化形式化的當時中國金碧輝煌的審美取向」，透過閩派的貢獻，將戲文與吉祥話搬上廟宇粉壁與梁枋，而讓繪畫主題重新取得民眾集體記憶的信賴。此時臺灣設計美學的審美取向緊隨福建的審美取向，而在廟宇彩繪上尤為突出。文人雅趣的繪畫題材成為廟宇彩繪的採樣範本則出現在下兩階段：1850—1895 年及 1895—1945 年。

第五章註釋

註一：詳，朱維幹，2008，第三十一章：太平軍四次入閩。

註二：引自，呂正理，2010，p.786。

註三：臺灣五大家族之一的霧峰林家崛起主因就在林文察在 1854 年率鄉勇征戰剿匪有功，且不斷以軍功遷升官五品，成就了林家在臺的「地位」。同樣的臺灣另一五大家族之一的板橋林家崛起主因也是林維源的不斷捐官，雖無軍功可言，也因接受「勸捐」而朝廷「深受感動」破格敘獎，受內閣侍讀，遷太常寺卿，官等二品。林維源的首捐就是因 1853 年太平軍坐大，林家被曉諭捐出六萬兩而得到監生資格，時林維源不過 15 歲。詳，許雪姬，2009。

註四：引自，許毓良，2008，p.1。

註五：引自，連橫，2007，p.770-771。

註六：引自，郭湘齡，2006，p.83。

註七：引自，林文義，1993，p.114。

註八：引自，許毓良，2008，p.27。

註九：引自，許毓良，2008，p.30。

註十：引自，許毓良，2008，p.28-29。

註十一：引自，張志遠，2009，p.135。

註十二：參考，黃明雅，1997，p.365-368。

註十三：參考，李正隆，1996，p.216。

註十四：參考，陳冠宇，2012，p.139-140；何培夫，2007，p.32--36。

註十五：引自，黃明雅，1997，p.214。

註十六：引自，李政隆，1996，p.16。

註十七：引自，黃明雅，1997，p.23。

註十八：參考，謝宗榮、李秀娥編，2001，<<清乾隆帝敕建天后宮志>>。

註十九：引自，謝宗榮、李秀娥編，2001，p.57。

註二十：民居裡是否蓋燕尾脊的屋主就一定有功名，這通常只是個傳說，而找不到官方文獻證明。但在案例上有功名的人在取得功名後返鄉再蓋的房子，通常主堂屋一定採「燕尾頂」，而且有功名又當上官職的人所蓋的房子往往在四合院前還會擺設巨型石造旗竿座。

註二十一：引自，黃明雅，1997，p.214。

註二十二：抬梁式與穿斗式的差異是民國時期以「清式營造則例」為中心的說法，殿堂式與廳堂式的差異則是 1980 年代才提出的說法。

註二十三：引自，陳清香，2005，p.26-27。

註二十四：參考「臺灣大百科全書」，「瓜筒」款。網路版。

註二十五：引自，蕭瓊瑞，2009，p.176-177。

註二十六：引自，全臺祀典大天后宮網站。

註二十七：同前註。

註二十八：引自，鄭豐穗，2008，p.35。

註二十九：詳：邵經明等<<民俗器物圖錄：臺灣古物>>；簡榮聰、阮昌銳<<臺灣民俗文物大觀

>>。

註三十：詳，余文儀，《續修臺灣府志》，卷十二・人物。

註三十一：詳，李淑卿、明立國、翁徐德，2009，p.10。

註三十二：詳，郭白陽，《竹間續話》卷四。

註三十三：蘇東波提出：「觀士人畫，如閱天下馬，取其意氣所到。乃若畫工，往往只取鞭策皮毛槽櫪芻秣，無一點俊發，看數尺便倦。」大概就是士人畫的最早提出，其論點主要在「文以載道」，但唐宋元明以來通常士人畫指科舉致仕而有繪畫專長的畫家，畫畫不以「營生」為要，但是明朝出現了一位唐伯虎，雖科舉得名但被冤舞弊而剝奪功名，雖無致仕但繪畫卻很專業，明清之際有更多的雖有「功名」卻不以功名致仕，或根本沒有功名，卻一樣以「文章才華」聞名鄉里的畫家，他們的繪畫就被稱作「文人畫」，早期文人畫也還保持不以出售來謀生，但清初還有個鄭板橋為「賣畫」而覺得「斯文少地」，久而久之鄭板橋之後的文人畫，反而到過來以「文人畫」來抬高「售價」，這時的文人畫就屬於文人畫的末流。

註三十四：最典型的例子就是日據時代臺南府城的畫師呂璧松，明明是移民來臺的第三代，但大部分的論述裡都認定他是泉州人。

註三十五：所謂「囫圇吞棗」就是毫不作時間上的分段，就將鄭明時期到日據時期三百餘年的臺灣傳統繪畫，找出清朝時二流的畫論為依據，不分青紅皂白的就以「野逸、墨悍氣罷、浙派之末」等名詞定調了這三百餘年的美學品味。

註三十六：引自，莊伯和，1983，p.30—32。

註三十七：引自，蕭瓊瑞，2009，p.136—144。

註三十八：參考，林柏亭，1983，三位傑出的畫家。

第五章參考文獻

朱維幹，2008，福建史稿（上、下冊），福州：福建教育出版社。

呂正理，2010，另眼看歷史，臺北：遠流。

何培夫，2007，臺南市古蹟導覽，臺南：臺南市政府。

何培齊編，2007，日治時期的臺南，臺北：國家圖書館。

李淑卿、明立國、翁徐德，2009，嘉義縣志卷十一藝術志網路版，嘉義：嘉義縣政府。

李政隆，1996，南瀛古早建築，新營：臺南縣政府。

林文義，1993，關於一座島嶼：唐山過臺灣的故事，臺北：臺原出版社。

林柏亭，1983，三位傑出的畫家，收錄於黃才郎編<<明清時代臺灣書畫展>>。

林衡道、郭嘉雄，1977，臺灣古蹟集：第一輯，臺中：臺灣省文獻委員會。

邵經明、李玉瑾、韓嘉瑜，2001，民俗器物圖錄：臺灣古物，臺北：中央圖書館臺灣分館。

夏鑄九，1980，全省重要史蹟看察與整修建議：歷史古蹟部分，臺北：臺大土木所。

徐裕健、陳成章，1992，芝山岩隘門及惠濟宮修護規劃建議，臺北：臺北市政府民政局。

許雪姬，2009，樓臺重起：林本源家族與庭園歷史，板橋：臺北縣政府。

許毓良，2008，清代臺灣軍事與社會，北京：九州出版社。

康鍩錫，2003，臺灣古厝圖鑑，臺北：貓頭鷹出版社。

符宏仁，2008，彰化元清觀，彰化市：彰化縣文化局。

連橫，2007，臺灣史，臺北：眾文圖書公司。

郭湘齡（編），2006，話說大清康熙王朝私密檔案全揭秘，中和：瑞昇文化公司。

陳冠宇，2012，臺灣傳統官式建築營造通則之探究，斗六：雲林科技大學見研所碩論。

陳清香，2005，臺灣佛教美術的承傳與發展，臺北：文津出版社。

黃才郎編，1983，明清時代臺灣書畫展，臺北：行政院文建會。

黃明雅，1997，南瀛古厝誌，新營：臺南縣政府。

黃柏勳，2004，發現古厝之旅，臺北：黎明文化公司。

莊伯和，1983，明清臺灣書畫談，收錄於黃才郎編<<明清時代臺灣書畫展>>。

張志遠，2009，臺灣的古城，北京：三聯書店。

鄭豐穗，2008，臺灣木雕神像之研究，臺南：臺南大學臺灣文化研究所碩論。

簡榮聰、阮昌銳，2008，臺灣民俗文物大觀，臺北：行政院文建會。

謝宗榮、李秀娥編，2001，清乾隆帝敕建天后宮志，鹿港：鹿港新祖宮管理委員會。

劉益昌、高業榮、傅朝卿、蕭瓊瑞，2009，臺灣美術史綱，臺北：藝術家出版社。

蕭瓊瑞，2009a，明清時期的民間工藝，收錄於<<臺灣美術史綱>>一書。

蕭瓊瑞，2009b，明清時期的文人書畫，收錄於<<臺灣美術史綱>>一書。

（清）余文儀，《續修臺灣府志》•二。網路版

（清）福州郭白陽，《竹間續話》卷四。網路版

淡江大學建築研究所，1995，臺灣南部地區古蹟使用調查與評估，淡水：淡江大學。

狄瑞德、華昌琳，1971，臺灣傳統建築之勘察，臺中：東海大學住宅及都市研究中心。

第五章網路文獻

媽祖神像修復御醫張元鳳網站

http://class.grjh.tnc.edu.tw/~artc2008/index.htm

全臺祀典大天后宮網站

http://www.tainanmazu.org.tw/matsu_temple_burin.html

臺灣民俗文物館

http://www.folkpark.org.tw/collections/Default.aspx

林明賢部落格

http://blog.ncut.edu.tw/meworksv2a/meworks/page.aspx?no=2986

方誌類臺灣文獻叢刊摘錄

http://buddhistinformatics.ddbc.edu.tw/taiwanbuddhism/tb/mq/mq_gaz.html

嘉義縣文化觀光局

http://www.tbocc.gov.tw/index.htm

第五章圖版目錄

圖 5-1 臺南祀典武廟；圖 5-2 臺南北極殿；圖 5-3 臺南大南門；圖 5-4 日據時期臺南大東門；圖 5-5 臺南五妃廟（陳文泰拍攝）；圖 5-6 臺南孔廟大成殿（楊裕富拍攝）；圖 5-7 臺南孔廟於 1777 年之配置圖；圖 5-8 關廟方氏宗祠（引自黃明雅<<南瀛古厝誌>>）；圖 5-9 彰化元清觀；圖 5-10 臺南府城隍廟；圖 5-11 臺南接官亭與風神廟；圖 5-12 臺南三山國王廟；圖 5-13 臺南大內楊長利古厝（引自黃明雅<<南瀛古厝誌>>）；圖 5-14 後壁青寮阮氏街屋（楊裕富拍攝）；圖 5-15 臺南開元寺；圖 5-16 鹿港瑤林街；圖 5-17 日據時期臺南天后宮；圖 5-18 臺中萬和宮；圖 5-19 臺北林安泰古厝及仿清式臺灣庭園；圖 5-20 嘉義新港水仙宮；圖 5-21 鳳山舊城門模型；圖 5-22 新竹迎曦門；圖 5-23 澎湖馬公奎星樓；圖 5-24 彰化孔廟（楊裕富拍攝）；圖 5-25 臺北陳悅記祖厝；圖 5-26 鹿港龍山寺；圖 5-27 新竹問禮堂；圖 5-28 鹿港新祖宮；圖 5-29 臺南兌悅門；圖 5-30 北埔金廣福公館；圖 5-31 屏東阿猴城門；圖 5-32 彰化開化寺觀音亭；圖 5-33 新竹開臺進士第；圖 5-34 新竹林占梅潛園；圖 5-35 彰化馬星陳宅益源大厝；圖 5-36 後壁青寮阮宅位於閣樓之瓜柱；圖 5-37 後壁青寮阮宅位於簷廊步通上之瓜柱；圖 5-38 鹿港新祖宮鎮殿媽祖神像；圖 5-39 鹿港新祖宮鎮殿媽陪祀之千里眼與順風耳神像；圖 5-40 鹿港新祖宮開基媽祖神像及配祀神像群；圖 5-41 臺南開基天后工觀音神像；圖 5-42 臺南大天后宮觀音殿神像；圖 5-43 臺南祀典武廟觀音殿神像；圖 5-44 臺南大天后宮鎮殿媽重修匠師留名記錄；圖 5-45 臺南大天后宮鎮殿媽祖 1822 年造之神像；圖 5-46 臺南大天后宮鎮殿媽祖 2004 年重修之神像；圖 5-47 臺南風神廟雷公神像；圖 5-48 臺南風神廟電母神像；圖 5-49 臺南關廟方氏宗祠屋角泥塑（1746 年）；圖 5-50 臺南大內楊長利古厝石雕旗竿座（1790 年）；圖 5-51 臺南大內楊長利古厝群之磚作；圖 5-52 臺南大內楊長利古厝之建築裝飾（1790 年）；圖 5-53 臺南大內楊長利古厝之大木鑿花與建築彩繪（1790 年）；圖 5-54 臺南大內楊長利祖厝丁樑上之建築彩繪（1790 年）；圖 5-55 青寮阮氏街屋之大木鑿花、雷金彩繪與包巾彩繪；圖 5-56 青寮阮氏街屋之建築（木）壁版彩繪；圖 5-57 清朝藍綢繡花女上衣（引自國史館臺灣文獻館<<臺灣民俗文物大觀>>）；圖 5-58 清乾隆年間石刻香爐；圖 5-59 清朝蓮花雕飾錫製燭臺；圖 5-60 清朝花果禽獸紋銀手鐲；圖 5-61 清朝木製供神茶桌；圖 5-62 清朝樟木燈芯蕊架；圖 5-63 甘國寶指虎畫；圖 5-64 朱芾山水畫；圖 5-65 朱芾山水畫局部；圖 5-66 林朝英雙鶴圖；圖 5-67 林朝英蕉石圖；圖 5-68 莊敬夫雙鹿迎福；圖 5-69 莊敬夫祿（鹿）樹垂蔭圖；圖 5-70 葉文舟指松畫；圖 5-71 朱承蟋蟀扇面；圖 5-72 蔡催慶漁翁；圖 5-73 林覺漁翁；圖 5-74 林覺蘆鴨圖；圖 5-75 陳邦選騎驢山水；圖 5-76 陳邦選指畫達摩圖；圖 5-77 陳邦選指畫壽星圖；圖 5-78 蔣元樞塑像（1777 年前後）；圖 5-79 林朝英自畫像（1800年前後）；圖 5-80 王得祿畫像（1835 年前後）；圖 5-81 鄭用錫塑像（1845 年前後）；圖 5-82 姜秀巒畫像（1850年前後）；圖 5-83 官廟方氏祠堂屋脊泥塑（1746 年）；圖 5-84 臺南大內楊長利祖厝包巾彩繪（1790 年）；圖 5-85 臺南大內楊長利祖厝大木鑿花與梁枋彩繪；圖 5-86 臺南大內楊長利祖厝吉祥話鑿花彩繪；圖 5-87 青寮阮氏街屋廊步通上的梁枋彩繪；圖 5-88 青寮阮氏街屋閣樓上的梁枋彩繪；圖 5-89 青寮阮氏街屋藥鋪匾額及其後之彩繪；圖 5-90 臺北林安泰古厝維修後之鑿花彩繪；圖 5-91 臺北林安泰古厝維修後之灰壁彩繪；圖 5-92 臺北林安泰古厝之石雕土地公廟上石雕彩繪；圖 5-93 新竹北郭園以褪色的灰壁彩繪字畫；圖 5-94 新竹留園入口處已褪色的灰壁彩繪的。本章圖片除正文另有說明及附記引用來源外，均引用自本章所列之參考文獻與參考網站資料並予以圖像校正及清晰化。

第六章：晚清時期的臺灣設計美學

在論及清朝臺灣兩百一十二年的歷史分期裡，我們以太平天國崛起作為分界，而將此一時期分為盛清時期（1683—1850 年）與晚清時期（1850—1895 年）。如果說盛清時期的臺灣是面臨墾拓社會到士紳社會轉型的話，那麼晚清時期的臺灣則是面臨士紳社會到商紳社會的轉型，或是說士、商兩業共存共治了典型化的中國農業社會，這時候的臺灣當然是士農工商四民齊備，只是士農工商四民的階級關係已然變化，這種變化在於兩方面。第一方面，「商士工農」或者「士商工農」才是真實的社會位階，這表示臺灣社會的資本主義化越來越明顯。第二方面，鄉紳消失，或是說臺灣漢人社會的成形過程中，傳統定義的「鄉紳」從來也沒有出現過，反而是大墾戶（領照的墾戶）與蕃大租的所有權人替代了傳統定義的「鄉紳」。在 1683—1850 年間臺灣肯定有眾多的自耕農，但在晚清時期（1850—1895 年），卻很明顯的自耕農逐漸減少，小墾戶與佃農則逐漸增加。這種現象當然不只是土地兼併或大墾戶的墾拓商業合約化日益明顯所造成，還涉及單身移民的激增與晚清時期「政治敗像的檯面化」等事因，然而其結果卻是頗為一致，那就是貧富差距的逐日拉大及設計美學上世俗品味的逐日抬升。

我們先簡單說明晚清時期「政治敗像檯面化」狀況，再從人口變化來析論這個時期臺灣社會的變遷。政治敗像檯面化這單一論題從列強、清朝朝廷、福建省與臺灣府等四個角度來看，其實顯然有不同的意義與絕大差異的影響。就如同太平天國這單一事件，從清朝朝廷、福建省與臺灣府三個角度來解讀，其意義與機會是截然的不同。如果從滿清皇帝的權力使用來看，道光十八年十一月（1838 年）特詔林則徐為欽差大臣，赴廣州禁煙赴廣州禁煙，到道光二十一年（1841 年）皇帝遷怒鴉片戰爭失利於林則徐，先是降為四品調任浙江，旋即清廷要林則徐承擔戰敗罪責，林則徐革去四品卿銜，遣戍新疆伊犁以無品罪臣論，就可瞭解道光皇帝的由懦弱轉昏庸的轉變。道光皇帝死後（1861 年）咸豐皇帝五歲即位，其母慈禧太后西發動政變格殺輔政八大臣，奪垂簾聽政掌控朝政之權長達四十七年，那麼此後清廷最高統治者的權力行使，除昏庸二字可形容外還加上「無知、猜忌、跋扈」才足以詮釋朝廷中央的決策品質，這就是「政治敗像的檯面化」。我們先羅列一下 1850 年至 1895 年的短短四十五年間到底有哪些大事。

其一，1850 年之前道光皇帝昏庸的證據：鴉片戰爭、北京條約。
1840 年中英鴉片戰爭爆發，並因戰敗於 1842 年簽訂北京條約，開放廣州、福州、廈門、寧波、上海五口通洋商。這五個港口的關稅由中英雙方決定，也就是說清朝關稅自主權有一半掌握在英國人的手裡，更可怕的不止於鴉片戰爭的賠款，而在於北京條約的喪權辱國，不但英國人可以合法販售鴉片於中國，英國人在五港的商業活動享有英國領事裁判權，至於何謂商業活動以英方解釋為準，所以英國

人的傳教、行醫、販賣鴉片、殺人放火諸般種種行為均不受清朝衙門審理。

其二：1850 年─1863 年─1872 年的太平天國事件。
太平天國不止顯示清廷的昏庸，更顯示滿州貴族的八旗子弟兵的富貴玩綺與無能。

其三：1856 年第二次鴉片戰爭及天津條約。
第二次鴉片戰爭顯示清廷中央的樂於昏庸，膽怯無恥。天津條約則較諸北京條約更為喪權辱國。次殖民主人從英國增為英、法、俄、美。五口通商改為十七口通商，除廣州、福州、廈門、寧波、上海外，增開牛莊、登州、臺灣（今臺南安平舊港，及其附港打狗）、淡水（及其附港基隆）、潮州（後改汕頭）、瓊州、南京及鎮江、漢口、九江為通商口岸。十七口通商中，臺灣佔其四港口。所以洋教士、鴉片從此長驅直入淡水、安平。在臺灣鴉片交易的貨品被英商看中的則是茶、糖及樟腦。

其四：1860 年代至 1890 年代自強運動與洋務運動。

其五：1874 年日本侵臺牡丹社事件與船政大臣沈葆楨鞏固南臺灣防務
1874 年，日本明治維新（1868 年）後六年，日本牛刀小試攻打臺灣屏東牡丹社，雖因日軍水土不服遭受瘧疾而毫無戰鬥能力。昏庸的清清廷竟因英國的告知而與日本簽定「中日北京專約」，間接承認琉球為日本領土。清廷並派遣船政大臣沈葆楨來臺負責鞏固臺灣南部防務。

其六：1885─1887 年籌辦臺灣建省

其七：1894 年中日甲午戰爭及 1895 年馬關條約
1894 年日本出兵攻打清朝藩屬國韓國，韓國向宗主國清朝請求派兵保護，清廷派袁世凱領新銳北洋軍兼程開拔前往韓國。日本再度以規模較小的東洋艦隊攻打清廷新軍規模較大的北洋艦隊，怎知北洋艦隊炮彈經費泰半挪用於為慈禧太后祝壽的整建圓明園上，龐大艦隊艦艦炮彈有限，遭遇東洋艦隊還擊數發砲彈後就無炮可打，偌大的北洋艦隊就這麼被較小規模的東洋艦隊全部殲滅。袁世凱在即將渡江入韓時得知北洋艦隊已被殲滅，就滯留東北「觀望」。東洋艦隊乘勝直逼天津，清廷心慌求和心切，終於在次年簽訂喪權辱國兼割地賠款的馬關條約。臺灣及遼東半島在馬關條約中割讓與日本，清廷對韓國放棄宗主權，韓國成為日本的藩屬國，不數年即成為日本的新殖民地。

從第一次鴉片戰爭到割讓臺灣計五十五年，從第二次鴉片戰爭到割讓臺灣計三十九年。這短短的五十五年間的七件大事或短短的三十七年間的五件大事，對英國

意味著什麼？對帝國主義列強意味著什麼？對清廷意味著什麼？對福建意味著什麼？對臺灣意味著什麼？其共同處就是天翻地覆的絕大變化。

對虎視眈眈的帝國列強來說，對英國這個帝國主義的老四（依時間順序老大老二是西班牙、葡萄牙，老三是荷蘭）及眾多帝國列強，與帝國列強的學習者如明治維新後的日本帝國而言，這意味著終於可以用廉價的鴉片，透過自由主義、理性之光、上帝之光、市場機制在中國來換回白花花的銀子。產業革命終於衝擊到中國了，竟是以如此不堪的方式衝擊著中國、福建、臺灣、臺南、淡水、打狗、雞籠。賣鴉片毒品給中國則麼扯得上理性之光、上帝之光呢？很抱歉，不堪的方式正是如此。鴉片戰爭的發動正是在英國國會充分討論後充滿了理性之光下多數決通過的。英國國會所在地就是西敏寺，全英國最麗大、最古老、最重要的教堂，所以不但充滿上帝之光通過以武力讓蠻不講理的中國接受鴉片的好處，還通過要讓野蠻落後的中國人都能充分的浸潤在上帝之愛裡（註一）。

對清廷意味著什麼？明知鴉片之為禍，但英國說鴉片是好東西，所以試著去體認一下這個洋人說的好東西吧，結果連宮廷內眷都有人吸食鴉片，好東西要與高貴的人分享，結果連滿州八旗子弟兵都有人吸食鴉片。上行下效之下，抽鴉片成了高貴的消遣，清廷與滿州貴族乃至滿州鐵騎從此只能「滿口仁義道德，幹盡男盜女娼」，還能治國嗎？還能打戰嗎？清廷與滿州貴族當然不會大多數都抽鴉片，但只要十分之一的滿州貴族與八旗子弟兵抽鴉片，那七牽八扯之下又怎麼能治國，怎麼能打戰呢？慈禧太后政變奪權成功之後，自己都是「滿口仁義道德，屠殺顧命大臣」，又怎麼能有什麼「禮義廉恥國之四維」的朝政品質呢？簡單的說，歷史上對滿州貴族的評語：「寧予外賊，不予家奴」就是這麼來的，從福州人林則徐授命成功的革除鴉片，到林則徐要為戰敗負責，連降三品九級，再到林則徐是無品罪臣遭戍新疆。在有品的士大夫來看，這就是道光皇帝及滿州貴族的「寧予外賊，不予家奴」，漢人就算欽差大臣也是滿州皇帝的家奴罷了，作對了事，功在國家，把你打成罪臣，你連滿州人的家奴還不如，你又能怎樣。歷史上對滿州貴族的評語：「寧予外賊，不予家奴」其實就是清廷的喪鍾響起時刻，所以，清廷此後除了拉幫結黨的分化「漢人大臣」來鞏固朝廷的威嚴外，朝廷也已經像是沒落的幫派，還有什麼心思能「治國」呢？清朝政治至此只能以「加速腐敗，不知羞恥」形容罷了。

對福建意味著什麼？先是林則徐事件，再是太平天國，又是第二次鴉片戰爭。恥辱只從朝廷來，太平天國禍害百姓朝廷只能雙手一攤，還有漢大臣出來打圓場也是滿口仁義道德堯舜禹湯，可見得「孔孟之道到了道光已經倒光」，中國經學不如「實學」，格物致知不如親為致知，所以，所謂的「宋明理學」、「朱熹之道」、「閩學」（註二），也就在這百般刺激之下逐漸轉型成注重實學的侯官文化，一種踏實求知天下事的福州文化。「近代侯官文化的出現，可以說是中國文化史上的

其迹，但至今尚未有人對此進行過探討，即：地處一隅，遠離全國政治文化中心的彈丸之地侯官（福州及福州府所轄十縣），在極短的時間裡崛起一批杰出人物，如：林則徐、林昌彝、嚴復、林紓、郭伯蒼、劉步蟾、林永生、葉祖珪、薩鎮冰、陳衍、方聲洞、林覺民、林旭等。今人驚嘆的是這些杰出人物門類齊全，有政治家、軍事家、教育家、文學家、外交家、思想家、翻譯家，幾乎囊括了各個領域，故有“晚清風流出侯官”之說。正是這些人物，在中國近代文化史上演出了一幕幕精彩分呈的活劇。可以毫不誇張地說，如果沒有崛起于侯官的這些人物，整個近代中國將黯然失色」（註三）。這些轉變對福建意味著什麼？意味著「遭受國難務實變通」。

對臺灣意味著什麼？第一次鴉片戰爭禍不及臺灣，太平天國禍不及臺灣，第二次鴉片戰爭結果雖然鴉片、洋教可以長驅直入臺灣，但「福建有個林則徐，洋鬼鴉片嚇破皮，道光昏庸雖無奈，侯官文化可抗敵」，更何況淡水、雞籠、安平、打狗四港口的開放洋商，更是臺灣率先通商全世界的契機。牡丹社事件不只是朝廷不知道，臺灣府也不知道，哈哈，日本人玩假的，無傷無傷。朝廷開始更加重視臺灣，加強防備，好事一件。臺灣建省，好事一件，臺灣不但欣欣向榮，臺北城的電力、下水道衛生建設還領先全中國，鐵路建設也領先最有活力的東南各省，劉銘傳持續戮力建設臺灣，前途錢途一片光明在望。怎知轟天一悶雷，朝廷派兵救朝鮮，卻換來割讓臺灣、遼東半島予日本。

同樣的歷史事實，站在列強英國的角度、清廷的角度、福建的角度、臺灣的角度當然會有不同的意義，也只有理透了各種角度，才能透徹的理解「1850年至1895年」間臺灣的社會變遷、權力結構變遷的正當性，乃至想像性權力（意識形態）變遷的荒謬性。而更諷刺的是，對1850年至1895年臺灣發展有絕大影響的三位人物：林則徐、沈葆楨、劉銘傳的生平機遇卻也影射出這種權力的正當性與荒謬性。

臺灣的社會變遷、權力結構變遷的正當性指的就是在1850年至1895年間的欣欣向榮。「臺灣的自強運動始於一八七四年（同治十三年），亦就是說求新、求強、求變的現代化於一八七四年展開，比起內地雖已晚了十五年，但因臺灣物產富饒，（米）、茶、糖、樟腦的外貿暢旺，且因地處邊陲，來自中央的羈絆較，地方大員能放手建設事業，在加上臺灣是海島，島民之民智普遍早開於內地，因此不僅未形成改革的阻力，反而是促使現代化的幕後助力，最重要的是琅橋事件（牡丹社事件）之後調派來臺的官吏都是當時一流的人才，在船政大臣沈葆楨，福建巡撫丁日昌、岑毓英；臺灣道劉璈、福建臺灣巡撫劉銘傳等人的銳意興革，急起直追，因此現代化的工作，不僅未因起步較遲而落後於內地各省，反而成就斐然，這時臺灣早就是清廷治下的模範省了」（註四）。這種欣欣向榮固然是「島民之民智普遍早開於內地」與晚清時期的自強運動，更重要的種子卻是以林則徐為典範

的侯官文化花開遍福建，繼朱熹閩學之後，以理性務實的態度影響了中國東南的自強運動崛起，這當然使得臺灣「不僅未因起步較遲而落後於內地各省，反而成就斐然，這時臺灣早就是清廷治下的模範省」，更可說是現代化的模範省。臺灣在劉銘傳極力推動鐵路建設後，如果只論物質建設，臺灣的現代化可以說明顯的勝於福建的現代化，所以，此時的臺灣只能以「青出於藍」來描述，是一個欣欣向榮的社會情境。

這種社會情境下想像性權力（意識形態）變遷的荒謬性指的就是牡丹社事件、日本朝鮮戰爭或是甲午戰爭。牡丹社事件上，明明日軍侵略牡丹社因水土不服及瘧疾事件而搞得灰頭土臉，臺灣府及清廷均不知情，清廷竟然可因英國人的「通知」而與日本談判簽約而「割讓」了琉球的宗主權。1894 年的日本朝鮮戰爭則更為不堪，日本出兵攻打清廷的藩屬國朝鮮，最後結果竟是清廷派李鴻章與日本簽下馬關條約割讓臺灣與遼東半島。歷史解讀往往注重過程與細節，但是歷史發展與權力演變卻只決定於結果，這種結果對臺灣而言不僅是不堪，簡直是荒謬透了。

我們對照林則徐的一生，道光皇帝在 1838 年特詔林則徐為欽差大臣（一品大員），赴廣州禁煙赴廣州禁煙，林則徐不但成功革除鴉片的販售管道，還以有限的兵力戰勝了英商的「軍艦」。結果呢？1841 年林則徐卻因滿州人大臣琦善的忌才，道光皇帝竟然先將林則徐貶為四品官員，然後再貶為無品罪臣流放新疆，這種結果對中國而言難道不也是「不僅是不堪，簡直是荒謬透了」。好在林則徐命活得長，道光皇帝也後悔了，林則徐也有幸活著回到福州，成為低調的「民族英雄」。臺灣從此（1895 年）就荒謬的成為殖民地，清朝的命也在 1911 年自作孽不可活的消失，臺灣省再也回不去清廷的懷抱，只能緬懷一下三位賢人，再也不想看什麼琦善、慈禧、李鴻章的嘴臉。

圖 6-1：林則徐　　圖 6-2：沈葆楨　　圖 6-3：劉銘傳

6-1，晚清時期的臺灣人口政策與社會變遷

由於 1850 年至 1895 年臺灣面臨的是正向的劇烈變化，這劇烈變化的事實從人口數來看最為明顯具體。本節即先從人口數來推衍印證臺灣人口政策細微末節。

較為準確的推估清朝時期的臺灣人口是有一定的困難，所幸許毓良的博士論文盡可能的考證了一些可信的資料，並建構了一個較清晰可信的臺灣人口變遷圖像。在清代史料所見的臺灣人口總數裡，直接的檔案紀錄有道光四年（1824 年）的 250 萬人、光緒元年（1875 年）的 300 萬人。依鹽額（用鹽的數量）推估所建立的人口數則有道光四年的 214 萬人、光緒元年的 262 萬人，以及光緒二十年（1894 年）的 400 萬人（註五）。

清朝的人口政策就是戶籍制度，除非重大事件，否則少有省際移民，而明確的省際移民的重大事件只有一件，那就是清初為填補揚州大屠殺及四川大屠殺的口空缺而執行過省際移民，主要從江西、福建、廣東向揚州與四川移民。這也是為什麼臺灣漢人移民裡福建省的移民會佔百分之八十或閩語系的移民會佔百分之九十五以上的主要原因所在。但是這種戶籍制度到了第二次鴉片戰爭（1856 年）後，逐漸有了新的壓力。

帝國主義的列強並不滿意於只能通商、包辦關稅、自由販賣鴉片，列強們還希望像對待非洲一樣在中國「自由販賣人口」，那就是「從道光二十七年（1847）開始的苦力貿易。苦力貿易的出口港原先設在廈門，咸豐九年（1859）後逐漸轉移到（福建）南澳、（廣東）汕頭、澳門、香港。然而不管是在福建或是廣東，在咸豐九年之前因與<<清律>>禁止人民無照出洋有抵觸，所以苦力們即使是被詐騙、誘拐、脅迫，仍屬于非法的海外移民。但這一切，在咸豐十年（1860）中英、中法北京條約簽訂後有了改變。因為清廷同意英、法在華招募華工。爾後同治五年（1866）再簽訂<<中英法續定招工章程條約>>，使得華人海外移民的合法性更得保障。當然不管是先前的苦力，之後的契約勞工，還是契約期滿後在海外變成的自由勞工，總有說不完的血淚史。不過同治朝國人可以在放寬的政策下出洋，已是不爭的事實；此點對照光緒元年以前，有條件的管制渡臺（省內落籍與家庭移民）也變得沒什麼意義。無怪乎同治十三年（1874 年）牡丹社事件一結束，欽差大臣沈葆楨以海防為由，奏請清廷廢除舊令（嚴苛條件的管制渡臺），立即獲得正面的回應」（註六）。由此可以瞭解在 1840 年代列強商人們已經在福建、廣東展開了偷渡人口販賣，1847 年則在廈門展開了列強們自認為的合法苦力販賣，1866 年則在自由市場經濟下，清廷也同意的「招工買賣」。

這樣的背景其實顯示了當時東南沿海省分的人口過剩壓力，及福建、廣東的人民在當時視放洋為致富機會，視海外為想像的黃金樂土的複雜心態。這種「放洋與

海外」當然也包括了欣欣向榮的臺灣。更何況 1847 年後臺灣的人口政策上已廢除了嚴苛條件的管制渡臺。而所謂「海防為由」其實就是邁向「移民實邊」，要以更多的人口，更多的建設，來充實邊陲的準戰力。

臺灣人口政策的改變，從省內落籍、家庭移民、轉變為省間落籍、單身勞工移民、加速落籍。這足以解釋光緒元年（1875）到光緒二十年（1894 年）的短短十九年間增加了百分之五十三，臺灣人口會從 262 萬人增加了 138 萬人而達到 400 萬人。我們據此推論「在晚清時期（1850—1895 年），卻很明顯的自耕農逐漸減少，小墾戶與佃農則逐漸增加」。社會變遷另一情境：「貧富差距拉大」的判定則更是傳統中國社會的一般定律，那就是經商世家崛起或大戶崛起。而讓這種中國傳統社會一般定律更為彰顯的就是：這階段臺灣商紳變士紳的比比皆是。

「設計美學上世俗品味的逐日抬升」並沒有什麼正負評價的意思。但絕對是「商紳變士紳比比皆是」所促成。

不管是中國東南自強運動裡的模範生也好，或是清廷治下的模範省也好。臺灣能從 1850 年的粗具規模的漢人社會到 1895 年的模範省其間變化的「奧妙」絕對值得探討。然而，這種變化當然是物質基礎與精神基礎互以為用的成果而不會是什麼傳統論、維新論、唯心論、唯物論所能單方指導而成。侯官文化的實學態度就是如此，只是在晚清時期好像只有在臺灣這個特殊情境裡才能默默的開花結果而已。劇烈變化好像有點急就章，但機會永遠只留給能急又能就章的地方。商紳變士紳比比皆是就是「能急又能就章」，世俗品味的逐日抬升則反映了士商工農的品味而由商紳決定由工匠技術的提升來達成，只要有錢，只要有市場，擁有純熟技術的工匠自然而然從渡海接接案子轉到全家移民來臺，福建語系雖分成閩北語、閩東語（福州話）、興化語、閩南語、閩西語、客語、潮汕語，但在權力糾結的過程裡，在生意機會來臨時，福建語系之下的分枝就成為同一語言下的不同腔調而已，急就章下不同腔的口語是可以互通的，反而是閒閒沒事可幹、刻意刻意找碴時，不僅漳州話與泉州話溝通有困難，福州話還分城內腔與城外腔呢！關鍵就在於「急不急」或有沒有「就章」的意願。在中國傳統的社會裡長久以來都是官家說了算，然後才輪到商家說了算。到了 1895 年乃至於 1945 年還是如此，只不過那時的官家換成完全不同的民族及語言而已。以下則以世家崛起的途徑與工匠崛起的途徑來描述這階段的社會變遷。

6-1-1，世家崛起的途徑：階級與權力結構

所謂世家指的是數代家勢興盛且家大業大（家裡的人很多，祖業絕對夠吃）。中國（在 1895 年前當然包括了福建與臺灣）有一句俗諺：「富不過三代」，血淋淋的暗示了世家崛起的途徑，如果只是田產多而家族中沒有個當官的族人，那麼再

多的田產也不容易保持多代守業的。

在帝王時期皇帝的決策心態與品質直接影響了國家的發展，雖然歷史不能重演，但是道光皇帝在 1838 年特詔林則徐赴廣州進鴉片，算是正常的決策。林則徐則以有限的資源建立了絕大功勞，以清廷當時的俸祿制也算功祿相當。道光皇帝在 1841 年將林則徐連降三品九級，算是老羞成怒的決策，隨後將林則徐定為無品罪臣遣戍新疆則是懦弱的決策，這種決策就是「理窮斯爛，遷怒二過」，就是「皇帝造孽國之將亡」，而清廷還能拖上七十年，則是還好道光皇帝後來還給林則徐一個清白，林則徐還能回老家福州繼續發揚注重實學的閩侯文化。清廷還能拖上七十年裡最重要的「自強運動」就是林則徐思維模式的延伸，也是侯官文化的延伸。重述這一段的用意在於說明 1841 年清廷決策品質的惡劣，而 1861 年後咸豐皇帝的妃子以同治皇帝生母而晉升為慈禧太后，並政變奪得垂簾聽政實權後，清廷的決策品質在關鍵處通常都是惡劣至極，這就表示決策品質往往的破壞了原有的制度，所以，就制度的改變而言慈禧太后也算是清朝的革命倡導者與實踐者，只是這種革命的目標與理想只是慈禧太后個人的權位，絲毫不及國家興亡與人民生活，當然也就不及「吏治」與「極不容易一眼看穿的貪污腐敗」，就這個意義上來看，當時清朝的制度之下，除了少數官員的自我要求之外，買官賣官欺上壓下貪污腐敗幾乎成為官場制度性的陋習了。或是說買官賣官在慈禧太后掌政之後有了三個新名詞：「捐官候補」、「恩榜候補」、「軍功候補」，其實除了少數確實對國家有事蹟貢獻者外，大部分都是透過「大官提攜」而「買來的」。這也是為什麼商紳可以晉升為士紳的主因。也是 1850 年後崛起的世家裡多數名為士紳實為商紳或是士商混合體的原因。

臺灣在 1850 年之前就有了世家，而所謂的世家崛起的途徑各有不同，傳統社會價值觀及明、清朝的制度裡都只推崇「官宦世家」。而仔細歸類臺灣的世家其實頗為多樣，有大墾戶、中墾戶數代之後成為世家者，有家族移民中出現某房節約營田成為世家者，有原住民部落領袖改漢姓成為世家者，有一代中進士為官成為世家者，有數代小功名（舉人、貢生、貢元）成為世家者，有經商成為世家者，然而 1850 年之後崛起的世家通常都是上述各種模式結合而成為世家，特別是墾戶與軍功的結合及商戶與捐功的結合這種模式最多。而能墾戶、商戶、軍功、捐功集大成且戶以為用者才能成就大世家。霧峰林家及板橋林家就是道光年間逐步崛起集大成者的大世家。

板橋林家第一代漳州龍溪人林應寅落腳新莊，到第二代林平侯（1766-1844）時及經商致富，捐官致仕十年官四品後，即行退休並於臺灣北部廣置田產，遷居大溪建立林家基業，同時也自力建大嵙崁城（即大溪城），到第三代林國華、林國方移居板橋，雖循捐官模式，但只為維持家業而經營於板橋、龍溪兩地。至第三代林維讓、林維源（1838-1905）時，1853 年太平軍日益嚴重，「林家被曉諭捐出

6萬兩而（林維源）得到監生資格，並以員外郎不論單雙月儘先選用，這時林維源不過15歲。……清法戰爭爆發，臺灣防務所費甚多，臺灣兵備道劉璈以林家為全臺首富，乃勸捐百萬（兩），又令組團練以自保；林維源迫不得已，先捐二十萬兩就避回廈門。清法戰爭漸有蔓延之勢，清廷遂以巡撫劉銘傳為福建巡撫，派遣來臺，劉（銘傳）派人到廈門勸回林維源。此後林維源成為劉銘傳在臺推動近代化最重要的幫手，霧峰林家的林朝棟也同時被劉銘傳重用」（註七）。

所謂的家大業大，家大不止指家眷特多，還包括家丁、長工與團練成員。業大通常就是指田地與房地產。在1850年之前清朝官員的俸祿確實很優渥，高中進士後往往皇帝還另有賞賜，所以高中進士幾乎就是蓋大房子的同義詞，當官清廉，俸祿裡還有「養廉錢」，足夠返鄉置田產，所以一代高中進士足以成就世家。中舉而未中殿試，還是可以從僚當起，還是有機會當上官（主管）；鄉試秀才（貢員、貢生）也往往可以在私塾裡授業耕讀傳家；在1850年之後清朝官員的俸祿雖然還是差不多，但是相較於經濟的發達，除非是大官，通常已無優渥可言。不過，也正是同治之後，漢人能升官者幾乎只有團練派與自強派，團練派就是能自籌款項練兵救國者，其翹楚就是曾國藩、左宗棠、李鴻章、沈葆楨、袁世凱及所謂湘軍系、淮軍系、新海軍系、北洋軍系乃至洋務系、自強（產業系）。而當時臺灣捐功致仕者或軍功致仕最好的就是能拉上上述的二層權力系譜，而確實拉上這種關係的就是左宗棠、沈葆楨與劉銘傳。左宗棠仕途上曾受林則徐之感招願為林則徐幕僚，然林則徐則以退休無幕可為而致贈左宗棠一套「新疆考察」資料，明確影響了爾後左宗棠自強派的走向。沈葆楨則不但是新海軍系的開創者，更是自強系裡最具實務經驗的產業系，沈葆楨與林則徐的關係更為密切，不但同為福州人，沈葆楨還是林則徐的女婿。

總結的說，雖然牽拖太多，1850年之後想當官的臺灣墾戶或商家，因緣會際之下，與侯官文化與林則徐為官態度氣息相投者，或是透過捐官、捐軍備以穩定形勢，如板橋林家到第三代林維讓、林維源兄弟時，林維源這一支即扮演著捐軍備以穩定形勢的角色，而林維讓這一支則扮演了透過豪門聯姻擴大政經影響力，幾乎把清末福建省名儒重臣都結為親戚。或是透過軍功而保衛福建與臺灣，如霧峰林家林文察組織臺勇赴福建剿太平天國與剿平戴春潮之亂而拓展家勢，或林朝棟受招以家丁為主組織團練抵抗法軍攻擊閩臺，因軍功而致仕，並獲得特定物資（如：樟腦）專賣權。墾（農）、士、商、軍功互為交替幾代經營，才更有機會投緣經營而成為世家或大世家。1850年之後就算殿試中進士當了官，大概也只有光耀門楣加上全家的粗茶淡飯與安平樂道。隨著權力結構的變化，社會風氣也改變了。而權力結構的變化則由最高權力源頭處本質上的改變與社會組成益加階級化所促成。

1850年至1895年臺灣社會組成的益加階級化就是世家崛起所造成。大世家在家

內享受家大業大成果者只有家族成員，而在家內就業者還有管家、家丁、婢女，奶媽乃至團練兵勇，大世家在外則有大量的佃農家庭，通常是以農獲成果的一半至三分之二為佃租。一般世家雖然在內少了管家與團練兵勇，在外也只有中量的佃農家庭，但是家丁、婢女、奶媽一樣不少，只有中型墾戶、家族移民墾戶、原住民改漢姓的農戶等所形成的世家才較少有階級分化的生產關係，其他單純固守商業、工業者數代後形成世家者不多，多半第一代展開規模後只能固守規模，頂多某一代發了併購些田產收收租，舖子裡則有流動的學徒而已，稱不上世家，只能說「併購些田產」的「好業人」而已。所謂富不過三代指的就是：「好業人不太可能世世代代都還是好業人」的意思。我們以此為據判定這個時期的羅漢腳(無家無業的遊民)、無家無產有業的單身技術移民、家丁、婢女、有家無產的佃農應該佔了人口數的一半以上，否則無以承受支撐世家的崛起。

咸豐三年（1853 年），漳泉分類械鬥起，淡水廳新莊、艋舺尤其激烈北，開臺第一進士鄭用錫親赴各莊排解，著《勸和論》以曉之。如果我們從社會變遷、權力再結構、大世家崛起、單身移民激增等因素來看，或許 1850 年代才正是臺灣各類「械鬥」崛起的年代吧。

光緒元年（1875）到光緒二十年（1894 年）的短短十九年間增加了百分之五十三，臺灣人口會從 262 萬人增加了 138 萬人而達到 400 萬人，當然顯示了這段期間有另一波福建移民高潮，而這一波福建移民由於「管制放寬」，所以，單身技術移民、家庭技術移民與羅漢腳應該三分天下，而羅漢腳在產業發達的臺灣也很快的成為店鋪裡的流動學徒、固定學徒或家丁（長工），尋找機會成家立業，而除了天縱英才以外，通常是由羅漢腳→流動學徒→固定學徒（拜師學藝）→出師就業→結婚成家而成為守著舖子的小戶人家。或是由羅漢腳→長工、家丁→主人賞識所以配以婢女成家→佃農。或是由羅漢腳→越過番界入贅原住民→自耕農。當然也有一種情境是由羅漢腳→繼續在廟裡或作作臨時工與碼頭工人→被招來械鬥助陣→大眾爺廟。而單身技術移民、家庭技術移民與羅漢腳三分天下的情境裡，羅漢腳絕不可能是「天縱英才」，真是天縱英才在原鄉也就出人頭地了，還需要來臺灣當個羅漢腳嗎？

如果我們問世家崛起的年代，哪來的「婢女」源源不絕？這不必想像，1850 年至 1895 年正是王法消沈的年代，也是商業競爭的戰國時代，廣義的商業競爭就是兼併，就是強凌弱、眾暴寡，就是欺騙壓榨，所以殺人放火、欺騙壓榨、奪人家產，只要官府不察，鄉紳不察就是合法，鄉紳也許就是惡霸呢，在王法消沈的年代應該說是無奇不有，這也是自耕農的團練與「大世家」團練，乃至行郊暗養兵丁的年代，這種年代裡本來就不是讀書出英雄而是草莽出英雄，而家破人未亡也是比比皆是，不但「婢女」源源不絕，連「妓女」也是源源不絕。我們翻開福建移民臺灣的歷史，常常有一種錯誤的認知與想向性的描述，總認為 1683 年至

1850 年的移民「風險很大」且偷渡移民極多，事實上 1850 年至 1895 年間，因為臺灣生產力高度提升，經濟狀況極佳，所以，對福建、廣東的移民浪潮也形成一種吸磁的作用，所以必定有許多移民甘犯已經寬鬆的禁令，偷渡來臺，而王法消沈年代的偷渡移民才是真正的「風險很大」。

我們從較確實的人口推估，從福建、廣東對外移民的浪潮，從臺灣社會結構的變遷，從清廷道光時期國家最高權力的離奇轉則，從清廷同治後的王道消沈，從 1850 年後臺灣眾多世家的崛起，共同理出一個臺灣俗諺的脈絡。所以，所謂「移民臺灣九死一回」、「有唐山公冇唐山姆」指的應該不是 1683 年至 1850 年的計畫移民（或許可制家庭移民或省內落籍），而是 1850 年之後的單身移民，也就是閩南話裡所謂的「羅漢腳」。這些羅漢腳不少在原鄉已經成親，所以活寡媳婦唸之在之的就是「移民臺灣九死一回」，這些羅漢腳尚未成親或根本不想返回原鄉者，其最好的出路就是「越過番界入贅原住民」取得自耕農的身份。而這種情境應該是「王法消沈」的年代可能性最大，而「移民臺灣九死一回」、「有唐山公冇唐山姆」這種越是未經考證的集體記憶，人們越會透過想像而將時間往前推移，往現今想像中的罪惡年代推移，往當時規定該有的罪惡年代推移，從 1895 年往前推到 1683 年。

清廷對日本帝國而言是爛透的且不具正當性的，清廷對中華民國而言也是爛透的，可是這種爛透的除了滿清入關初期的軍事大屠殺外，清廷的政治當然是由先有賢能的皇帝後有荒唐的執政者才可能為持還算長久的勝世，怎麼可能一開始就是爛透了還可能在中國維持了還算長久的朝廷呢？但是 1895 年後的政權正是個殖民政權，必要捏造「清朝從頭就沒有正當性」、「中國從頭就沒有正當性」的意識形態，才足以切割原有的正當性，所以「清廷棄臺說」也就被規定出來，「1850 年至 1895 年間」的腐敗與黑暗也就被蓄意的往前推移至 1863 年，成為殖民地上被規定的集體記憶，如此才符合「清朝從頭就沒有正當性」的日本帝國主義者的收服民心的訴求。

很妙的是 1945 年臺灣光復後，當時的中華民國似乎不是那麼認真的意識到臺灣脫殖民的必要性，但卻還帶有推翻滿清的革命情緒，也就糊里糊塗的繼續了「清朝從頭就沒有正當性」的意識形態，這種歷史的連續也造就了沈葆楨好不容易奏請朝廷所建的延平郡王祠莫名其妙的在日據時期獲得改裝保存，在臺灣光復後再一次的獲得改裝保存，連續的改裝都很有「理由」，保存也都很成功，但是早就不是原先沈葆楨時期所建的延平郡王祠了。

圖6-4：日據時期先以鄭成功為日本人而改為開山神社只外加布紋燈飾

圖6-5：日據時期進一步在開山神社主殿前緊加一日式十字脊博風亭

簡單的說，沈葆楨奏請朝廷改變對鄭成功的觀點，並花了朝廷不少銀兩，從福州（省城）聘請匠師團隊興建了一間福州風格的祠堂，其目的在於收買民心也鼓舞臺灣的民族意識。日本人來來之後則除了保留主殿之外，完全改建開山神社，並在主殿之前加建一個日式十字脊博風亭，將原主殿建築風格能遮就遮的技術性遮掉，其目的也在於收買民心，並以鄭成功也是日本人來強調大和民族在臺的正當性，鼓舞臺灣的日本民族具有正當性及民族意識。臺灣光復後十幾年，也發現鄭成功值得表揚，所以再度改建開山神社為延平郡王祠，可惜這次的改建或維修並沒有進行較仔細的風格辨認，只以新舊再利用來決定該留該拆，結果真正該留的也沒留下來，還在不該留下來的部分（因為較新也較堅固）留下來以添加物件的方式進行改裝，結果成為一個不中不日不倫不類風格的新古蹟吧。

權力結構當然決定了品味，但錯誤的認識及技術不足的認識卻也造成一種不倫不類的風格與品味。對 1850 年至 1895 年間的上層階級有所認識之外，我們也進一步瞭解一項這段期間臺灣工匠的崛起與工匠技術的演變的可能狀況。

6-1-2，工匠崛起的途徑：技術養成與品味養成
其一，工匠崛起的社經背景

我們在俗諺上最常聽到的一句話就是幾乎所有的傳統工藝都強調三年四個月的拜師學藝的艱辛歷程，但是目前所找得到的任何一類種傳統工匠的訪談記錄或任何一種再艱深的匠師手冊或老匠師的傳家寶手冊裡，卻找不到任何一位傳統匠師真的都有所謂「三年四個月的學習資歷」或「三年四個月」這樣規定與字句。這到底是怎麼一回事呢？筆者認為這應該與「集體記憶寬鬆的以訛傳訛」有關吧。我們換個角度，從社會經濟結構來解析可能的實況，從工匠的技藝成分來解析特定時段裡傳統工匠到底具有哪些技術的養成，這些技術又能支持哪一種程度的審美品味，或許也還是一種探得逼近歷史真實的好方法。或是說我們採取雙向文脈研究法（double context approach），或許比完全信賴老匠師的想像性記憶所建構出來的歷史來得更具解釋美學品味的能力。當然，這種所謂雙向或多項文脈研究法最重要的是「原鄉」這個想像的文脈與福建這個真實的文脈，畢竟 1850 年到1895 年間的臺灣也有近三分之二以上的時間裡是福建省下的臺灣府。

福建在明朝之前，在盛清時期的 1850 年之前到底有哪些重要的工匠技藝呢？

長江以南現存最古老的木結構建築就是位於福州的華林寺（西元 909 始建，1990年代遷建）。而從閩國之後福建的建築就像福建的語言一樣，隨著福建地形的分隔而逐漸有許多因地制宜的建材與裝飾系統出現，乃至於存有所謂「一語多腔」的「一種多樣」，這種式樣因口音關係，從穿闥式（精密組裝式）而被誤會為「穿斗式」。在磚瓦建材的一種多樣上，閩南地區約在宋朝前後才逐漸盛行過氧燒的

紅磚系列，在屋頂曲線上則晚至明朝才出現，而且在福建省內也呈現越往南曲率越大的狀況。

以建築裝飾藝術而言、木雕、大木、小木、石雕、石作、陶作、建築彩畫等建築裝飾工種齊全。

以繪畫而言，不論是紙褙畫還是建築彩畫，閩派的繪畫風格已然在發軔擴充時期。由於明朝的宮廷畫家裡，浙籍閩籍的專業畫家超過宮廷畫家一半以上，其中閩籍畫家往往特別強調與民俗繪畫的相通性與承傳性，所以在明清之際早已養成，「從學徒到畫工，從畫工到繪師，從繪師入宮廷成畫家，宮廷畫家退休後返鄉從事寺廟彩畫」這樣的成長模式及龐大繪畫專業系統。明中期的上官伯達、明末的曾鯨，乃至明末清初的上官周則是極其傑出的例子而已。

以單一工藝類科而言，宋朝時馳名全國的工藝就有：建州的建窯、麻紗印刷與建陽版刻、福州的壽山石、晉江窯業；元明兩朝馳名全國的工藝則有：泉州的德化窯、福州壽山石雕刻、仙遊的家具、福州的漆器，以及遍及全省的木刻石刻技藝，一般民生工藝除了絲綢織錦遜於蘇杭外，到了明末福建全省的都市地區幾乎是巧匠雲集共織工藝名品，只要你有錢，再精緻的工藝品都有福建本土貨。(註八)

在盛清時期上述的所有匠藝則都在盛清時期福建經濟快速發展之下而有更精彩的精進發展。只可惜福建人口成長至明末就有人口過剩而缺糧的情境，而人口過剩與缺糧情境不但造成對外移民的壓力，這種對外移民的壓力更往往因戰亂而升高。1850 年至 1872 年的太平天國事件，卻有四次入閩的嚴重動亂。然後接著是1840 年之後的 1865 年的第二次開放港口對洋通商。而此刻的臺灣府，既沒有太平天國的動亂，經濟又持續發展超過福建，還開放了淡水、雞籠、安平、打狗四個港口對洋通商。所以福建對臺灣的家族式移民、技術移民、探勘式移民（兩代一起憑匠藝來臺打工，如果極順利又賺大錢，則再攜女眷來臺。如果僅能餬口還算順利，則父返福建原鄉，子留臺成親安家落戶）、單純打工者，乃至男性偷渡移民（羅漢腳），各種移民類型蜂擁而至，自然而然臺灣的建築工藝、繪畫藝術與一般工藝也就在福建工藝精湛的基礎上「綜合性移植」而備齊成熟。

其二，工匠的類科

我們依 1850 年至 1895 年臺灣已有的建築、工藝、繪畫三大項來簡單說明這一時期傳統工匠的類科與一般性技術，其中最為複雜者就是建築工匠之大木工匠或執稿尺師傅，在福建或中國其他地區通常大木工匠就是執稿尺師傅，但在臺灣，往往因為小規模建築物，只憑視覺經驗就可由泥水匠師就可決定建築物的尺寸，所以也有不少執稿尺師傅就由泥水師傅充任。以下，即依建築工匠類科、建築裝飾

工匠類科、一般工藝類科、繪畫類科的細分類順序描述如後。

建築工匠裡通常分為大木工匠、小木工匠、泥作工匠、石作工匠、漆作工匠，但在明朝以後福建，一棟建築物要作得好看，只就不是上述的請工蓋屋，而是大木還要懂得大木的鑿花，小木又分為小木、小木鑿花、細木（精緻家具），泥作還懂得泥塑、石作之外還有石雕、漆作之外還有建築彩繪。而通常的建築工類裡，在明清之際還多出剪粘作與低溫多彩陶作（又稱交趾陶）。這鑿花、泥塑、石雕、建築彩繪、剪粘、交趾陶也就另外通稱為建築裝飾工藝。這裡在福建比較難判定匠藝出現年代者就是剪粘與交趾陶，而依福建既有的古蹟來看，始建於 1508 年至 1512 年的福建東山銅陵關帝廟，其入口排樓面上的剪粘與交趾陶或許可以指證剪粘與交趾陶在晚明時期已經出現，而臺灣的剪粘匠藝雖然出現於 1825 年始建的鳳山舊城門、交趾陶匠藝雖然出現於 1790 年始建的大內楊長利祖厝。但大量的交趾陶作品或剪粘作品還是出現於 1850 年代匠師葉王崛起之後的廟宇建築中，所以一般通說臺灣交趾陶工藝起於嘉義葉王（1826--1887），臺灣剪粘工藝起於泉州何金龍（1879--1945），其實這只是以出名的匠師記匠藝傳承之始而已，當然不精確但也無可奈何。

一般的工藝類科在清朝則更無留名匠師的紀錄，通常只是無記名的傑作表彰著業主的光彩而已。只不過在 1850 年至 1895 年這個臺灣經濟興盛而王法消沈的年代，許多一般匠藝是透過來臺開設「分舖」的形式或匠班、匠團甚至戲班來臺工作，滯留不歸，臺灣生意這麼好，乾脆在臺灣安家落戶而承傳下來，這種趨勢在 1919 年至 1936 年日據時期的所謂文官總督時期，也重演過一次，不少福建的匠藝也就再度以更新的匠藝替代了原先的匠藝承傳。

繪畫類科則更為複雜，它既有工匠不留名的習慣，又有文人畫家或仕宦畫家大量書法、繪畫到處題匾留名的習慣，也有福建辛辛苦苦養成的學徒、畫工、繪師、畫家的完整而鬆散的工作團隊習慣，更有繪師為絕大部分工藝供稿的社會、人情兼商業機制。這複雜的關係在 1850 年至 1895 年間的臺灣都因經濟繁榮，而每一種不穩定的「制度」都得到「放大」的機會，各種相關的制度也都因「急就章」而混合成「一種」默契。所幸此時不僅出名的畫家到處留名，繪師也想盡辦法在建築彩繪中留名，所以繪畫類科的出於閩派，也承傳了閩派之精彩則是脈絡可尋的。

其三，裝飾藝術的主題：工匠的品味或業主的品味
建築藝術的美感怎麼欣賞，工藝作品的美感怎麼欣賞或許可以長篇大論說個不清不楚。但是，工匠作品乃至建築裝飾藝術到底怎麼構思美感，則麼創作具美感的工藝品，卻是三言兩語就可以說得一清二楚。

簡單的說，1850 年至 1945 年的臺灣，雖然已有洋商洋教洋醫洋校在臺灣活繃亂跳，但是從民俗信仰、功名機制與市場機制來看，此時的臺灣基本上還是個中國傳統的社會，最多只是個比較開放且能包容異文化與船堅炮利的傳統社會，這種社會最主要的民俗價值觀就是士農工商忠孝節義。所以，小腳難過照樣綁，官人糊塗還是理，出錢留名無庸說，品味規定是業主。更簡單的說，工匠作品乃至建築裝飾藝術主要都在表現業主的品味與出錢的人的期盼而已。

工匠到底怎麼構思美感，其實也很簡單。在這種社會情境下，我們以「敘事設計模式」（註九）來看，就很清楚工匠怎麼構思美感了。盛清時期的福建正是建築彩畫轉變為建築彩繪的年代（註十），而臺灣寺廟建築的精彩正在於傳承了福建的建築彩繪，而不是建築彩畫。在晚清時期建築彩繪則依「畫布」又略分三大類：壁版彩繪、粉壁彩繪、梁枋彩繪。依主題則分為：主祭祀神的神話故事、忠孝節義戲文（以歷史演義為最）、文人雅趣準戲文、生活禪意畫、吉祥話的吉祥畫、吉祥圖案、藏字圖紋（包括書法亦可屬此類）等七大類。而從明末清初繪畫中閩派重要畫家上官周的<<晚笑堂畫傳>>開始，這種忠孝節義人物品評式的繪畫風格，就透過清盛期閩派重要畫家黃慎的巧手，爬上了廟堂之上，爬上屋簷粉壁，爬上梁枋，最後竟形成福建彩繪匠師競相效尤的建築彩繪，晚清時期的臺灣寺廟彩繪也不脫這個閩派繪畫風格的重要傳統。

其四，建築風格與建築美感品味

1850 年至 1895 年傳統建築的審美品味當然也是取決於業主而不是取決於工匠，但是就設計美學技術與權力互為辯證的角度來看，任何審美品味如果沒有社會基礎與文化基礎，那麼業主也不會作此選擇。但另一方面，任何審美品味如果沒有技術基礎與物質基礎，那麼縱有再深遠的美感可能性，工匠也難為無米之炊。所以，這一節先簡述這一期間，從屋頂風格認識福建與臺灣建築大木的技藝發展類型，再略論這種屋頂風格所顯示的建築美感品味。

福建最早出現以歇山式屋頂為主殿者即為華林寺（西元 909 年），其後重要的古蹟之主殿也都是歇山式屋頂，如：莆田元妙觀三清殿（西元 1015 年重修）、泰寧甘露寺（西元 1146 年—1207 年）。明朝之後廟宇建築之主殿改採歇山頂或歇山重簷頂者比比皆是，例外者僅福州鼓山湧泉寺（1627 年重修，採封火山牆夾燕尾式屋頂）與泉州文廟大成殿（1761 年大修，採廡殿重簷式屋頂）（註十一）。而臺灣廟宇之主殿從臺南祀典武廟（1665—1690）開始至 1895 年為止，大部分也都採歇山頂或歇山重簷頂，強調閩西風格或閩東風格者則為例外，如：臺南三山國王廟（1784 年，正殿採兩坡式屋頂，山川殿採連棟段簷升箭式屋頂）、新竹問禮堂（1831 年，屬家廟形式，採馬背式連棟段簷升箭屋頂）及臺南延平郡王祠（1876 年，採封火山牆夾燕尾式屋頂）。

| 圖 6-6：永定西陂天后宮三川殿（1662） | 圖 6-7：安海龍山寺三川殿（1980） |

| 圖 6-8：彰化南瑤宮觀音殿（1920） | 圖 6-9：彰化南瑤宮三川殿（1922） |

| 圖 6-10：臺中林氏宗祠三川殿（1920） | 圖 6-11：臺南天后宮三川殿（1960 年改） |

在山川門屋頂複雜變化部分，莫如從斷簷升箭到連棟扛歇山頂或燕尾扛歇山頂（或稱假四垂）。在福建，最早的案例均出自閩西（客家地區）如：永定西陂天后宮（1662 年）（圖 6-6）、龍巖東埔天后宮（1770—1786 年）。

臺灣廟宇建築山川殿屋頂形式採斷簷升箭者，雖早見諸於臺南三山國王廟（1784）及竹北問禮堂（1831），但多為閩西客家淵源，在 1850 年之前並未見「流行」。而從斷簷升箭轉化成燕尾扛歇山頂者，應在 1895 年之後，如臺中林氏家廟興建於 1920-1930 年其山川殿即採用此形式，甚至在光復後能以此為美，許多燕尾脊山川殿均趁修建時改變成燕尾扛歇山頂，如臺南大天后宮（三川殿為 1960 年地震後改建），這種山川殿屋頂形式應為閩西民間廟宇建築及臺灣民間廟宇建築的特色，而非閩南民間廟宇建築的特色，如：作為臺灣所有觀音信仰的龍山寺祖廟：安海龍山寺，其廟宇雖毀於文化大革命，但在 1980 年至 1990 年間由開慈禪師主持原地原樣重建時，即以康熙年間施琅、施韜捐款擴大整建時之規模與式樣為本重建（註十二），其三川門（即前殿）即採簡要的小歇山頂加垂脊飾帶而已（圖 6-7）。

由上述案例大致可理解福建建築以「歇山頂」或「重簷歇山頂」為美為貴的審美取向。另一方面也可理解三川殿由單純加間架上的垂脊，到斷簷升箭的演變，再到燕尾扛歇山的假四垂的演變，其目的基本上都在於，增加華麗的線條與重複歇山的形狀，以增加美感而已。

案例裡彰化南瑤宮的例子最為特殊並顯著具有審美取向的意義。南瑤宮雖始建於康熙年間，擴建於嘉慶七年（1802）主祭祀媽祖，原本頗具宗教與歷史古蹟價值。但日據時期「南瑤宮改築會」自動歸順日式建築風格，花了六萬日圓，於 1916 年完成改建，成為一座混合中西日式風格的廟宇（圖 6-8），不過「信徒排斥這種非臺灣傳統寺廟式樣，致香火日衰」，廟方不得已只好在日式山門與主殿之間另加蓋一間臺式建築當作主殿，並將日式山門一併改為斷簷升箭頂的臺式山川殿（圖 6-9），而將原主殿稱為觀音殿改主祭祀觀音佛祖。如此再度改裝後才逐漸回復南瑤宮之香火。

從這個案例裡可以瞭解不只是「1850 年至 1895 年傳統建築的審美品味當然也是取決於業主而不是取決於工匠」，甚至於日據時期也是如此，光復迄今還是如此。「南瑤宮改築會」這個以擁護日本殖民，諂媚於日本西洋文化的「南瑤宮改築會業主」，萬萬都沒想到默默無聞的信眾香客，聚沙成塔的香油錢才是「真正的業主」。而斷簷升箭的山川殿也早已從閩西式樣，成為臺灣綜合式樣，更透過下一時段進一步的屋頂式樣演變出燕尾扛歇山頂（假四垂），而成為臺灣廟宇山川殿的獨特式樣。

6-2，晚清時期臺灣建築

晚清時期的臺灣建築大致上是漢人傳統建築、原住民建築與西洋殖民建築三種並存發展。其中漢人傳統建築已非閩南建築、客家建築或閩東建築的延伸，而是福建建築的臺灣綜合體，這種式樣上的綜合體也歷經了在地化過程，所以似乎以不宜用「原鄉建築」來稱呼，當然式樣上明顯是原鄉建築臺灣延伸者也不是沒有，只是以非通案而是個案了。原住民建築在這一時期的紀錄就非常少，而原住民建築在這一時段也因人口上居於少數，所以在數量上也不是主流建築了。西洋建築則是因應 1856 年第二次鴉片戰爭清廷失敗而開放十七口通商中，臺灣開放兩主港口：滬尾、安平及兩附港口雞籠、打狗，佔了四個港口，而致洋行、教堂、洋學堂的再度出現，乃至沈葆楨因牡丹社事件來臺整頓軍備與籌畫「現代產業化」後，至劉銘傳成為臺灣首任建省巡撫時興建不少類西洋建築以供招商之用。這西洋建築裡的前者可稱為西洋次殖民建築，後者可稱近代化建築。這樣的命名稱呼主要即著眼於建築興建的目的，是事實的反應，而不是作者主觀意願的反應。這西洋次殖民建築乃至洋宗教、洋事物與洋貨是否可上溯銜接上西班牙與荷蘭的對臺殖民經驗呢？不太可能也沒什麼必要，因為此後來的西洋人，主力是英國人、加拿大人與美國人，他們語言上與西班牙、荷蘭並不相同，雖然同樣都是相信上帝，但這次來的英國人認為賣鴉片給中國人不但合法而且在醫療上還可以當麻醉劑來救病人。

這一段期間的現存古蹟中當然以漢人建築或臺式建築為絕大多數，所以在選取案例時漢人建築就應考慮到建築構造類型的比率因素（註十三），廟宇建築及民居建築會挑選比較多的案例。另外，這一時段也有不少重要的建築，在日本殖民臺灣時刻意剷除，如：位於臺北新公園上的大天后宮，雖然現已無實物存在，但還是以復原圖當作實物影像來討論，又如沈葆楨倡建的延平郡王祠，雖然經過日本殖民時期的極力保存及光復後的極力保存，不過諷刺的是原建築卻也「蕩然無存」，但還是以日據時期的照片當作實物影像來討論。我們以現存建築之改建年代、始建年代、建築群推測年代（如：街屋連棟興建通常是在該鄉鎮產業崛起的年代）或建築風格判定年代等因素的先後為序為主（其中建築風格判定年代者均先列於最前），選鳳山孔子廟崇聖祠等六十二個案例簡介於後。

其一，鳳山孔子廟崇聖祠（1686 年，屢修，判定為晚清風格）

鳳山舊城孔子廟係康熙二十五年（1686 年）鳳山首任知縣楊芳聲所創建。前有蓮池潭為天然泮池，遠處有打鼓、半屏兩山左右拱衛，近則有龜山、蛇山相互環抱，地勢鍾靈毓秀，廟置其間，形成人文勝地。後因遭風雨損壞，於乾隆及光緒年間皆有修建紀錄。經 1704 年及 1752 年兩次重修、重建，整個學宮的周長有 122 丈餘，可謂體制皆備，規模宏大。1752 年後屢有修建，乃呈晚清風格，至

1895 年甲午戰爭戰敗，清廷割讓臺灣與日本後缺乏整修，歲久傾毀。而後日人又於廟內設「舊城公學校」，使原有廟貌再被破壞。臺灣光復後，僅剩一座崇聖祠，原有九開間，現只剩中央三間的享堂。崇聖祠是晚清建築風格，現已定為三級古蹟。

其二，澎湖二崁古聚落群（始於十八世紀末，屢修，判定為晚清風格）

澎湖二崁股聚落為臺灣少見的單姓陳姓古聚落。大約在明朝末年，陳延益先生從金門渡海來到澎湖，由現今的大池村登陸後，在竹灣南側的龜山山腳下從事農漁業生活。成家立業後，家族成員逐漸增加，才決定遷移到竹灣附近的二崁定居。清朝道光年間逐漸發展成為一個聚落，甲午戰爭之後，傳統生計活動已不敷生活支用，許多青年只好離鄉背井，到臺灣工作，村落逐漸沒落。二崁古聚落中的陳家祖厝興建於西元 1910 年，是由陳嶺、陳邦二兄弟，移居臺南經營中藥行致富並返鄉擴建原有古厝，光耀門楣。「三落大厝」的豪華格局，為澎湖絕無僅有的一間古厝，目前已列為縣定古蹟。但除此豪華格局的陳家祖厝外，二崁古聚落裡的傳統建築幾乎都保留了甲午戰爭前的建築形態，所以判定為晚清風格，近年已依原風格維修保存，並開發為觀光景點的歷史建築。（註十四）

其三，西螺振文書院（始於 1813 年，屢修，判定為晚清風格）

西螺振文書院是位於臺灣雲林縣西螺鎮的古書院，創建於 1813 年（清嘉慶 17 年），為當時雲林的四大書院之一（目前僅振文書院仍存）該書院奉祀文昌帝君。最早以土磚所造，1947 年時一度整建，判定為晚清風格，1984 年由內政部定為臺灣三級古蹟。振文書院的格局原為二進，但第二進的講堂與祭祀的空間合併形成較大的正殿空間，外再緊連第一進的拜殿，也只有正殿與拜殿算得上是保有晚清風格的建築，原正殿與廂房均為土角磚造，於 1921 年時改為清水磚造。1984 年列為三級古蹟後編列預算增建一座山門而成為三進格局。

其四，草屯登瀛書院（始建於 1847 年，屢修，判定為晚清風格）

登瀛書院創建於清道光 28 年(西元 1848 年)，又名文昌祠，座落草屯鎮新庄里(舊為北投堡新庄)，主祀文昌帝君，民國 74 年經內政部列為國家第三級古蹟。書院名稱來自「十八學士登瀛洲」的典故，當初官方設立是以教化平埔族為其目的。後來改為義學，並置有學田來供應其經費。現在的建築式樣是混合了始建 1847 年式樣與 1883 年再修式樣的結果，所以判定為晚清早期風格。整棟建築坐北朝南，前有照壁，左右有護龍，居中則為獨立的講堂兼正殿。在講堂裡的神龕則從左至右供奉著紫陽夫子朱熹、文昌帝君以及魁斗星君。書院的屋頂採用的是單簷歇山式，其左右側會從山牆伸出栱來，並有著列柱支撐，可以說是一種典型的福建歇山頂作法。

其五，苗栗西湖彭城堂（始於 1760 年，屢修，判定為晚清風格）

劉氏來臺祖劉恩寬入墾西湖四湖庄時為 1751 年，並在 1760 年前後建此古厝，之後雖然屢修，但以後代中舉當官後才改建更堅固的堂屋，並飾以燕尾脊。所以判定其為晚清風格。劉恩寬古宅，又稱「彭城堂」劉氏宗祠，是西湖鄉最具代表性的人文史蹟，古宅佔地廣闊，為傳統三合院建築，覆蓋仰覆瓦、燕尾式的屋脊，由於正堂屋頂堅固少有翻修上長青苔，看起來就像綠色琉璃瓦一般，也是景色一絕。西湖彭城堂雖沒有雕樑畫棟的華麗感，但在樸實素雅中，顯露出客家建築恬淡平和的風格。苗栗西湖彭城堂的基地據說屬風水「喝形法」裡的鯉魚型，外院兩側的魚池為魚鰓，正廳後側右兩口井為魚眼，後方山崗為魚身及魚尾，加上宗祠前方橫有一條小溪，象徵魚躍龍門，而晚清期間劉恩寬的後代也不負所望屢獲科舉功名，彭城堂內也就多了四副旗竿座。

其六，臺南楠西鄉鹿陶洋江家古厝（始建康熙六十年，屢擴充，判定為晚清風格）

楠西鄉鹿陶洋江家祖籍來自福建省漳州府詔安縣，第十二世江如南於清康熙六十年渡海來臺，先造茅屋，次子江會川乾隆五年來臺，由於子孫眾多，日據時期昭和五年、十五年及明治三十九年分別整修、擴建、重建，才擴充成今日規模。鹿陶洋江家古厝佔地約 3.5 甲，總面積寬有 160 公尺，深 210 公尺，共有三大院落，屋前還有佔地近四分的大魚池。南北兩翼的護龍共有十三條，規模相當龐大。其中江氏祠堂最為精美，不但堂屋為燕尾脊，堂屋上的建築裝飾也頗為精緻。除了堂屋外，加上南北兩側連續的護龍馬背山牆形式，各個時期的建築構造類型，使鹿陶洋江家古厝群看起來像民居博物館。

其七，大里街屋（無詳細考證，判定為晚清風格）

清季中末葉，拜貓羅溪的舟楫之便，使大里躍居彰化線城以北的重要商埠，眾人紛紛造街設店，將三合院加建成數間街屋，所以大戶人家往往同時擁有好多家街屋。原先大里老街上的街屋全都是沿街設軒與店鋪相接，這種軒閩南語稱亭子，所以就稱沿街店鋪為「亭仔腳」。由於當初大里街屋可以直通大里溪畔的船運碼頭，大陸和臺灣之間貿易鼎盛，臺中或者南投內陸地區的貨物往來，許多都必須經由大里的碼頭轉運，使得當時的大里成為臺灣第六大商埠，以至於當時的舊街全長約兩百公尺，均為這種亭仔腳。清末大里溪雖未淤塞，但其他城市逐漸崛起，到了日據時期，大里老街就開始沒落，許多亭仔腳也逐漸改為「加強磚造」或引進日式磚造牌樓面的建築式樣，以致現今保存原有晚清風格亭仔腳街屋在大里街屋群裡也算極為少數。

其八，北斗老街屋（無詳細考證，判定為晚清風格）

北斗鎮位於臺灣彰化縣東南，舊濁水溪北岸。在清朝時為彰化南部重要的交通樞紐與山海產的貨品轉運站，以東螺溪與鹿港相連成為了鹿港經濟圈，在水運方面可達鹿港、林圯埔（南投縣竹山）、西螺，陸運方面向東經過赤水進入今南投縣

內，向西可至番仔挖（彰化縣芳苑），是山海間的集會點、交易中心，陸運與水陸的中心，有「一府二鹿三艋舺四寶斗」的說法。然而在日據時期，雖有糖業鐵路通行，但畢竟一般鐵路並未經過，加上舊濁水溪（東螺溪）淤積，交通樞紐地位為員林所取代。北斗的市街發展與大里類似，都是日據後因交通因素而逐漸沒落，所以也因此而能保有晚清時期「亭仔腳」的建築案例。

其九，內埔劉宅街屋（雖建於 1910 年前後，判定為晚清風格）

內埔鄉位於臺灣屏東縣，地處屏東平原之上，地勢平坦，為全縣人口第二多的鄉鎮。近臨太武山下，民風純樸，風景秀麗，以農為業。客家居民約佔百分之六十，分佈西南邊，閩南居民約佔百分之三十五，分佈東北邊。其他族群約佔百分之五。為具通商功能的典型客家聚落。由於內埔的發展並無大起大落的情境，所以能保有各個時期的建築形貌，而現今保有晚清時期街屋樣貌的建築物裡以劉宅街屋較為完整，「劉宅基地約為 5m*46.4m，於建成時為四進長條式街屋，前方為典型之市屋，形式及使用均為十分定型化為所謂的「一坎三落兩過水」形式的後期典型。劉宅為劉煥詳先生於內埔行醫時所興建之市屋，興建年代約為清末時期，現存的燕居小樓為 1910 年左右所興建，目前的劉宅已拆除前面三進，僅存燕居小樓及後門門廳，其功能為前堂後室格局，供長輩燕息之空間」（註十五）。

目前建築格局為兩進夾一大院落，第一進為街屋，並無外加亭仔腳，第二進則為縱深較大的長條形兩披水硬山或縱深一般的二層建築。這種建築形態其實是中國傳統建築街屋的典型形態，在臺灣開發史裡屬於山線位置的城鎮才容易出現這種形態的街屋，相對的屬於海線位置（沿海地區）的城鎮則幾乎全都是亭仔腳的街屋形式。而屬於屯區位置的則理論上可以看到這兩種形式的混合，而事實上則也都幾乎全是亭仔腳的街屋形式。

其十，青寮老街屋（無詳細考證，判定為晚清風格）

後壁區在明鄭時期就已經開發，區內東側嘉苳村的「本協」這一地方就是明鄭的設營屯田的地方。清朝之後，漢人從倒風內海溯八掌溪或急水溪而上開拓，下加冬就是其中一個開發據點。其後，店仔口街（白河）興起，下茄苳街漸趨沒落。從清末開始到日據初期，區內發展重心轉到菁寮。日據中期區內發展又逐漸轉往縱貫鐵路通過的後壁寮附近。光復後青寮與後壁寮因相近而劃為一區。青寮的發展期正好在清末開始到日據初期，所以保留有許多晚清風格亭仔腳式樣的街屋，同時又有大量的日式磚造牌樓面街屋，也可視為臺灣街屋發展博物館。

其十一，板橋林家三落大厝與五落大厝（1851--）

林家遷臺祖為林應寅，至第二代林平侯即崛起於新莊，並因致仕、經商、開墾而遷居於大溪（大料崁），至第三代林國華與林國芳時成立祖業「林本源」，並因北臺灣的漳泉械鬥（1853--1856）而於遷居於板橋。板橋林家五落大厝原為三落大

厝始建於 1851 年，林本源家族遷居至板橋，並於同年興建三落大厝以作為家族居所。這時由於漳州人與泉州人對峙，擁有龐大財力的林本源家族自然成為當地漳州人的主要領袖，而三落大厝也成為當時漳州人的主要指揮所，因此該厝不但在建築時加上諸多防禦設計，平日亦有數百壯丁在此戒備。1875 年林家於三大厝左側興建私家園林，1878 年私家園林初具規模後又於三落大厝後方興建五落大厝，因而成為晚清時期全臺最大規模的民居與庭園，可惜五落大厝於 1980 年代，因林家堅持以捐出林家花園換取五落大厝土地為都市計畫商業用地，而最終拆除改建為一般鋼筋混凝土商業樓房（註十六）。

其十二，新屋范姜祖厝（1854 年—1856 年）

清初乾隆年間，范姜一氏來臺拓墾，取得墾照，建立「姜勝本」墾號後，逐步向內地開拓廣大土地：南以社子溪為界，東至營盤腳（今楊梅市上田里），西抵石牌嶺（新屋鄉石牌村），北達大堀坑（觀音鄉大堀村）。經過百餘年的努力，范姜一族不但使荒野變田園，而且吸引了拓荒者遷入此地。在范姜先祖胼手胝足，耕墾得法之下，范姜家族短短數年已有田產處處。開墾有成的范姜族人於咸豐四年（西元 1854 年）興建祖堂，其後陸續起造不少新屋，當地人引為盛事，以客語稱其為「起新屋」。因此「新屋」便成為當地的地名，沿用至今。范姜祖厝於 1985 年經內政部評定為第三級古蹟，是新屋鄉最珍貴之古宅。

范姜古厝群共有五棟，均為三合院，相鄰而不相連的散佈於墾地上，第一棟即興建於 1854 年的范姜祖厝，第五棟則建於光緒末年，范姜後代子孫返回原鄉陸豐老家迎回祖先牌位崇祀而建的范姜公廳（范姜氏家廟），也是全球范姜家族的祖祠，也是范姜古厝群中唯一燕尾屋脊的古厝。建於 1854 年的范姜祖厝則為臺灣典型的客家建築之一，木構架加三明治外牆（底為卵石砌，中為尺二磚斗子砌，頂為壓簷），儉樸的馬背山牆，屋脊為西施舌透風磚（即傳統的複式空心磚）所墊高而成，兩端飾以薄層泥塑。門楣則有交趾陶牌匾，上書「陶渭流芳」以示范姜家族乃帝堯之後。從范姜古厝的案例可以瞭解在晚清初期（1854 年），建築裝飾藝術裡的剪粘、交趾陶、泥塑等建築匠藝已經十分風行（註十七）。

其十三，竹山連興宮（始建 1742 年，1856 年大修並擴建）

連興宮原名連興宮，也稱為天宮或竹山媽祖宮，奉祀湄洲媽祖，早年本名天上宮，約清代中葉咸豐年間，經大規模重修之後改名，惟當時仍並用天上宮舊名，創建年代有二種說法，一為乾隆七年（1742），另一為乾隆二十一年，經咸豐 6 年(1856 年)、日據時期明治 40 年(1907 年)及民國 61 年三次大修建，乃南投縣歷史最悠久的媽祖廟。連興宮初建時為土角磚、木造平屋，經過數次整修、重建等過程成為目前三進的建築。連興宮前殿為土磚牆構造，主殿與後殿之間院落增建拜殿式屋頂而造成連成一氣的建築則由來已久，最遲在日據時期的老照片也就是如此，

而這主殿拜殿後殿改建成鋼筋混凝建築則為 1972 年改建時的事，雖然改變了古蹟的歷史價值，但這鋼筋混泥土建築也還是依照原有的建築外貌興建。連興宮最具歷史價值的部分，是三川殿上的土墼磚造內牆、殿內彩繪及文物如「福佈山海」牌匾、「正堂馬示」石碑，還有門前保存原有風貌的龍柱。三川殿的屋頂形式在日據時期曾改為「斷簷升箭」式屋頂，1972 年修建時則回復為 1856 年第一次大修時的三川脊（註十八）。

其十四，和美道東書院（1857 年）

道東書院，創建於 1857 年（清咸豐七年），位於臺灣彰化縣和美鎮，是臺灣各地留存清代書院中較具原貌者。俗稱文祠，佔地約 2000 多坪，建地 700 坪。書院格局完整，坐北朝南，格局方正，前後均有林木環繞。建築為閩式風格，分前後兩進，與東西廂房圍成一個四合院。第一進為門廳，第二進為正殿。從空中俯瞰呈現口字形殿堂式布局，主要廳堂居中。照牆是一面面對正門的短牆，原本的照牆位置應該在 100-200 公尺以外。如今的照牆則是在 1983 年整修時依據地方前輩記憶重建。半月池（泮池）位於外埕外面的半圓形水池，具有防火、養魚等功能。一般是建築房屋時挖土做土磚所形成的坑，房屋完成後注水而成。道東書院的半月池和照牆一樣，都是整建時加建。門廳，開有三門，採用簷廊式的正面，木質外簷裝修，硬山燕尾翹脊屋頂。

其十五，淡水鄞山寺(汀州會館)（1822 年始建，1858 年大修）

鄞山寺創建於清道光二年（1822 年）供奉定光古佛，是中國南方客家人的祭祀圈才有的信仰。根據汀州府志曾記載，定光古佛生於唐末宋初，俗家姓鄭名自嚴，十一歲了通佛法，十七歲到汀州傳法時為當地除蛟患，收猛虎、巨蟒，在他逝世多年後，汀州城遭賊寇圍攻，相傳他顯靈退敵，於是朝廷賜匾，將庵寺命名為「定光院」，他被尊為「定光佛」，成為閩西汀州人的守護神。鄞山寺初建後幾乎沒有改變，自道光二年（1822 年）建成至今有一百六十多年，佐證汀州人來臺開墾的事實，也是全臺完整僅存的一座定光佛寺。咸豐八年（1858 年）重修，同治十二年（1873 年）再修，該寺大體上完整保存道光初年原貌，包括當年施工的的屋脊泥塑都相當完整。

鄞山寺的整體呈橢圓形，平面配置以兩殿兩廊護室，寺前鑿有半月池。此一前低後高、左右對稱並隱約形成圓形界線的平面格局，與臺灣一般常見的閩式建築大異其趣，更類似於閩西永定地區建築的特色。構造上，鄞山寺山牆面是以斗砌，而北側外牆及正殿後牆外加三合土粉刷。其中大木架構，正殿及過水皆使用木棟架，左右護室則為承重牆作法。至於屋面形式，除三川殿中港（明間）、兩廊及正殿採二落水燕尾脊，其餘皆採馬背形式，以別主從。寺中的棟樑、屋架，採用「二通三瓜」、「三通五瓜」、「疊斗」等閩西建築匠藝特有手法（註十九）。

其十六，霧峰林家建築群（1858--1890 年）

霧峰林家宅園是霧峰林家在原籍臺中市霧峰區的舊有宅邸、庭園的總稱，由於林氏一族家族龐大，尚可分為頂厝和下厝兩支，因而其宅園分布範圍十分廣大。其中由頂厝系的林文欽所興建的庭園萊園，當地居民俗稱為林家花園。就民居部分而言頂厝這一支組成了龐大的建築群，下厝這一支也稱二房厝則與頂厝之保宮第一樣，為五落大厝。以下略述這頂厝系的龐大建築群。

頂厝蓉鏡齋：原為紅窯土磚造三合院，於 1887 年（光緒十三年）前後改築成蓉鏡齋，作為私塾；前庭的泮池係仿孔廟形制所掘成。
頂厝景薰樓組群：於 1864 年（同治三年）之前開始興築，於 1867 年（同治六年）完成第一落之內外護龍、正身與景薰樓門樓。1883 年（光緒九年）前後完成第二落。1899 年（清光緒二十五年）完成後樓。

頂厝新厝：1916 年（大正五年）於花落（景薰樓第三落）南面所增建。
頂厝宮保第：林文察於 1858 年（咸豐八年）建宅邸時所建中落，即後來的第三進正身與左右、內外護龍。林文察戰死漳州後，清廷下詔追贈「太子少保」，其子於 1870 年至 1883 年間（同治九年至光緒九年）擴建完成宮保第第二進與第一進門廳。

頂厝大花廳：為下厝供公共宴席使用的大宴會廳，建於 1890 年（光緒十六年），落成於 1894 年前後，附有精緻的戲臺及露天的觀眾席。

霧峰林家頂厝系建築群興建年代長久，所以幾乎集各種工匠風格於建築群匠藝中，其中尤以頂厝景薰樓、保宮第、大花廳三群組的建築風格較為突出。景薰樓組群為三落四進式的合院組群，其匠師雖不可考，「惟從後樓與中落的王爺門作法，顯然是混雜在漳州師傅與客家建築的一些手法」（註二十）。保宮第則為三大落五進式的合院組群，其匠師一樣不可考。「惟從第一進間廳的將軍門作法，顯然來自江、浙一帶手法（參考營造法原），然從中落彩繪與一般壁畫則又有鹿港師傅的手筆，可見其（工法）混雜」（註二十一）。大花廳為一、三落大宅，「前落為門廳，中落為一過廊，兩側有圓月門通往後落，後落為整組建築的精華所在，除一號稱全臺第一的戲臺之外，兩側為兩層的觀戲席。………大花廳的匠師也是不可考，惟從淺浮雕的木雕手法來看，有福州匠師的稱法；然從木架構的手法，又有閩北匠師的氣派；至於戲臺的作法，卻又有浙江民宅的使用手法，因此為一閩浙混雜的綜合體」（註二十二）。不過這種「閩浙混雜的綜合體」或由營造法原一書來判斷所謂「顯然來自江、浙一帶手法」的說法，如果以明確由福州匠師所興建的臺中儒學考棚案例及臺南延平郡王祠案例來比對，或拿同時期福州的傳統建築物來比對的話，則應改說成「顯然是福州建築匠師的手法與福州建築式樣」。

其十七，屏東萬巒五溝水劉氏宗祠（1863 年）

屏東萬巒五溝水劉氏奉劉邦為祖先，開臺祖於西元 1780 年間北塘派下連智公(151代十世)，聲棟公(156 代十五世)、愛塘派下雲展公(152 代十一世)、偉芳公(154代十三世)及偉鵬公(154 代十三世)等五位陸續涉險輾轉來到荒蕪僻地——五溝水，開荒墾地，從事耕種。為後裔子孫繁榮促進團結，追念祖先及祭祀，以 142代始世祖"奇川公"及 147 代六世"積書公"為名，于同治三年(西元 1864 年)十一月一日創建本宗祠，歷經六年時間，于同治九年(西元 1870 年)興建完成。 祖堂復於西元 1921 年整修一次，並增建前庭小型廣場、兩側各乙座鴛鴦涼亭及四週圍墻。

劉氏宗祠是一棟"二堂四橫圍屋式"的合院建築。始建於同治三年（西元 1864年）十一月，但是當時可能只買下部份土地，而其他地方仍屬吳姓所有，並且由於位處與鄰莊聯絡之交通要道，所以"對門有一高橋"。加以日本犯臺，時局動亂，所以這座宗祠整整經過四十五年，即到明治四十一年（西元 1908 年）才完全建成，且于大正十年，農村經濟景氣時又重修一遍。劉氏宗祠在最初建好時，只有左右兩橫屋，後來重修時，才又加上左右的"然藜閣"與"重光樓"兩門樓。外橫屋以及花園的巴洛克裝飾圍墻與涼亭，所以，這兩座門樓與橫屋無論材料、構造、尺寸與美學意匠上都與原先不同。甚至其外橫屋還建成當時最時髦的大正樣式洋樓，可以看出當時劉家之財力與在村中的權勢。

其十八，桃園大溪李騰芳古厝（1860--1864）

桃園大溪李家原居於福建漳州府詔安縣秀篆鎮寨坪村，是來臺開機先祖李善明，由臺南登陸，初居楊梅，之後輾轉來到桃園縣大溪鎮定居，因墾殖而致富。李善明子李炳生利用大崁崁溪（現今大漢溪）航運之便使家業蒸蒸日上，家號「李金興」。李善明孫李騰芳於 1865 年到福建參加鄉試中了舉人，三年後加捐內閣中書，有舉足輕重的地位。大溪的地名也因此由「大姑陷」，改為「大科崁」，後來再改為「大崁崁」。約在同一時間，李家武將李朝華是為義民軍出身，獲林朝棟重用委以主辦棟軍之棟字隘勇中營，子李家充為「分水崙戰役」主要將領。桃園大溪李騰芳古厝就是典型的具有功名而蓋燕尾屋脊的宅院，其前庭石雕旗杆座則為李騰芳中舉後所設。

建築格局為雙堂雙護龍（共四條左右廂房），乃形成雙抱三合院（後堂所形成的超大三合院抱住前堂所形成的一般規模三合院），雙抱三合院前另有前庭，再接半月風水池。可見 1860 年始建時建築規模的龐大。爾後仍有第三套護龍的擴建，但這些後期的擴建不完全是居住用途，也屢有再度改建與廢棄，所以現今留存的仍以 1860 年始建時的雙抱三合院最為完整。大溪李家雖為官宦之家而蓋燕尾屋，但卻是以經商致富而有能力蓋此用料堅固雙抱三合院。除木構架屋身外，此建築群之牆身也極其堅固考究，牆身下段直接用條石砌成，中段以上則為填乾土

的二尺磚斗子砌，由於斗子砌裡所填乾土需雜拌稻穀以增加地震時的壓縮彈性，這雜拌稻穀的乾土很像土墼磚，而致後人以為當初始建時為土墼磚造建築。建築裝飾系統也很精緻，大木鑿花上係採極其繁複的雙面透雕就可見當時李家的財力之雄厚與建築裝飾藝術之美（註二十三）。

其十九，新竹新埔潘宅（1861 年）

新埔潘宅或稱潘氏古厝，為廣東省嘉應州梅縣西門外五里亭潘庶賢移居臺灣，在竹塹新埔所建的宅第。新埔位於新竹縣東北方，距縣治約十四公里，北有丘陵重疊，南倚鳳山溪谷，為一東西走向的鎮坊，以往是「吧哩嘓」原野上新開拓的一片樂土，故稱新埔潘氏古宅的創建者是潘庶賢，他於清乾隆五十一年（1786 年）來臺，先是居住於中壢南勢，被楊喜招為女婿。由於楊氏僅生一女，而且母女兩人盡皆早逝，所以家產被妻弟典當一空，因此，潘庶賢只好離開南勢到新埔與朋友合股營生。在成功創業後，於是攜款回到南勢，贖回楊家的典當的家產，並修建公祀。潘庶賢營生發達後，曾於嘉慶二十年（1815 年）在鳳山溪坡谷北側，購地建宅，宅屋係以土墼磚為主要材料，成為新埔潘宅的雛形。咸豐十一年（1861 年）潘庶賢長子潘福來之子潘清漢及潘澄漢二人在原有的基礎上重加修建，並在土墼磚牆之外，採用大量紅磚與花崗石構成具有強烈防禦性功能的建材，充分表達了當時的社會治安與經濟狀況。

新埔潘屋是一座一堂四橫規模的建築，正身與左右橫屋間有一道圍牆，中有牆門，外橫屋又比內橫屋突出一開間，外橫屋間再增一道圍牆，使潘屋形成一座具有內外天井與外禾埕的宅院，外形有如螃蟹一般，特別是正身屋頂不用翹鵝，並將屋頂漆成藍色，以象徵螃蟹穴之生氣不息。潘屋的牆身為卵石基腳、斗子砌土墼牆為主，外圍牆上的開口部以各式組砌的變化，讓磚牆有了生命，內圍牆的牆門以泉州白石砌成，以一道牆來表現門樓的意涵，是新埔潘宅古蹟的特色之一。

其二十，彰化花壇中庄李宅（1862 年）

花壇中庄李宅為其先祖三房李上博所興建，是一棟三合院建築。李宅正身部份木架構及彩繪大多維持原有風貌，小木門扇之鑿花保存良好，尤具有其藝術價值。正廳供奉神明與祖先牌位，是李宅家族祭祀祖先的場所。正廳為三間，正門門扇為六扇門的做法，於祭祖時可將門扇全部開啟，方便進出。正廳採穿斗式棟架，兩旁廂房的八卦形窗戶，有避邪取吉祥之意。正廳門楣及八卦窗上方楣樑「八仙」、「渭水聘賢」及「舜耕歷山」等彩繪，由於年代已久，目前已受損嚴重。民國 91 年李宅正廳登錄為歷史建築，兩旁護龍則仿原建築形式，以鋼筋混凝土建材重建（註二十四）。

其二十一，新竹新埔劉家祠堂（1864-66 年）

新埔鎮和平街的劉家祠，創建於清同治年間，由當時新埔地區同籍同宗的劉姓族

人共同出資興建。這種藉同宗與同籍的地緣關係組成的祭祀團體，是早期移民社會的典型之一。劉姓族人約在乾隆初年來到新埔，展開墾拓的事業。一八六四（清同治三）年，廣東省潮洲府饒平縣石井鄉開基祖劉谷祥派下第十五世劉潮源及第十七世劉世和倡議興建家祠，於是新埔地區同籍同宗的劉姓族人共同出資興建家祠，由新埔街劉榮光捐地，新埔街劉松茂、劉萬湧，大旱坑庄劉廷章，新芎田劉家玩等分成五股出資，並由劉世和主持工程，兩年後落成。

劉家祠為三合院的格局，以木雕精美著稱，無論廳堂前廊、棟架通樑、簷口造型都是精彩生動。劉家祠素有「匾額多、燕尾多、功名多」三多的美譽，祖先廳的門楣上懸有「劉氏家廟」、「文魁」、「恩元」、「藜照東瀛」、「本支百世」與「源遠流長」等匾額，均具歷史價值。祠堂正身為五開間翹鵝屋脊，而兩側橫屋均設有廊廳，廊廳部分屋頂也是鵝屋脊，故有燕尾多的稱號。新埔劉家祠堂的建築還另有一特色，即馬背山牆中夾燕尾，此種屋脊常見於閩東或閩北民居（註二十五）。

其二十二，南投蘭田書院（1864 遷建現址）

藍田書院是南投縣三級古蹟，創建於清道光 11 年（西元 1831 年），迄今 200 年，當時為學堂，道光 13 年（西元 1833 年）始改制為書院，並於西元 1864 年遷移現址，取名「藍田」是有「樹人無殊種玉」之意，希望藉此成為培植地方文秀之區，並青出於藍。藍田書院俗稱文昌祠，或稱孔子廟，與草屯鎮登瀛書院、集集鎮明新書院並列南投縣三大古蹟書院。1993 年經文建會補助與信眾捐獻展開古蹟維修工作，完成三合院主體建築的維修並增建兩層樓後殿，形成一座兩進兩護龍形式建築，1999 年 921 震災後再度維修，並加建後進左廂房之缺口為文物館。

蘭田書院方位坐西朝東，後靠卦嶺，前案枕頭山，屬閩南式泉州體傳統建築。三川殿、正殿、後殿及左右廂房格局，均為柱樑與承重牆結構屋合體，並配置疊斗式柱樑施設。三川殿組合為二載三瓜式，正殿組合為三載五瓜式；分由四點金柱及前後八支副柱（寓意四維八德），垂直木構架組合；作為支撐空間及承載屋頂重量，是典型閩南風格之建築。新建之後殿高聳雄偉，配合前殿之整修，採前低後高之設計；寓意步步高昇之象徵。而殿宇內外木雕、石雕，及交趾陶之浮雕，均為專業藝師之精作。更難得聘請之彩繪藝師，其作品之精緻，栩栩如生；尤其專精人物、錦頭（堵頭）、圖案典故設計；全依遵古繪作，名聞全省，令人觀止，堪稱巧奪天工（註二十六）。

其二十三，臺北學海書院及高氏宗祠（1849 始建 1864 重修）

學海書院，位於臺北市萬華區環河南路二段 93 號，乃清代臺北盆地五座書院之一，目前則是臺北市碩果僅存的一座書院建築，其它四座是明志書院、樹人書院、登瀛書院與明道書院，均已消失無蹤。

學海書院最初命名為文甲書院。道光二十七年（1847 年），閩浙總督劉韻珂巡視

臺灣，路經艋舺時，題「學海書院」匾額後，纔改為現在所稱的學海書院；書匾額之同年，曹士桂（雲南文山人，道光二年舉人）署淡水同知，親自任學海書院的院長，惟到任纔九個月，以積勞成疾，卒於官。學海書院最著名之院長為陳維英（1811 年-1869 年），地方人士都尊稱他為「陳老師」而不名。同治三年（1864年），學海書院重修，翌年告竣。日據時期，日人以無人所有而標售其地，高姓族人認為風水佳而且是座優美的古建築，不希望他被另購拆毀，故承購後改為高姓宗祠，並稱為「有繼堂」迄今。

學海書院建築規模為連三川殿在內的三進合院建築，成日字形，前堂為講堂，後殿為祭祀廳，講堂與祭祀殿間的左右廂房為學舍。改為高氏宗祠後後殿再增拜亭，而成如今樣貌（註二十七）。

其二十四，筱雲山莊（1866 年）
筱雲山莊位於臺灣臺中市神岡區三角里大豐路 116 號，興建於同治五年（1866年），為神岡三角仔呂家在三角仔庄的所建立的第二座宅第，因此又稱呂家新厝或第二公厝。目前與相隔不到 1000 公尺的呂家頂瓦厝或第一公厝同列為縣定古蹟。為目前臺灣少數保存狀態良好的清代私人宅第，此宅與呂氏家族相得益彰，富含人文與歷史價值。

筱雲山莊方位座北朝南，北側有小丘陵，左側有溝渠環護注入前方半月池中，取雲從龍興雨水之意，頗具風水意義。建築主體為兩院落三套護龍（即六條廂房）格局的四合院，第一進稱篤慶堂，第二進稱五常堂，正堂為出廍起形式，與各護龍間以「過水」相接，可同時居住多人，可守望相助增加防禦功能，筱雲山莊的護龍比中央門廳「篤慶堂」凸出一間，使正面看起來像三合院，與一般四合院作法較為不同。前庭西側設一門樓，為三開間兩層樓之門樓狀似城門，門樓上設有「鎗眼」，顯示當時械鬥與防禦之需。門樓附近的迎賓館則為清末或日治時期完成，到了昭和八年（1933 年）又完成近代洋風建築，使之成為現存的建築群組。筱雲山莊的建築材料多來自於福建，木頭主要以杉木、樟木為主，所用的磚塊多為紅甓及顏只磚，石雕風格較為樸實，屬泉州白石。木構方面，篤慶堂及正堂採穿斗式架構，屋面則以傳統閩南仰合瓦鋪設，以剪黏及泥塑裝飾屋脊，內部裝飾則以現今仍保存有完整的交趾陶，最為特別，交趾陶為色彩豐富的低溫陶，不容易在陽光雨水下保存，筱雲山莊仍保有，足以見得當時匠師技藝超群。在建築風格的判斷上，由於呂氏家族記載當初興建的傳統建築匠師為「晉水經堂蔡」，加上呂氏家族原籍福建詔安，所以應該是頗具典型的漳州建築風格（註二十八）。

其二十五，臺南英商德記洋行（1867 年）
1845 年，英國人 James Tait 在福建廈門成立德記洋行，屬於英屬東印度公司。於臺南安平港開港時，在 1867 年成立安平的據點並興建營業廳舍，1878 年在臺北

淡水（今臺北縣淡水鎮）成立營業據點，1887 年在臺北大稻埕（今臺北市大同區）。當時臺灣有五大洋行，分別是英國德記洋行、英國怡記洋行、英國和記洋行、德國東興洋行及美國唻記洋行。這五大洋行主要經營海外貿易，包括糖和樟腦。在臺灣被清廷割讓日本帝國後，臺灣總督府與大日本帝國商人透過專賣制度聯手排擠其他外商，使洋行紛紛關閉。1911 年，德記洋行安平營業據點結束營業，德記洋行在安平的建物由大日本製鹽接收使用。1945 年太平洋戰爭後，德記洋行在安平的建物成為臺南鹽場的廳舍及宿舍，現為臺南市市定三級古蹟，整修後以「臺灣開拓史料蠟像館」為名開放參觀。

臺南英商德記洋行為一棟二層樓磚造建築，由於其外牆均另抹上石灰層，所以感受不到磚造建築的樣子。其建築式樣則為典型的英國亞洲殖民地建築式樣，稱為「bangalow」，是英國在印度殖民經驗裡所發展出來適應熱帶氣候的四面帶廊建築物，取「bangalow」這個拼音，可能與英國在印度殖民盛期時，印度班加羅爾城（bangalore）的英國殖民者仿當地民居而蓋出具加深簷廊的磚造建築物有關。由於這種英式熱帶殖民建築多為殖民者所居住辦公使用，通常配以廣大的花園草坪，所以，在東南亞地區這個詞就轉變為「花園洋房」的意思。

其二十六，新竹新埔上枋寮劉宅（草創於 1781 年，擴改建於 1868 年）

建於清乾隆年間的新竹縣新埔鎮上枋寮劉宅，至今已有 225 年歷史，它是粵籍人士劉延轉仿照原鄉住居形式興建的一座四合院祖堂，由於屋分前後，又稱「雙堂屋」。這座傳統的客家建築，樣貌樸實，不僅呈現古建築的藝術之美，也記錄了劉家祖先的開墾歷史。乾隆二十一年，劉氏第十一世祖劉瑞閣的妻子詹氏攜子由廣東省饒平縣渡海來臺，暫居於鹽水港（今新竹市香山地區）一帶。長子劉延轉於枋寮開基立業，於 1781 年仿照原鄉住居形式興建一座四合院祖堂，由於屋分前、後堂，故又名「雙堂屋」，當時建築僅以土垺築牆、茅草鋪頂，約於 1862 年重修時改為瓦頂，經過近六年的擴建，約於 1868 年完成現今「二堂六橫式」的格局，共計九十九間室，建築基地面積約三萬平方公尺，規模宏大，顯示當時劉氏家族人丁旺盛。

其二十七，萬金天主堂（1869--1870 年）

萬金天主堂始建於 1863 年，原為土垺磚造天主堂。1865 年，南部大地震，聖堂牆壁倒塌大半，經良方濟神父在教友支援下修建如初。但由於歸化領洗者日愈增多，聖堂顯得狹小，而有了興建大堂之構想。1869 年購置一片林地（今堂址），並在十二月依西班牙古堡式建築鳩工建造，費時一年，於 1870 年年底舉行開堂大典，並以『無染原罪聖母』為教堂主堡，即為現今聖殿『堂慶』之由來。

新堂寬四十五尺、長一百十六尺、壁高二十五尺、牆厚三尺，不用鋼筋而以碎石、石灰、黑糖、蜂蜜、木棉及火磚等物混合代之，堅硬無比。建築材料則由福州把福杉結成木筏，隨海潮漂流至東港，再以牛車運回。泥、木匠大多來自福州、廈

門、澎湖。萬金天主教堂也是典型的殖民地建築或殖民者的建築，雖然建材取自殖民地，但建築式樣卻依殖民母國熟悉的式樣「西班牙古堡式」而建造，而具關鍵性的「聲音」：聖堂的大鐘則遠自西班牙運來。

其二十八，臺南市大觀音亭興濟宮（1678 始建，1871 整修）

大觀音亭興濟宮是位在臺南市北區的著名廟宇，於民國七十四年（1985 年）11 月 27 日公告為三級古蹟。該寺廟是由主奉佛教觀音菩薩的「大觀音亭」與主奉醫神保生大帝的與「興濟宮」所組成，雖分屬佛門、道教，但自創建以來即兩廟相連，關係密切，同屬一組織管理。現稱「財團法人大觀音亭興濟宮」。大觀音亭與興濟宮分別在右側與左側，中間為據說是供前來參拜官吏更衣與休憩之用的官廳，三者以八角門互通，兩廟皆深三進，位在一基座之上，由三川殿（門）、拜亭、龍虎井、正殿、過水廊與後殿組成。廟前正對的觀亭街古稱「觀音亭街」，是臺南少見的參拜道，但現在已經拓寬。

其二十九，臺中文昌廟（1871 年）

位於臺中市北屯區的文昌廟，於清朝同治 10 年(西元 1871 年)所建，是清朝時期的建築，至今已有一百多年歷史，屬於國家第三級寺廟古蹟。於清朝道光 5 年間，當時的地方社會文蔚社與文炳社為了提倡地方的文學風氣，因而合資建造此文昌廟。文昌祠坐北朝南，為五開間兩進兩護；龍帶拜亭的祠宇建築，由於左右護龍不與前殿相連，故無四合院特徵。三開間的前殿與一般廟宇的頭門相仿，但左、右各夾以緊挨山牆的牆門，則為特色。前有四柱亭（拜亭）的正殿，面寬五開間（後加兩房成為七開間），左右有短垣與左右護龍的齋舍相連，構成三合院。短垣上開磚砌花瓶形 門洞，與中間兩側牆上書卷橫披及八卦漏窗相互呼應。由於列為三級古蹟，所以臺中市政府除了委託東海大學建築研究中心進行古蹟維修規劃外，並於 1996 年至 1998 年進行古蹟修護工程，目前已符合古蹟維修原則下煥然一新（註二十九）。

其三十，新竹北埔慈天宮（1853 年建於現址，1874 年改建）

北埔慈天宮，是臺灣的佛道廟宇，位於新竹縣北埔鄉。建於清道光十五年（1835 年），1853 年遷建於現址，1874 年改建，目前是屬於臺灣三級古蹟文化資產。主祀觀世音菩薩、副祀三官大帝奉於左側，三山國王奉於右側。

建築規模為平面為二殿二廊二護之平整格局，中間圍成一中庭，作為祭拜空間，整棟建築物之中心正對著秀巒山頂，並與北埔街成一直線。山門成中央高兩邊低之硬山式屋頂，五垂脊飾以曲線優美之燕尾，使天際富於變化，脊上有龍鳳、人物(三官)、假山裝飾，並塗以黃、藍、綠之塗料，配合橘紅色之琉璃瓦，顯得生動活潑。建築裝飾系統尤為精彩，除大木之鑿花外，山川殿石堵雕以螭虎爐、腰垛以花鳥獸飾，前殿三副雙開板門，窗為彩色花紋石雕窗，護龍正面用石條窗，

背面用綠釉磚窗。山門前的一對龍柱、石獅、石枕及石堵都是建築裝飾的精品（註三十）。

其三十一，鹿港天后宮（1647 始建，1875 年大修完成）

1647 年（明永曆元年）鹿港與中國沿海城鎮之間的貿易往來已經相當的頻繁，當地民眾為求商船往返海上平安，故集資建造了鹿港天妃廟（亦稱「北頭聖母廟」）供奉天上聖母，其遺址在現址北側三條巷。1725 年（清雍正三年）因香火鼎盛，由施世榜等富商出資獻地擴建。後歷經 1814 年、1870─1875 年、1923─1937 年三次大規模整修至今，不過規模與建築藝術成就多立基於 1875 年之整修成果。1870 年至 1875 年的大修奠定出鹿港天后宮的三川殿、正殿及後殿三進兩院格局，三開間三川殿兩旁八字牆為 1915 年（日據時期大正四年），由鹿港土水師「圓仔炎師」（蔡添炎）所施做。1923─1937 年的大規模整修過程則較為複雜，但最終為參考比圖最優者王順益的設計圖，由當時正在興建彰化南瑤宮的大木匠海同師（吳海同）到鹿港天后宮施做，並由其子木成師（吳木成）實際執篙。1930 年（日據時期昭和五年）遇上世界經濟蕭條，天后宮的重修工程因經費拮据而停工，吳海同也因此退出天后宮的重修工程。天后宮的重修工程在停工三年後，另聘王益順的侄子樹發師（王樹發）為執稿尺師傅，並完成鹿港天后宮之重修工程。在這第三次大修過程中，三川殿及正殿幾乎是拆除重建，只有後殿才是保留原建築的維修整建，不過建築格局上並未更動，只是建築屋頂式樣改成更為花俏的歇山重簷。另外，建築裝飾工程也在這時期全面換新，不但新添了 1930 年代臺灣重要的建築裝飾工程師傅的手筆，也新添了當時鹿港文人的諸多作品（註三十一）。

其三十二，屏東佳冬蕭宅（1860--1875 年）

佳冬蕭家古厝位於臺灣屏東縣佳冬鄉，是臺灣唯一客家圍龍夥房五堂大屋，1985 年中華民國內政部列為三級古蹟，並由蕭家子孫所組成的「佳冬蕭家祖屋管理委員會」負責管理。蕭氏祖籍廣東梅縣，自第十九世遷臺第一世祖蕭達梅渡海來臺至今近兩百餘年。最初落腳於臺南，最後定居於目前的佳冬鄉。以釀酒為業，逐漸累積財富，並購置大批田產。其後人來臺三世祖蕭光明更以「蕭協興」為商號名稱在臺南、東港、佳冬一帶經營貿易活動，並從事碾米及染布生意，經營有成，逐漸成為佳冬地區的一大家族。

屏東佳冬蕭宅興建於清咸豐十年（1860 年）至至光緒元年（1875 年）年間，完成了四落加左右橫屋的大厝，並於光緒六年（1880 年）增建了第五堂（大五落），並將左右橫屋聯結成完整的防禦外牆。佳冬蕭宅使用的是馬背山牆，呈現樸質的客家人不好浮誇的表現。由於前後修改建的時間有好幾個段落，建材的使用也有所不同。第一堂、第二堂與步月樓牆體的土角磚外覆薄磚的「金包玉」砌築，且因時制宜，工匠施作用其用料、施工的精細度，和雕工的精良，都具有高度的成

就，足以作為傳統建築藝術價值的代表。日據時期因颱風損毀第一進（第一堂屋），所以修建為巴絡克式排樓的準街屋立面。

其三十三，臺南延平郡王祠（1875 年）

早在明永曆十六年（1662 年）時，當地百姓們便建有一座小廟祭祀延平郡王鄭成功，而在清朝時期因有政治上的顧慮，所以使用「開山王廟」之名來稱呼此廟，有隱喻鄭成功為「開臺聖王」之意。清同治十三年（1874 年）因牡丹社事件，清廷派福建船政欽差大臣沈葆楨來臺。沈葆楨來臺後，接受臺灣府進士楊士芳、臺灣道夏獻綸與臺灣知府周懋琦等人的稟請，與閩浙總督李鶴年、福建巡撫王凱泰與福建將軍文煜等人一同上疏追諡鄭成功、建立專祠與編入祀典中。光緒元年（1875 年）正月初十，清廷准奏，下詔曰：「前明故藩朱成功曾於康熙年間，奉旨准在南安地方建祠。該故藩仗節守義，忠烈昭然。遇有水旱祈禱輒應，尤屬有功臺郡。著照所請於臺灣府城建立專祠並與追諡，以順輿情，欽此。」 朝廷批准後，工程在同年三月動工，秋八月完工。工程耗費銀 7400 兩，聘請福州師傅前來營造，材料也全來自福州，而成為一福州風格的建築。

在日治時期時，因鄭成功具有日本人血統亦受到日人敬重，因鄭成功與日本有血緣關係，所以延平郡王祠被保留，於明治 29 年（1896 年）7 月改名為開山神社，明治 30 年（1897 年）1 月列格為縣社，同年起每年 2 月 15 日舉行例祭。之後並增建了日式的拜殿與鳥居，但大致建築仍維持原本的福州風格，前殿供奉鄭成功，後殿供奉其母田川氏。每年農曆三月「迎媽祖」（迓媽祖）時，信徒也會請出開臺聖王神像為繞境隊伍做頭轎。大正 3 年（1914 年）8 月，開山神社進行大規模改建，保留原建築，增建必要附屬設施（神饌所、手水舍、神樂殿、社務所、宿舍）。改建後的開山神社正殿與偏殿仍為中國傳統建築，加建之拜殿則改為日本唐風建築。二次大戰結束臺灣光復後，該廟曾於民國三十六年（1947 年）重建，並於六年後由臺灣省政府指定為臺灣史蹟。但由於民國五十二年（1963 年）的重建中該廟被改建為鋼筋水泥的中國北方式建築，所以在後來並未列為古蹟，而改列為歷史建築。

其三十四，神岡大夫第（1875 年）

社口林宅「大夫第」位於臺中縣神岡鄉社口村，為清末與日治初期臺中仕紳聞人林振芳（1832-1905 年）的故居；林振芳生於清道光 12 年（1832 年），一生不甚讀書，但通大略，於咸豐 5 年（1855 年）棄農從商，開設「義春舖」經營雜貨，清同治 9 年（1870 年）捐納授奏「中書科」後並晉授「同知」職銜，事業與聲望如日中天，娶了五房妻妾。清光緒初年（1875 年），正是林振芳事業最巔峰的時期，為因應家族人口逐漸驟增，林振芳在住家「維禮居」不遠處購買了吳張舊宅第進行修建，歷時三年，宅名為「泰孚第」、即是「下厝」之意，以對應「維禮居」之「頂厝」，而「泰孚第」即為「大夫第」之諧音。這也是社口林宅「大

夫第」名稱的由來。

神岡大夫第建築規模為兩進格局四合院宅邸，但外增左右護龍，在配置上較為特殊的是，正廳之外有內外兩排矮牆，內圍牆外置水池，外圍牆上置門樓。

其三十五，恆春古城（1875 年）

恆春縣城位於臺灣屏東縣恆春鎮，是清朝在牡丹社事件之後所設的恆春縣縣治所在，建於光緒元年十月十八日（1875 年 11 月 15 日），光緒五年七月十五日（1879 年 9 月 1 日）落成，是臺灣現存城池之中唯一保存所有城門的一座。恆春縣城周長有 880 丈（約 2600 公尺），城基厚 2 丈、而外牆高有 1 丈 4 尺 5 寸，內牆則高 1 丈 3 尺 4 寸，牆寬 1 丈 6 尺，設有四門，除南門有「明都門」之稱，其餘三門僅稱東門、北門、西門。城門外有壕溝，於城門處設有橋樑，而各個城門之間設有砲臺。

其三十六，沈葆楨砲臺、億載金城（1874--1876 年）

二鯤鯓砲臺，或作二鯤鯓炮臺，舊稱安平大砲臺，現在一般俗稱為億載金城，是一座清朝時建立的砲臺。位於臺灣臺南市安平區，為中華民國內政部所頒訂的國家一級古蹟。在清同治十三年（1874 年）日軍侵入今臺灣屏東縣一帶，引發了牡丹社事件。而清廷知道日軍犯臺後，遂命福建船政大臣沈葆楨以欽差（欽差辦理臺灣等處海防兼理各國事務大臣）身份來臺處理此事。這段時間裡，沈葆楨在臺灣規畫並進行了許多事宜，而興建二鯤鯓砲臺便是其中的一件。當時沈葆楨聘請了原在馬尾造船廠工作的法國工程師帛爾陀（M. Berthault）及魯富設計砲臺，而帛爾陀在設計時則參考了巴黎的外圍防禦工事。該工程從同治十三年（1874 年）九月開始動工，直到光緒二年（1876 年）八月才完工，而光緒年間亦有再加以修建。而在這之後二鯤鯓砲臺在中法戰爭和乙未年（1895 年）劉永福抗日時，都曾對敵砲擊而發揮了其防禦外敵的功能。

二鯤鯓砲臺基本上是一座方型砲臺，而四個角落則是突出的稜堡，上頭安置大砲一座。稜堡比周圍環境較高，並留有馬路與矮牆（胸牆），而砲臺牆體則成 45°傾斜。稜堡之間的牆壁內凹，主要是規畫讓槍隊在此防禦已經侵犯到近處的敵人。砲臺周圍有護城河圍繞，過去要進出砲臺只能經由東面門洞可升降的木橋進出。而通過長達 21 公尺的門洞後，在砲臺正中央便是操兵用的廣大中庭，而周圍則有兵舍及彈藥庫等。其建材主要是以三合土及磚材為主，其中磚材的部分是從當時已經傾圯的熱蘭遮城取來的。

其三十七，臺北義芳居（1876 年）

義芳居古厝為臺北早期開拓者陳氏族人所建，義芳居陳氏家族，原籍屬福建省泉州府安溪縣，清乾隆年間，其始祖渡海來臺開墾。先前他們已有住屋，至清光緒

初年才投下鉅資，建造義芳居。這座三合院古宅為典型的臺北盆地古宅，正身入口作凹壽式，正身及護龍之牆壁皆為堅固之磚石厚牆，門窗開口較少，另在外護龍建二層樓的銃櫃，備盜匪來犯時可以還擊自保。此外他的窗子多用石材，取自臺北所產砂岩，亦具地方性特色。其門額題「義芳居」落款為丙子年，據推算為清光緒二年所建。

其三十八，板橋林家花園（1875 林維源定靜堂落成題匾，1875--1878 年）

板橋林家在 1852 年前後逐步由大嵙崁再度遷移至板橋後，大約再經二十餘年即於三落大厝左側開始興建私家園林，也就是以後所稱的板橋林家花園。板橋林家花園佔地極廣，共興建了汲古書屋、方鑑齋、來青閣、香玉簃、觀稼樓、定靜堂、月波水榭等重要庭園建築群，以及榕蔭大池與靠抵城牆而成的假山疊石，而共同形成「板橋林本源園邸」。

板橋林家花園的格局，乃至林家花園裡建築物的風格到底是怎麼形成，由於並無史料記錄，所以眾說紛紜，其中以江南庭園及盛懷宣所購得的蘇州留園為樣本說最為盛行。「漢寶德先生認為林本源邸園的建置，其設計者為以下四組人：一、主人本身———他們有構想有需求，也有決定權。二、文人墨客———他們一向被重視，故可能提供意見。三、風水師。四、建造工匠。由這四組人協調構想，最後由工匠完成」（註三十二）。臺大土木所都市計畫室在接受觀光局委託板橋林家花園修復計畫時，據此詳細的考證了可能的設計者為：一、主人本身即林維源與林維源當時交結當朝公卿之李鴻章、李鴻章洋務運動執行者之一的盛懷宣，乃至推測林源維極可能參觀過當時盛懷宣所擁有的蘇州留園。二、文人墨客，主要是當時被林家聘為教席的呂世宜、謝琯樵以及晚清福建書畫家葉化成、周凱、許筠等人，但文人墨客所能提供的也僅是一些意念，實際操作的應該還是工匠。三、風水師，查不出個所以然。四、建造工匠，可能是：福州工匠徐森、徐申父子；漳州晉江工匠黃阿淵；臺灣工匠劉嘉輝；板橋工匠陳應彬，但除了劉嘉輝在 1862 年時曾任板橋林家工程的「工事監督」記錄外，其他人選也都僅是推測（註三十三）。

本橋林家花園以蘇州留園為樣本之說，大概就是引源於當時「板橋林本源園林研究與修復」的結案報告，甚至還引伸出「林維源結交當朝公卿又參觀盛宣懷在蘇州的名花園留園之後，也將板橋林家花園大事增建，一磚一瓦，一石一木，皆由唐山海運而來，無疑為當時臺灣庭園的代表」（註三十四）。維基百科這種說法就恐怕是過多的推測而疏於考證了。事實上，林維源結交盛懷宣在劉銘傳任臺灣巡撫籌設臺灣商務局之時，臺灣建省的籌畫準備工作在 1883—1885 年，而林家花園主要建築定靜堂完工於 1875 年，主要園林工程也都集中在 1875 年至 1878 年間，換句話說林維源就算交結盛懷宣而充分參觀留園且有意仿造時，林家花園的建設也早已大部分都完工了，那又何來仿造留園的可能呢。我們以林家花園的工

程細部、建築材料（特別是工磚、紅瓦）來看應該說與「留園」無關，也與蘇州建築式樣無關，無寧說乃是集當時福建工匠、臺灣工匠與林維源在 1883 年之前的人生閱歷等三份，所形成的臺灣園林風格較為恰當。

其三十九，鹿港文昌祠（1811 年始建 1878 年大修）

鹿港文祠即為文昌祠，與文開書院相鄰。清嘉慶 16 年（1811）鹿港海防同知薛志亮捐出俸祿倡建文祠、武廟，由士紳陳士陶負責文昌祠的興建，蘇雲從負責武廟的興建。文昌祠主祀文昌帝君，武廟主祀關聖帝君。清嘉慶 23 年（1818）廟宇因受風雨侵蝕，殿堂傾毀，由士紳發起重修，歷時一年餘，於嘉慶 24 年完成修護。鹿港的文人曾於文昌祠內成立「拔社」，是鹿港早期的義學與詩社，文昌祠亦成為文人聚會的場所。清同治 8 年（1869）鹿港同知孫壽銘發起重修文昌祠，並聘請進士蔡德芳掌教文開書院。清光緒 2 年（1876）文昌祠正殿因年久失修而傾圮，由董事施家珍等人募款重修，並增建二廂廊，此次重修，歷時二年餘，至光緒 4 年（1878）完成修復。現今鹿港文昌祠即為 1878 年之規模。

其四十，新竹竹北采田福地（始建 1760 年，1878 年重建）

新竹地區原為原住民平埔族道斯卡族竹塹社的遊耕地區，竹塹社人原就共同祭祖的公廨就稱為「田」。1733 年，清廷建置竹塹城，將原居城內的竹塹社人遷往北門城外的「舊社」，此時，社人已經開始仿造漢人的習俗，營建共同祭祖的祠堂。後來因「舊社」附近竹塹溪氾濫，1749 年，竹塹社人再遷到「新社」（竹北），竹塹社社人因參與平定林爽文事件有功，乾隆皇帝賜予錢、廖、衛、潘、金、三、黎七姓，至 1797 年，「新社」居民即建立七姓共同的祭祖祠堂「竹塹社七姓化番公館」，奉祀竹塹社七姓的歷代祖先及福德正神。咸豐四年，來臺移民的漢人發生閩、粵械鬥，波及竹塹社，公館被毀。到了光緒四年（1878 年），公館重建，社人於是將漢人稱原住民的「番」字化為「采田」二字，「義取食租，番從采田」，希望後人不忘祖，因而取名「采田福地」，也稱作「新社公館」、「新社番公所」、「番仔祠堂」等名，因為同時奉祀竹塹社七姓的歷代祖先及漢人的福德正神，於是又稱作「采田福地」。民國七十六年，「采田福地」由新竹縣政府指定為三級古蹟，因年久未修，社人決定自行重建，完工至今，又經多次修建，雖無文字詳細記載，但根據社民口述和建築現況推測，現有建物應為當時的原貌。

現狀上建築規模為單伸手的三合院（可能原先為三合院，但右廂房及正殿右稍間已損毀只留草地），三合院的庭院部分為水泥地，上置天公爐，右側草地上才置一般燒紙錢的金爐。

其四十一，潭子摘星山莊（1871--1879 年）

摘星山莊位於臺中盆地豐原沖積平原上。起建於 1876 年完成於 1879 年。建築格局為佔地二千餘坪的三進多護龍四合院。宅院略坐西北，朝東南，門厝雙進，兩

旁護龍，由門樓進入，即是大程與程前硯池。精緻的雕磚、花窗、門額，在在顯現傳統大戶人家居嘉講究。據老一輩紳父老說，昔日林宅雕強紅瓦，竹圍蒼翠蓊鬱，傳統的閩式建築，從燈心橋路過來，只見他矗立在平沃野中，氣勢非凡，在百年前的臺灣，是中部地區僅次於霧峰林家的大宅第。

在匠師與建材上，潭子摘星山莊為泉州匠師所施工，據說建材裡的磚瓦、花崗石及杉木均來自福建（註三十五）。

其四十二，高雄英打狗領事館（1879 年）

前清打狗英國領事館及領事官邸是兩座建於 1879 年的英式建築，領事館位於高雄港（清打狗港）口北岸的哨船頭碼頭邊，是當時英國政府於打狗掌理領事業務工作的重要據點。在臺灣目前現存的西式近代建築中，打狗英國領事館及官邸的年代最為久遠。1987 年中華民國內政部公告打狗英國領事館（實為打狗英國領事官邸）為二級古蹟，並闢為高雄史蹟文物館。

打狗英國領事官邸的建築與其說是後文藝復興時代巴洛克式建築風格，不如說就是英國南亞殖民建築風格的 banglow。包括花欄石雕及圓拱設計，原設計者為英國人，使用尺寸皆為英制單位。建築物整體外觀的四周外牆有連續的半圓拱，轉角處的栱較小而牆柱較大，為穩固結構，轉角的磚柱為雙柱並立。建築物房間內設有壁爐，建物下層內並有高低不一的地下室，此乃建造者當初為因應高低不一的岩石地形所做的空間設計，其主要用途為倉庫或儲藏室。雖然建築物設計者為英國人，但建築工匠是聘自中國大陸，而建築用的紅磚則從廈門運來，竹節狀的落水管是清末洋樓的特色，典型的殖民者以當地材料，依殖民者的想像來複製印度殖民經驗的建築物。

其四十三，員林興賢書院（1807 始建 1881 大修建）

員林興賢書院原名「文昌祠」，經文建會評定為三級古蹟。文昌祠寺廟座落於綠椰插霄、環境優雅的員林公園內。廟宇十分古樸，雖然沒有一般道教廟觀的畫棟雕樑，但棟節宏偉莊嚴，創建於嘉慶十二年五月十九日，迄今已有一百七十年之歷史。清道光年間，廣東饒平官章稟生邱海先生，一葉扁舟，渡海來臺。初居永靖庄苦苓鄉後，邱先生遷居員林文昌祠定居，從此自設私塾，廣收武東堡、武西堡、燕霧下堡，(即今之員林區，包括員林、大村、埔心、永靖、社頭等五鄉鎮)的學生。一時文風大啟，桃李滿天下。丘先生鞠躬盡瘁，終生貢獻教育，卒後其財產一切捐贈文昌祠寺廟。他熱心興學的義行，引發後人無限的追思，在廟裡安置祿位，永遠奉祀。光緒七年（1881 年），秀才邱翠英，發起募捐三千元，共同改建修築，使廟宇恢復壯觀而成現今之格局。

興賢書院為一座三開間兩進兩護龍帶拜亭三合院建築，在建築形式上最值得一提的是它的雙連山牆大木結構，使室內空間向後延展為二十二架，十分壯觀和特

別，書院內的彩繪亦非常值得一看，只是日據時期曾充作日語國語學校校舍，第一進之左護龍以改為日式校舍建築，且九二一之後荒廢日久，原有的彩繪也剝落無存。2003 年至 2006 年的古蹟維修竟以「可回塑修護原則」回復了第一進左護龍的日式校舍建築式樣，這種古蹟維修原則的誤用濫用結果造成一種不倫不類的景象，使古蹟價值大打折扣。

其四十四，宜蘭孔廟（1876 年於崇聖街，1953 年原建築物移建於現址）

宜蘭孔廟原址為於今崇聖街，建於 1876 年，昭和十八年(1943)遭盟機炸毀。民國四十二年（1953 年），將孔廟大成殿殘蹟拆至宜蘭市菜園里現址重建，於次年完工，但殘蹟遷建的大成殿完成後停頓約十餘年至 1969 年才再新建崇聖殿（父母殿）。等到萬仞宮牆、禮門、義路、泮池、青雲橋、四周宮牆、禮庫、樂庫、東西廂、東西廡等建築全部完成時已經是 1977 年了。所以，宜蘭孔廟大成殿雖為遷移建築的古蹟，但原大成殿的木構架部分受損由鋼筋混凝土支件替代，而大成殿以外的又全都是新建的鋼筋混凝土建築，以致 1953 年所遷建的宜蘭孔廟是否定為「古蹟」，也就反反覆覆莫衷一是。

其四十五，臺中龍井林宅（1876--1880）

林元龍字雲卿，小名永尚，祖籍福建省漳州府漳浦縣烏石鄉人。是早年至龍井開發林興的後代，其祖先林三會曾居住三塊厝(今三德村)，經營米穀生意，賺了很多錢，買了三十餘甲地，曾經修了九十九個房間，真是富甲一方，但後來因為得罪了陳姓鄰居，房屋遭人焚燬，田地也被人搶劫一空，只好帶著家人到山腳一帶定居下來。林元龍自幼勤練武藝身懷絕技，尤其是精通槍法，彈無虛發。所以當時就和林永山號召了村子裡的一些年輕人，一起追隨「阿罩霧」(霧峰)的林文察到大陸，參加討伐太平天國的戰爭。太平天國被平定之後，光緒十年(1884)，他又奉召參與「中法戰爭」對抗法國人的入侵。光緒十八年，林元龍去世，埋葬在沙鹿鎮南勢里三塊厝山，清朝皇帝特別下令誥授他「昭武將軍」，謚武都尉。

臺中龍井林宅即為林元龍追隨霧峰林家林文察參與討伐太平天國戰爭獲軍功後返鄉所興建的大家宅院。於清光緒二年(1876)開始興建大厝，於光緒六年(1880)完工。林宅古厝為三合院的土墭紅磚外牆木構造傳統建築，除有階梯形的院牆以及三川殿式的小山門外，正廳的前接三開間的軒亭也是一大特色。而屋頂燕尾脊擁有柔美的曲線，各種裝飾古樸高雅，雕梁畫棟古色古香。古厝的前面有一個半月池，庭院占地廣闊。可惜的是這棟古厝於日治昭和十年(1935)中部大地震，已震垮門樓與部分牆垣、大梁損毀，雖經整修仍無法恢復原樣。林宅後代又缺乏專責管理維護，灰泥風化造成剪黏剝落，護龍土墭與正堂牆壁陸續傾圮，呈現殘破不堪的景象。龍井林宅興建的匠師與建材：只知聘請福建名匠師所蓋，建材上除尺二磚與紅瓦是林家特設磚瓦窯燒製外，其他福杉、石料等大都購自大陸。(註三十六)

其四十六，臺北城北門承恩門（1882 年）

臺北城落成於光緒十年，西元 1884 年，共有北東西南以及小南門五座城門，北門雖然面向北方，卻由於整座臺北城的軸心向東北轉移，因此相對位置則是位於北側偏西處，由於當時清國的首都北京的關係，取其「承接皇恩」之意，稱為「承恩門」。承恩門由城內可通往洋商聚集的大稻埕與大龍峒，為清廷官吏進出臺北城必經門戶，門外設有接官亭，清朝大官便由此門接迎。當時城內通往北門之街道，稱作北門街，是現今的博愛路。城門的臺座採用於大直地區北勢湖一帶山區的安山岩，並且使用交錯堆砌的建築手法。城樓外壁則以紅磚砌成，內部有兩層牆壁，在結構設計上是非常穩固的建築。由於臺北府城建設於現代火器興起的時期，於是為了防禦火器的攻擊，臺北城除小南門外的四個城門皆採封閉式碉堡式的構造，將城樓完全用紅磚牆圍起，使之與城樓的基座合為一體，內部另外有一道內壁，與外壁呈現回字形設計來保護中央的活動空間，城樓前方只保留一圓二方的窗洞，供防禦及監視的用處，並非傳統樓閣式城門的開放空間。屋架是傳統式木構架，屋頂是歇山單簷，重脊保留著流暢地曲線，燕尾由兩旁起翹。城門中央開圓拱形內洞，外拱比內拱小，兩拱中間門洞呈矩形，供城門啟閉。

其四十七，淡水牛津洋學堂（1882 年）

牛津學堂（Oxford College，漢名為「理學堂大書院」），是加拿大基督教長老教會傳教士馬偕博士(Rev. George Leslie Mackay)於 1882 年在臺灣淡水創立的西式現代化學校。該校主要為培養本地傳教人才而設立，學校組織在歷經多次變遷之後落腳於陽明山上，並更名為臺灣神學院。1881 年，馬偕博士回加拿大故鄉安大略省牛津郡募款後重返淡水，擇定牛津學堂現址，親手規劃、監工、興建校舍。1882 年 7 月 26 日如期峻工，取名「理學堂大書院」。因感懷其故鄉加拿大牛津郡鄉親之盛情襄贊，英文乃命名為 Oxford College，故後人稱之為牛津學堂。淡水理學堂方位坐北朝南，東西長七十六呎，南北長一百一十六呎，所有磚瓦都由廈門運來，以三合土做為粘合料使用。此建築為外人在臺灣施新式教育之濫觴，建築物看似西方教堂，寬則仍具中國四合院色彩，第二落房屋已於數年前拆除，現為真理大學之總務處、校牧室、禮拜堂及馬偕紀念館。

其四十八，基隆獅球頭砲臺（1884 年）

清光緒十年（西元 1884 年）發生中法戰爭，法國海軍提督孤拔率艦侵犯基隆，當時劉銘傳主持臺灣北部防務。為加強鞏固海防，會聘英國技師幫助建造數座砲臺，而獅球嶺砲臺即屬於其中的一座。獅球嶺砲臺雖為基隆港最內部的防禦砲臺，卻得地利之便，擁有控制全港的良好視野，不僅是扼守基隆的重要據點，亦擔負著防止敵軍進入臺北盆地的重任。中法戰爭時統領林朝棟率軍駐守獅球嶺，與法軍相持達八個月之久，終使法軍無法向臺北挺進。光緒二十一年（西元 1895 年）乙未割臺之役，日軍自澳底登陸，直逼基隆港，守將提督張兆連、道員林朝棟及

奧勇胡友勝等先後駐防獅球嶺砲臺，留下了英勇抗日的一頁史詩。經歷了這二次
的禦侮戰爭，更增添了獅球嶺砲臺的歷史價值　。

其四十九，澎湖西臺古堡（1885 年）

西嶼西臺位於西嶼鄉外垵村南臨海之高地上，此堡為劉銘傳所修之砲臺。光緒十
年（西元 1884 年）中法戰爭起，幸賴劉銘傳艱苦奮戰始得保全。光緒十一年建
臺灣為行省，以劉銘傳為首任巡撫，籌劃防務。古堡佔地 8.15 公頃，四周高築
牆垣，牆內壘石成壇，壇上置四門大砲，壇下建山字形隧道，曾為清廷水師基地，
駐軍約五千人。史事已過，古堡猶存，它代表民族英雄拓疆禦侮的精神，是歷史
文化無言的證人。古堡經內政部核定，列為國家一級古蹟。

其五十，大肚磺溪書院（1887 年）

磺溪書院（俗稱文昌祠）位於臺灣臺中市大肚區磺溪里文昌路上的古蹟。書院的
前身稱為「西雝社」亦稱為「文昌會」，是當代文人士子的結集之所。西雝社創
建於嘉慶 4 年（1799 年），後來在光緒 13 年（1887 年）再擴建成為「磺溪書院」。
在民國 75 年（1986 年），經中華民國內政部列為第三級古蹟。建築的樣式屬於
傳統的閩南式合院型態，是一間結合學堂與廟宇的四合院。建築材料的使用除了
紅磚瓦片之外，還有泉州白（花崗岩）、青石等石材搭配福杉等建造而成。門廳
比地面高出三階，講堂則高出五階。在講堂之前有個高約 60 公分的小「月臺」
月臺之上築有拜亭。磺溪書院整個建築相當考究，細部裝飾到特殊的屋頂型態都
是很華麗的結構。平面的設計呈現出一般民宅與孔廟之間的結合，立面上的構造
也是在閩南式建築之中相當罕見。

其五十一，布政使衙門（1887 年興建，1930 年拆建於植物園內）

福建臺灣布政使司衙門（簡稱布政使司衙門、藩臺衙門），為清領時期臺灣行政
地位僅次於鄰近的福建臺灣巡撫衙門之衙署，經歷搬遷後布政使司衙門部分建築
位於臺灣臺北市中正區南海路臺北植物園內西側，目前為衙署類國家二級古蹟，
此外還有衙前兩座石獅雕飾移至急公好義坊，原址位於中山堂右側設有「清布政
使司衙門舊址」石碑。

現存於植物園內的布政使司衙門係一座七開間三進式，呈縱長形「田」字形平面
配置的官式建築，方位為座東朝西略偏北。三進的建築空間分別由橫向的「頭
門」、「儀門」及「大堂」所構成，頭門及儀門間以縱向的廂房連接，儀門與大堂
間則由左右兩側廊道相連，雙雙形成封閉的四合院。室內空間因採用高大柱列而
顯得十分莊嚴。屋脊曲線平緩，有短小的燕尾翹脊。建材則因適逢財政拮据，並
不精緻，如牆面便是以一層丁一層順的硓哩岸石砌造而成，並有許多以細石、泥
土、碎磚填補的空隙，屋頂則是使用普通的板瓦。

其五十二，臺北大龍峒保安宮（1805 年始建，1888 年修建日據 1917--1919 再修建，維持 1888 年風格）。

大龍峒保安宮位於臺北市大同區哈密街，為祭祀保生大帝的臺灣民間信仰廟宇，因為創廟者為來自中國的福建同安人，因此保安之名有「保佑同安」的意思。該廟粗創於 1742 年，本只為簡單木造小庵，1804 年正式改庵建廟。19 世紀後，經幾度改建後，該廟發展成三殿三進式的 3000 坪大廟。雖然在 19 世紀的數度改建過程裡，山川殿已改為所謂「燕尾扛歇山頂」的假四垂屋頂，但日據時期的改建在山川殿之外的建築物基本上都還保持 1888 年修建的規模與格局，所以 1985 年，中華民國內政部認定該廟宇為國家二級古蹟。大龍峒保安宮坐北朝南，因三殿間隔寬敞，第一進又為五開間的前殿加上左右各三開間的山門，因此從寬達十一開間的第一進正面看去，該廟宛若三座橫向並排的三殿宇。

前殿又稱三川殿，牆面為石雕，為 19 世紀初作品。中門為 1804 年所建蟠龍八角檐柱一對，是保安宮現存最早的石雕作品。重檐歇山屋頂的正殿，四周環以方柱與八角柱相間的檐廊，正面安蟠龍柱兩對，其中單蟠龍外柱為 1805 年所建作品。該殿祭祀保生大帝的神龕兩頭，分別掛陳維英所提楹聯一對，殿外側背三面彩繪巨幅壁畫，是 1960 年代，臺南春源畫師潘麗水的畫作。後殿面寬十一開間，中奉神農氏，左右兩側則附祀孔子與關雲長。殿右為保恩堂，供奉歷代同安名人神位。

其五十三，獅球嶺鐵路隧道（1888 年）

清光緒十三年（1887 年）臺灣設省，在此同時清廷准予設立「全臺鐵路商務總局」，開始臺灣鐵路興建計劃。在開工的初期，最先興建的是由基隆港口經臺北到新竹（當時稱為竹塹）的這一段。位於基隆端的獅球嶺隧道工程，從光緒十四年（1888 年）春動工，到十六年（1890 年）夏天才完成，全長 235 公尺，費時 30 個月才鑿通，耗費之人力相當浩大。隧道的南端出口石壁上匾額一幅，有清代首任臺灣巡撫劉銘傳親題的「曠宇天開」四字，右聯：「五千年生面獨開，羽轂飆輪，從此東莊通海嶼。」左聯：「三百丈巖腰新闢，天梯石棧，居然人力勝神工。」匾額上又刻有「太子少保福建臺灣巡撫一等男劉建造，欽命浙江 州總鎮強勇巴圖魯監修，光緒歲次己丑仲冬立」小字。

其五十四，臺北大天后宮（1888 年）

天后宮興建於光緒 14 年（1888），是臺灣巡撫劉銘傳任內，由官府出資，加上民間捐款所建，座落於當時全臺政治核心的臺北城內，可見天后宮地位何等尊崇。1895 年 6 月，日軍進入臺北城，日本正式統治臺灣之後，臺北府天后宮就遭遇冷落的對待，廟址先被軍隊徵收，後來又做為臺北辦務署的臨時廳舍。廟宇東側的空地則提供臺北病院建造病房。1902 年，總督府將天后宮移交給臺北醫學校（後來的總督府醫學校）做為校舍及學生宿舍，正殿成為集會室，戲臺成了舍監

室。不久，又劃出內部校舍，做為國語學校的學生宿舍分舍。1905 年，總督府公告市區計劃，擴大臺北公園（新公園）的範圍，天后宮成了公園預定地。雖然天后宮沒有立即被拆除，隨後幾年之間，幾次颱風水災，天后宮屢屢受損，而由於位於公園預定地上，因此未予整修，任其荒廢凋敝，後來終於因過於殘破而遭到拆除的命運。當年拆除天后宮時，剩下的礎石、石珠等遺構，散落於新公園內，成為石椅或園景裝飾，遺跡至今仍然可見。部份石材則被搬至臺灣總督府官邸（今臺北賓館）做為修建庭園的石材。民國 93 年（2004），臺北賓館整修庭園時，挖出一些石材，經學者查證，確認就是來自於臺北府天后宮的建築遺構。

臺北大天后宮建築規模為一三進三院落龐大建築群，其三川殿就有十一開間之寬闊，三川殿前還留一巨型院落再接一巨型照壁，可見其建築群體之龐大。

其五十五，澎湖媽宮城順承門（1888-1889 年）
中法戰爭期間，澎湖曾被法軍攻佔，導致臺灣海峽被法軍所控制。戰後，為了強化澎湖的防務，除將澎湖水師協副將與海壇鎮總兵對調，改置澎湖鎮總兵以及增築砲臺外，還決定興築城池。負責監造城池者為從海壇鎮總兵改任澎湖鎮總兵的吳宏洛，在經過勘察後，決定於媽宮建築城池。築城工事於光緒十三年十二月（1888 年 1、2 月左右）動工，於光緒十五年十月（1889 年 10、11 月左右）完工，耗資 2 萬 3537 兩。城池東南靠海，西有金龜頭砲臺，北邊則挖有壕溝。而後原本位在文澳的通判衙門也遷入城內的舊水師協鎮署內，使得澎湖的經濟、政治、軍事中心合而為一。澎湖廳城城垣周長七百八十九丈二尺五寸，城垛五百七十個，高一丈八尺，厚二丈四尺，比臺灣其他官修城池要來得厚，又城垛（雉堞）為厚實長方體而沒有射擊孔也是其特色。建有六門，分別是朝陽門（東門）、迎薰門（南門）、即敘門（小南門）、順承門（小西門）、大西門、拱辰門（北門），其中大西門是唯一一個只有門洞沒有城樓的城門。

其五十六，澎湖觀音亭（始建 1694，毀於中法戰爭，1891 年重建）
觀音亭，澎湖縣一座極具代表性的廟宇，也是澎湖縣首屈一指的古廟，廟前可遠眺西嶼，也是「西瀛勝境」所在。觀音亭建於清康熙 35 年（西元 1696 年），為薛奎所創建，主祀觀音佛祖。早期寺廟規模很大，後來在中法戰爭遭到破壞。清朝光緒 10 年（西元 1884 年）法軍侵襲澎湖造成原本的觀音亭全毀，至光緒 17 年（西元 1891 年）總兵吳宏洛才捐銀重建。西元 1923 年澎湖新廳舍落成，便把原澎湖廳通判衙前的石獅子移至此。西元 1931 年鄉民集資整修，西元 1957 年又重新整修。廟庭內有二井，在地人稱澎湖第一泉；廟前有兩隻綠色的大獅，建材不是石頭也不是水泥，而是用糯米漿、石灰、黑糖水調和砌成的，在歷經了百年歷史後也仍未毀壞。

馬公觀音亭為兩進雙護龍帶天井、拜亭的格局，現況規模為面寬約 32.7 公尺，

縱深 26.6 公尺，呈正方形的平面配置。觀音亭的臺基構造主要係以磚及卵石填築堆砌，內以夯土而成。其大木架構形式特徵是以立柱直承屋桁，柱間施通樑穿柱搭接，通樑上再置蜀柱或疊斗承接屋桁，桁間並施作束木等輔助構材而成。為一種穿斗式與抬樑式混和的構成類型。而其聯式屋脊與馬背的造型為山牆立面的重要特色，優美的天際線高低起伏有序，配合著鐘鼓樓的造型，形成極具趣味的立面效果（註三十七）。

其五十七，彰化永靖餘三館（1891）

餘三館是位在臺灣彰化縣永靖鄉的縣定古蹟（原為三級古蹟），公告於 1985 年 11 月 27 日。餘三館是祖籍廣東省潮州府饒平縣塘埔鄉大榕社的陳家之宅邸，為陳成鑑（有光）於光緒十年（1884 年）將陳家舊宅擴建而成。光緒十七年（1891年）落成後宅邸命名為餘三館，為紀念祖先創業艱辛，蔭澤後代「多福、多壽、多子」之意。餘三館為院門、正廳、護龍所組成的三合院，座西朝東。其院門寬三開間，中央正門兩旁有房舍與槍孔，可防禦外敵。院門牆壁為土埆牆，外鋪瓦片，基座則為鵝卵石。院門後為外埕與內埕，兩者之間有一矮牆隔著，而再裡面為正廳「創垂堂」，前面設有一座四柱式的軒亭。「創垂堂」是餘三館的自立堂號，指後代子孫能承繼祖先福澤並予以發揚光大之意，裡頭共有陳家歷代先祖，並放置有「成均進士」與「恩授貢元」，而在後方立有木造屏風，可遮陽防雨。

其五十八，臺中臺灣府考棚（1891 年）。

臺灣府儒考棚，其現址在臺中市西區民生路三十九巷內，原為清光緒十七年(1891)新省會臺灣府城小北門街內，建築物分監考試務與考場兩部分，監考試務建築部分為閣樓式建築，考場部分為數棟前開放後實牆之五開間長條型建築，俗稱考棚，為今日臺灣僅存的考棚建物。日據初期曾作為臨時警察官署，大正七年(1918)年因臺中州廳廳舍(今日臺中市政府)的擴建工程而拆遷，監考試務建築部分移至臺中自來水廠水源養護地作為庭園景觀建築，保存至 1960 年代因年久失修而遭拆除。考棚部分移現址作為警察俱樂部而得以保留。考棚建築主體為五開間，均為福州木構架工法之官署格局作法，正間抬梁，左右次間穿斗，前後有軒，圓形柱珠，設色以黑漆為主，二側有附屬房舍，並殘留有日治時期遷建後之加設隔板構造痕跡。本建築為臺中市目前僅存之晚清時期建築遺構，亦為臺灣現存少有之晚清時期官署建築，尺度、工法及用材均極為罕見，極具保存及建築研究價值（註三十八）。

其五十九，霧峰林家花園（1893 年）

霧峰林家花園即萊園，以萊園十景著稱；晚清時期與臺南吳園、新竹北郭園及板橋林家花園合稱臺灣四大名園。1893 年（清光緒 19 年），林文欽鄉試中舉後，築萊園於霧峰之麓，奉觴演劇侍其母羅太夫人以游，命名出典自老萊子綵衣娛親，現為明臺高中校園。霧峰林家花園及霧峰林家祖厝經 2000 年至 2010 年間的

文建會出資大力維修，已煥然一新，唯兩處目前林家家族仍有使用權，所以僅能限制時段部分開放供遊客參觀欣賞。

霧峰林家花園的庭園格局與板橋林家花園格局並不相同，卻更具江南庭園之因地制宜的美感，而霧峰林家花園（萊園）的興建工匠雖尚難考證，但以興建年代在1893年與霧峰林家大花廳建築群的興建年代幾乎重疊來看，應該是同一批匠師所為。除萊園入口興建為巴絡克式風格建築外，園內其他建築物盡為傳統庭園建築式樣（即小式建築的靈巧），與其說蘇州園林建築式樣或泉州園林建築式樣乃至福州園林建築式樣，不如說就是在地的臺灣園林建築式樣來得更貼切。

其六十，鹿港丁家大宅（街屋）（約始建於 1830 丁家於 1893 年購入並整修，1934 年鹿港市區改正時遭拆除約一進深度，另建仿洋式牌樓街屋立面）

清道光 5 年（1825）鹿港丁協源十八世先祖丁樸實，攜四子克家，自泉州陳埭鄉江頭村渡海來臺，初期經營雜貨業，後來發展為船頭行，與大陸通商，從事貨物買賣，並於鹿港創立「協源號」商行。清同治、光緒年間，丁克家事業有成後，非常重視子弟的教育，清光緒 6 年（1880）其六子丁壽泉進士及第。由於丁家家族人口眾多，遂於 1893 年購入五福街店屋三座加以整修，做為三房、五房和六房的房舍，稱為「新協源」，即今「進士第」，而舊宅則稱為「舊協源」。現今丁家大宅除臨街面部分為1934年改建者外，其後建築物均可視為1893年整建，1830年始建之規模與古蹟。

其六十一，臺南西華堂（1750 年始建，1894 年整修）

西華堂創建於清乾隆十五年（1750 年），位於臺灣臺南市北區，於民國七十四年（1985 年）經核定為三級古蹟，屬齋教之金幢派中翁永峰支派下之齋堂，也是該支派唯一的齋堂，主祀三寶佛。

西華堂的空間格局為二進三廂的傳統合院建築，由凹壽形的堂門、正殿與兩側的廂房所組成，堂前還有前埕與花園。其方位坐東朝西，據說是朝著位在福州的祖堂。其正殿俗稱「三官廳」，是由於過去這裡是供奉三官大帝之處，但受到後來佛教化的影響，而改為供奉三寶佛。

其六十二，高雄美濃東城門（1827 年始建，毀於 1895 年，1957 年依原貌重建）。

高雄美濃東城門為彌濃庄四座柵門之一，原樓高約十公尺，閣樓供奉文昌帝君，左有太白星君神座，右有關聖帝君。道光年間（1829 年），黃鑲雲中進士，據傳樓上的「大啟文明」四字為他所題。光緒二十一年（1895 年），日人入侵，東門樓毀於炮火。1937 年中日戰爭時，日人將其重建為監視哨，並在上面掛有一個大鐘。1957 年，美濃居民仿清朝時期之形式重建，恢復原有的晚清建築面貌。

圖 6-12：鳳山孔子廟崇聖祠

圖 6-13：澎湖二坎聚落

圖 6-14：西螺振文書院

圖 6-15：草屯登瀛書院

圖 6-16：苗栗西湖彭城堂

圖 6-17：鹿陶洋江家古厝群

圖 6-18：大里老街一

圖 6-19：大里老街二

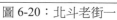

圖 6-20：北斗老街一

圖 6-21：北斗老街二

圖 6-22：內埔劉宅街屋第四進

圖 6-23：內埔劉宅街屋等角透視

圖 6-24：青寮街屋一

圖 6-25：青寮街屋二

圖 6-26：板橋林家三落大厝

圖 6-27：新屋范姜古厝

圖 6-28：竹山連興宮

圖 6-29：和美道東書院

圖 6-30：淡水鄞山寺

圖 6-31：霧峰林家

圖 6-32：霧峰林家維修過程一

圖 6-33：霧峰林家維修過程二

圖 6-34：萬巒五溝水劉氏宗祠

圖 6-35：大溪李騰芳古厝

圖 6-36：新竹新埔潘宅

圖 6-37：彰化花壇中庄李宅

圖 6-38：彰化花壇中庄李宅的鑿花

圖 6-39：新埔劉家祠堂

圖 6-40：新埔劉家祠堂屋脊的馬背山牆夾燕尾

圖 6-41：南投藍田書院

圖 6-42：臺北學海書院及高氏宗祠

圖 6-43：臺南英商德記洋行

圖 6-44：新埔上枋劉氏古厝

圖 6-45：萬金聖母殿

圖 6-46：臺南觀音亭

圖 6-47：臺南興濟宮

圖 6-48：臺中文昌廟

圖 6-49：新竹北埔慈天宮

圖 6-50：鹿港天后宮

圖 6-51：屏東佳冬蕭宅

圖 6-52：臺南延平郡王祠

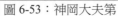
圖 6-53：神岡大夫第

圖 6-54：恆春古城

圖 6-55：億載金城

圖 6-56：臺北義芳居

| 圖 6-57：板橋林家花園，1875 題匾 | 圖 6-58：鹿港文昌祠 |

| 圖 6-59：竹北采田福地 | 圖 6-60：潭子摘星山莊 |

| 圖 6-61：高雄英打狗領事館 | 圖 6-62：員林興賢書院 |

圖 6-63：宜蘭孔廟

圖 6-64：臺中龍井林宅現狀

圖 6-65：臺中龍井林宅未頹敗前

圖 6-66：臺北城北門承恩門

圖 6-67：淡水牛津洋學堂

圖 6-68：基隆獅球頭砲臺

圖 6-69：澎湖西臺古堡

圖 6-70：大肚磺溪書院

圖 6-71：晚清布政使衙門

圖 6-72：布政使衙門遷建後

圖 6-73：大龍峒保安宮

圖 6-74：獅球嶺鐵路隧道

圖 6-75：臺北大天后宮

圖 6-76：臺北大天后宮復原等角透視

圖 6-77：媽宮城順承門

圖 6-78：澎湖觀音亭

圖 6-79：永靖餘三館（1891）　圖 6-80：臺中臺灣府考棚（1891 年）

圖 6-81：霧峰林家萊園（1893 年）　圖 6-82：鹿港丁家大宅

圖 6-83：臺南西華堂　圖 6-84：高雄美濃東城門

我們依官方建築、民間廟宇、民居街屋、洋人通商建築等四類以現存建築物較準確的式樣年代序，整理出晚清時期 1850 年—1867 年開洋通商前臺灣建築表，及 1867—1895 年開洋通商後臺灣建築年表，如下。

表 6-1：1850 年至 1867 年之臺灣建築列表

官方建築	民間廟宇	民居街屋	洋人通商建築
鳳山孔子廟崇聖祠（1686 年）判定為晚清風格。	西螺振文書院（1813 年），晚清風格。 草屯登瀛書院（始建於 1847 年），屢修，晚清風格。	澎湖二崁古聚落群，晚清風格。 苗栗西湖彭城堂（1760 年），屢修，晚清風格。 臺南鹿陶洋江家古厝（始建 1721 年），晚清風格。 北斗街屋，晚清。 大里街屋，晚清。 內埔街屋，晚清。 青寮街屋，晚清。	
南投蘭田書院（1864 遷建現址）。 臺北學海書院及高氏宗祠（1849 始建 1864 重修）	竹山連興宮（始建 1742 年，1856 年大修並擴建）。 和美道東書院（1857 年）。 淡水鄞山寺（1822 年建 1858 年修）。	板橋林家三落大厝（1851--）。 新屋范姜祖厝（1854 年--）。 霧峰林家，1858-1890 年。 萬巒五溝水劉氏宗祠（1863 年）。 大溪李騰芳古厝（1860--1864）。 新竹新埔潘宅（1861 年）。 花壇中庄李宅（1862 年）。 新竹新埔劉家祠堂（1864 年） 筱雲山莊（1866 年）	

表 6-2：1867 年至 1895 年臺灣建築列表

官方建築	民間廟宇	民居街屋	洋人通商建築
	臺南市大觀音亭興濟宮（1678 始建，1871 整修）。臺中文昌廟（1871 年）。新竹北埔慈天宮（1853 年建於現址，1874 年改建）	新埔上枋寮劉宅（改建 1868 年） 屏東佳冬蕭宅，1860 至 1875 年。 神岡大夫第（1875 年）。	臺南英商德記洋行（1867 年）。萬金天主堂，1869 年至 1870 年）。
臺南延平郡王祠（1875 年）。恆春古城（1875 年）。億載金城，1874 年至 1876 年。	鹿港天后宮（1647 始建，1875 年大修完成）。		
	鹿港文昌祠（1811 年始建 1878 年大修）。	臺北義芳居（1876 年）。 板橋林家花園，1875 年至 1878 年。	
臺北城北門承恩門（1882 年）。基隆獅球頭砲臺（1884 年）。澎湖西臺古堡（1885 年）。布政使衙門（1887 年興建，1930 年拆建於植物園內）獅球嶺鐵路隧道（1888 年）。澎湖媽宮城順承門（1889 年）臺中臺灣府考棚（1891 年）。	竹北采田福地（始建 1760 年，1878 年重建）。員林興賢書院（1807 始建 1881 大修建）。大甲磺溪書院（1887 年）。臺北大龍峒保安宮（1805 年建維持 1888 年風格）。臺北大天后宮（1888 年）。澎湖觀音亭（始建 1694，1891 重建）臺南西華堂（1750 年建，1894 年修）	潭子摘星山莊（1876--1879 年）臺中龍井林宅（1876--1880） 彰化永靖餘三館（1891）。霧峰林家花園（1893 年）。鹿港丁家大宅（街屋），1893 年整修。高雄美濃東城門（1827 年始建，毀於 1895 年 1957 年依原貌重建）。	高雄英打狗領事館（1879 年）。 淡水牛津洋學堂（1882 年）。

晚清時期臺灣建築美學的描述上，我們先分析建築工匠技藝與風格，再論審美取向。而就前述六十三個絕大部分均已經過古蹟維修保存下來的實物案例，我們可以提出以下的諸多看法。

6-2-1，臺灣晚清時期建築風格的判斷
其一，臺灣建築風格崛起

就 1850 年至 1895 年的社經脈絡而言，一方面臺灣早已從拓荒墾地進入全中國農業生產力最高的地區。另一方面臺灣仍然還是福建省「對外」移民的首選，這表示此時的臺灣相對於福建而言是個遍地黃金的樂土，而不是窮山惡水的荒地。第三方面，1683 年康熙派施琅收復臺灣從來也都沒有「棄臺論」的念頭，臺灣從 1683 年到 1850 年經過近兩百年的蓄意經營，一般生計上除了大戶人家累世的財富外，平均財富早就超越了福建。所以此刻的「原鄉」概念自然不同於顏鄭時期的「原鄉」概念。

前述六十三個案例裡，明確可考的原鄉匠師與原鄉風格者，就只有沈葆楨奏請清廷所建的官式廟宇：鄭成功延平郡王祠而已。延平郡王祠也不是聘請泉州匠師蓋出泉州建築式樣，而是聘請福州匠師蓋出福州式樣。可見得此刻的「原鄉」概念既是省會（福州）的概念又是撥款出處（業主、沈葆楨、權力來源處）概念，而不是鄭成功祖籍的概念。

我們不能想當然爾的認為，泉州移民的後代蓋大房就會回原鄉泉州找泉州匠師來蓋泉州風格的廟宇或住宅，漳州移民的後代蓋的房子就是漳州風格，更不能將所有的客家人都當作廣東人，客家移民的後代蓋屋建廟就一定是「粵式風格」。在前述的案例中板橋林家與霧峰林家都是漳州移民的後代，但是不論板橋林家或霧峰林家崛起後在福建的產業根據地多半也不是漳州，而是泉州或廈門，而板橋林家或霧峰林家的建築過程裡，也無特意聘請漳州匠師興建的紀錄，勉強的說參與庭園建築提供意見可能的文人墨客裡有漳州詔安的謝琯樵、葉化成，但是卻無法應證板橋林家花園的建築有什麼「漳州風格」可言。

在臺灣的漢人移民裡絕大多數來自操閩語系地區（潮汕語是屬於閩語系而不是粵語系），但卻沒有完全集中於泉州、漳州、興化、福州或潮汕等單一腔調地區的狀況，更何況移民臺灣後，閩語系各腔移民或有群聚集居現象，更有互相通婚的現象，建築風格就像語言的同系不同腔之間自然也會有混合或綜合的現象，而不會只保持原鄉的原腔。

所以，筆者認為在 1850 年至 1895 年的臺灣興盛繁榮時代，所興建的建築物就是臺灣風格，而不會是泉州風格、漳州風格或粵式風格。

其二，臺灣建築風格的成分

臺灣在顏思齊鄭芝龍開墾魍港時期就有興化店的庄名，可見得漢人移民臺灣初期就不是只有泉州移民，更不用說荷蘭殖民臺灣時期招來漢人開墾也無限定泉州移民的條件，鄭明時期的漢人移民更是多樣，招來、拉夫、規定官兵攜眷渡臺當然也不會只限泉州人。

臺灣泉州移民居多最主要的因素可能在於施琅封侯之後上奏朝廷的一段意見：「二十三年春，文武皆就任，乃大計稅母。有田七千五百三十四甲，園一萬零九百十九甲，戶一萬二千七百二十七，人口一萬六千八百二十人。琅奏請減賦，下旨再議。……至是許開海禁，設海防同知於鹿耳門，准通商；赴臺者不許攜眷。琅以惠、潮之民多通海，特禁往來。是年建臺灣、鳳山兩儒學」（註三十九）。而康熙二十三年之後施琅也沒什麼機會以臺灣治理議題上奏朝廷，因為鐵打的衙門流水的官，施琅已經封侯了，除非情況特殊，否怎就是無官可當、無公事可管，所以「琅以惠、潮之民多通海，特禁往來」，能禁多久大概只有福建巡撫說了算，而不是施琅說了算。但是施琅在臺灣因封侯而有田產並置家業於新興的鹿港，自然會招來泉州同鄉移民鹿港，所以鹿港至此逐漸崛起，而鹿港至今也還有個泉州巷，這些現象都說明了臺灣泉州移民居多與施琅置家業於鹿港有關。

臺灣的移民來源地從康熙二十三年之後就是皇帝說了算而福建巡撫批了算。而清廷的設籍制度也使得「省內移民設籍」較「省間移民設籍」來得容易，這才是廣東籍客家移民較晚較少的主因（註四十）。清廷的設籍制度又與科舉制度連成一氣，乃至於清初為了廷議的順暢而在各省省會率先設立「正音書院」，這些長期的制度因素才造成「原鄉」概念的移動。總而言之，到了 1850 年至 1895 年，臺灣漢人的原鄉早已是「祖籍地」與「省會福州」的混合體，祖籍地可解鄉愁也只限於第一、二代移民，但省會福州可解科舉前程的期盼卻不限於移民的第幾代。更不用說移民的任何一代最後都是設籍臺灣，所以原鄉的概念也就成為「祖籍地」、「設籍地」、「省會」三者的混合體了。我們只有在較精確地理解這種「原鄉」概念後，才能較清晰的找出這個時期臺灣建築風格的成分。臺灣文化當然不是泉州文化或閩南文化的延伸或翻版，特別是當臺灣比泉州，比閩南更有錢的時候。

臺灣建築風格具有福建建築共統風格者為廟宇主殿採用歇山頂而少用廡殿四披頂。臺灣建築風格有異於泉州建築或閩南建築者最重要得兩個主成分，分別是民居平面上的往橫發展與廟宇建築三川殿的斷簷升箭式屋頂。而這兩個建築風格特點主要都先出現於閩西客家地區而不是閩南或泉州。

第一個風格上有異於閩南建築者也稱為「護龍發展」而不是「進深發展」,筆者認為這主要是客家文化在閩西的建築經驗的再發揚與臺灣墾拓時期環境地形因素所共同造成。在閩南民居建築裡雖然也有「護龍發展」這個特徵,但不像臺灣民居建築上這麼全面,這麼徹底。

民居護龍發展(橫向發展)與民間的風水概念有極密切的關係,而閩西客家文化在民間風水概念的接受選擇上也確實與福建其他地區略有不同。說來話長,我們長話短說,中國南方的風水知識的發展最先主形成於五代十國時期的江西派(形法派、巒頭派或稱喝形派),到宋明之際又形成福建派(向法派)。「清朝福建建築的外風水是混合了堪輿說、風水說、文人祈福說的綜合體,並非現今江湖術士所傳的某派某師理論所能單一解釋。清朝福建建築的內風水,原為極其簡易的魯班真尺壓寸法(寸白)與一般仙家道教符咒鎮煞物的藝術化,道光咸豐之後才有較複雜的壓尺法(尺白),至於總長、總寬、總高之外分段的尺寸也壓尺壓寸的話,則是匠師故作神秘與呼弄業主的說詞,更是晚清之後,甚至民國之後才可能有此一說」(註四十一)。閩西客家文化裡的風水概念其實只接受了風水術裡的江西派,並予以更為人文化與環境化而已,而這種風水概念實則成為臺灣民居最主要的規劃原則,也是臺灣民居護龍發展的決定因素之一。另一個臺灣民居護龍發展的決定因素則是開墾時期的散村與單姓村發展形態,在臨水又有靠山的坡地地形裡,聚氣的明堂決定後只有往橫與往前的後續發展,而不能往靠山發展,往前發展往往又會遮住明堂的視線,所以隨著等高線的橫向發展越發顯示子孫後代護衛祖先明堂的敬祖氣勢,自然也就成為民居自然發展必然的趨勢了。

在實際的案例裡,除了板橋林家、霧峰林家與佳冬蕭宅這種一次建完超大型民居可能採取三進五進的縱深式院落發展,大溪李騰芳古厝為往前發展而形成兩套三合院(小三合院套在大三合院之內,明堂則為在大三合院的堂屋,護龍則可隨大三合院的往前延伸而擴建)外,絕大部分的民居多為先橫的發展後往前發展。

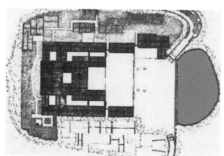

圖 6-85:大溪李騰芳風水配置圖

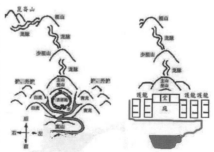

圖 6-86:民居的擬廂房為護龍風水圖

第二個風格上有異於閩南建築者，由於這個特點稍後也出現於閩南地區，乃至斷簷升箭式屋頂的進一步發展：「燕尾拱歇山頂」（或稱假四垂）也曾出現於閩南地區，所以，在建築史的研究上往往視其為閩南建築風格特徵而予以忽略。但事實上這種「燕尾拱歇山頂」也是最早出現於閩西客家地區，傳至閩南卻並不流行，傳到臺灣則極為流行，甚至是 1930 年代之後廟宇山川殿必備的屋頂形式，所以當然是臺灣建築風格有異於閩南建築風格的特點之一。

其三，臺灣建築構造類型的多樣

描述 1850 年至 1895 年的臺灣建築不能不看到準殖民建築隨著第二次鴉片戰爭天津條約（1856 年）的簽訂，淡水、雞籠、安平、打狗四個港口對列強開放通商的影響，雖然到了 1867 年英國才在臺南興建英商德記洋行，但連同「接收」早已存在的淡水紅毛城，四個港口之外的「準殖民建築」還要等到 1870 年萬金教堂築起「西班牙碉堡意象」，所謂洋建築的意象才逐漸再度拓入臺灣群眾的眼簾，這些其實只說明晚清時期的「西洋事物」除了通商之外，大部分還是與臺灣的民情風俗格格不入，而非大受歡迎。

另一方面，1850 年至 1895 年臺灣建築所面臨的「巨變」，更直接的因素雖不在於所謂「洋建築」，但確實也因為開放對洋通商而加速了臺灣社會的劇烈變遷，所以原先官式建築、廟宇、民居這三種建築類型的分類，則顯然不夠建築史用分類及構造分類的辨識了。第三方面，如果再加上建材變化、建築裝飾工程新起項目、新政防禦工程等因素，所以在所採錄的六十三個案例裡，雖然粗分為：官方建築、民間廟宇、民居街屋、洋人通商建築四大類，但官方建築（由官方出資興建的建築）之下又有城門、衙門、砲臺、官設書院、紀念祠堂（官祠，官方廟宇）、鐵路等不同類型；民間廟宇之下又有道教宮廟、佛教寺院、民間書院、齋教廟宇、公廨（竹北采田福地）等；民居街屋之下不但可分為民居與街屋兩類，民居小類與街屋小類之下還可以有更多的細分類；洋人通商建築之下又有教堂、洋行、學校等細分類。

如果我們只就街屋這一小類依構造來看也有頗多構造類型，諸如：鹿港丁家街屋在 1830 年至 1934 年間街屋部分即為磚造三進無院落攔檁連屋（參圖 6-87），第一進為一樓，第二、三進為樓房，二進向一進部分有陽臺，二三進頂部都有「玻璃」採光孔，二進還設有一二樓間的室內天井與欄杆，所以街屋部分的通風採光也十分良好。鹿港丁家街屋在 1934 年之後因日據時期推動「街屋改正」而將第一進與第二進的一小部分拆除改建為日式（或稱南洋式）排樓面街屋，第二進與第三進則少有更動（參圖 6-88）。大里老街的兩個案例（參圖 6-18、圖 6-19），則很明顯的是兩披縱深頗深的木造建築前接一軒的構造形式，這種軒的作法卻在中央頂一中脊木（童柱），所以看起來像有屋脊的亭子一般，而稱街屋為「亭仔腳」主因也是這種構造應是晚清時期街屋的主流類型所致。北斗老街的兩個案例

（參圖 6-20、圖 6-21）也是如此，均為縱深頗深的木造建築前接一軒的構造形式。內埔劉宅街屋的案例（參圖 6-22、圖 6-23），雖然僅存第四進與第五進，但是在晚清至日據初期第三進與第四進之間已然具有道路，所以第四進與第五進也可視為單獨的街屋，其構造形式則為第一進尺二磚擱檁造，中央凹進（凹壽）作一中式排樓面與入口大門，旁開兩個書卷窗，第二進則為兩層樓附前陽臺的尺二磚擱檁造，中間夾一頗大的院落。青寮街屋案例一（參圖 6-24）則分別為縱深頗深的一樓式與二樓式穿闉式木構造，臨街約三米進深部分留為簷下通廊，青寮街屋案例二（參圖 6-25）則為日據大正時期或更早期的磚木混合構造，臨街約三米留下騎樓為通廊，側面則為雨林版，這在日本近代建築式樣史上稱為「墾拓仿洋風」，但大正時期過後因臺灣白蟻對木料的危害，這種雨林版式的磚木混合構造就逐漸受到淘汰，而改成加強磚造。

如果我們將日據時期改建的街屋剔除在外，那麼晚清時期街屋的構造類型就有擱檁造兩披水連三進前一樓後二樓類型（鹿港丁宅 1830 年至 1934 年）、擱檁造兩披水兩進前一樓後二樓夾一院落類型（內埔劉宅）、穿闉式一大進臨街置廊下通道類型（青寮街屋案例一）、穿闉式一大進前加有脊軒為通道類型（大里街屋兩案例及北斗街屋兩案例）等四種細類型。

圖 6-87：鹿港丁宅街屋剖面圖一，1830 年至 1934 年

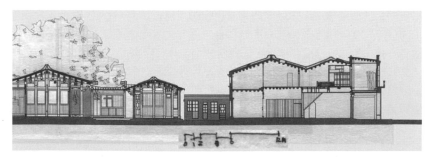

圖 6-88：鹿港丁宅街屋剖面圖二，1934 年迄今

6-2-2，臺灣晚清時期建築審美取向
其一，對歇山頂造形的喜好幾乎形成特有的審美傾向
晚清時期的臺灣建築顯然因為財富因素而使得建築物越來越精緻，而臺灣建築的美感取向又是什麼發展呢？筆者認為就是前期「以美為貴」審美取向的精緻化與具體化。

具體化的第一項就是廟宇建築的主殿仍採歇山殿或歇山頂而不是採廡殿或廡殿頂。而歇山頂的造形也還保留大片山牆面只有短出挑頂出歇山頂的曲線造形，特別是在城門樓屋頂的造形上更見如此。

具體化的第二項則是廟宇建築的山川門緊接戲臺的出現越來越多，而主殿前接軒式拜亭也越來越多，這些都大幅改變了廟宇建築景觀的複雜性與趣味性。這種狀況除了官式建築以外，可以說是普遍現象，甚至較富裕的民居、家廟乃至民間興建的書院也是如此。

精緻化的第一項則是廟宇山川殿出現斷簷升箭屋頂造形，斷簷升箭的屋脊線顯然也比原先三川殿只在屋架之上加壓脊飾來得更多視覺趣味。而山川殿的斷簷升箭屋頂造形雖然並不全面普及，但也為下一階段（1895—1945）山川殿的燕尾夾歇山（或稱假四垂）頂的出現，鋪平了道路。審美經驗含有意識形態成分，所以，審美取向是逐日漸進而不是一促即成。

精緻化的第二項則是屋脊曲線的強化，乃至屋脊裝飾工藝的日漸增多與日漸精緻，這不只在廟宇建築上是如此，霧峰林家的大花廳戲臺建築更是如此。

其二，福州建築審美品味的再養成
臺灣建築的審美品味與當時省會福州建築的審美品味間到底有什麼聯繫？在既有的臺灣建築史論述裡，這種聯繫不是未被察覺，就是予以忽略，而致有臺灣建築就是閩南建築與廣東建築這兩大類型的說法。筆者認為事實並非如此，只是在長久的古蹟保存上，「閩南優先主義」與「中日同文同種謬論」為福州建築在臺灣的感染力起了「破壞」的作用，而致經過意識形態的刻意「清洗」，建築史論述產生了偏差的與事實不符的歷史記憶而已。在本章所檢視的六十三個案例裡，很明確的沈葆楨奏請所建官祀：延平郡王祠、臺中府儒考棚、霧峰林家大花廳，甚至於這個時期所建的城門樓，都是明確的福州建築式樣。

我們就先以霧峰林家大花廳的戲臺建築、臺中府儒考棚兩個建築案例仔細品味一下這種福州建築的趣味。

圖 6-89：霧峰林家大花廳戲臺建築

圖 6-90：福州鄭宅水榭戲臺，重修於道光年間

圖 6-91：臺中府儒考棚

圖 6-92：移居於臺中水源地的臺中府儒考棚監考棟，毀於 1960 年代

在霧峰林家大花廳的戲臺建築案例及臺中府儒考棚建築案例上，我們先進行風格辨識再分析其審美趣味。

圖 6-89 為近年才剛維修好的霧峰林家花廳戲臺，圖 6-90 也是近年才剛維修好的福州三坊七巷鄭宅水榭戲臺。這兩個戲臺的匠藝風格除了磚瓦前者為紅瓦，後者為黑瓦以外，幾乎完全相同，特別是屋角反宇（向上昂起）端處還加了止水滴水裝飾，這種止水滴水裝飾似乎只出現於閩北建築與閩東建築工匠作品裡，而很少出現於閩南建築工匠作品中，另外戲臺的正脊基本上是平直的而不是起翹曲線，這也與晚清時期的閩南建築有很大的不同。所以，在建築風格辨認上確實是清朝福州建築風格。

圖 6-91 為臺中府儒考棚未遷移的部分（同參圖 6-80），顯示兩進連屋間的內軒特殊工法，以彎曲的薄木板及如肋條般的固定架做出半圓拱的效果，這種彎曲的薄木板來替代「瓦燒望版」的作法也見諸於霧峰林家建築的迴廊部分，這些都是清朝福州建築的特殊工法。圖 6-92 為臺中府儒考棚遷移至臺中水廠水源地內的湧泉閣，其筆直的屋脊與屋簷到兩端才急速卷曲，這些都可辨識為清朝福州建築風格而無誤。不過同時期在臺灣的福州建築與在福州的福州建築也還是有所差別，我們看三坊七巷鄭宅水榭戲臺的屋脊是典型的馬背山牆夾短小精幹的燕尾，這種

屋脊作法更像是軒榭亭臺的庭園建築手法,在臺中府儒考棚及霧峰林家花廳戲臺的例子裡卻是完全身展開的燕尾。雖然這種馬背山牆夾燕尾的屋脊例子也出現在新埔劉家祠堂(參圖 6-40)的案例上,但是新埔劉家祠堂的燕尾也較誇大而不含蓄,不像福州鄭宅水榭戲臺屋頂的燕尾頗為含蓄。

可見得除了沈葆楨奏請興建的延平郡王祠以外,福州建築工匠技藝乃至福州建築審美品味在臺灣的再現,都是經過「在地化的過水」,如此一來也更能發揮特定建築審美品味的感染力與影響力。總結的說這種建築審美品味建立在木構件穿鬥的準確性、木構件鑿花的精緻性、直線與曲線結合的順暢性,乃至複雜造形的輕巧感上。這種建築審美品味是否在盛清時期的臺灣建築裡就已經出現,由於沒有實物例證,我們難以論證,但是在晚清時期的重要臺灣建築裡,確實看到了這種「福州建築審美品味的再養成」現象。

其三,民俗宗教主導的審美品味

臺灣在晚清時期的民俗宗教既非道教也非佛教,而是巫、儒、道、佛水乳交融情境下的官方祀典與季節祭禮結合而成的宗教氛圍。盛清時期找不到所謂的「純粹佛教」與「純粹道教」,因為清廷滿族在入關前後接受了藏傳佛教,乃至制度上將宗教事務均委以僧人,施琅克臺設府歸福建省後,臺灣的宗教經營基本上全委於僧人之手。換句話說,不管是新設的官祀或是已有的宮觀寺廟,常駐的管理人就是佛教僧人,而且早期主要都是福建禪宗(福清黃檗宗)的僧人,原因在於這些僧人不但識字,甚至不少僧人善於文墨,而黃檗山又在福州近郊,從宋朝以後就名僧倍出。

由於僧人進駐所有宗教機構,所以官祀也好,道觀也好,巫教的重要宮廟也好在其旁往往就有僧房,久而久之佛教的信仰儀式與崇祀菩薩也就在宮觀裡一起祭祀。我們在進一步瞭解臺灣的寺廟財產帳冊後,甚至於還發現僧人也是臺灣開墾過程中極其重要的「準大租戶或墾拓的領導人」,諸如:竹山連興宮(媽祖廟)盛清至晚清時期的帳冊系統裡面,不但所有的館理人都是「住持(僧人)」,連興宮在倡建的時候,就連官方所劃設的廟產裡的「佃戶」也有不少是僧人(註四十二)。所以,清朝的臺灣宗教情境可以說巫中有佛、道中有佛,巫、儒、道、佛的水乳交融也就不言而喻。明清之際崛起的齋教系統,乃至「清初,臺灣漸次傳入一種含有濃厚佛教色彩的新興宗教,通稱『齋教』,於日本據臺後,反而成為臺灣佛教之主流」(註四十三)。都說明了盛清時期臺灣的民俗宗教既非道教也非佛教,而是巫、儒、道、佛水乳交融情境下的宗教氛圍。

在實際案例上,始建於 1750 年重建於 1894 年的臺南西華堂就是典型的齋教廟宇,但這種巫、儒、道、佛水乳交融的民俗宗教情境所孕育出來的審美品味卻不見得是齋教廟宇所能詮釋,反而是一種無形的天子教與天道思想,才足以往上詮

釋民俗宗教爾後所遇到的競爭態勢，往下解析審美取向與藝術作品（註四十四）。或是說 1895 年之後臺灣民俗宗教與現代化意識形態的格格不入，日據時期或臺灣光復後 1977 年之前以「封建迷信」的標籤貼在臺灣民俗宗教的臉上。以及五口通商後直至 1895 年，臺灣的洋行建築、教堂建築、洋教育建築往往都只是極少數的孤例，而無法蔚為風潮，其原因是不言而喻的，中國道統與西化意識形態（或日本化）是互視為異端的度過了 1895 年至 1977 年的近八十年無情歲月。

6-3，晚清時期臺灣工藝

晚清時期的臺灣雖然比福建、廣東富裕，但政經關係、社會位階脈絡卻也還是傳統這一套士農工商，雖然匠藝也逐漸不輸於「原鄉」，但是許多大戶人家與廟宇在興建後也總以聘請唐山師傅來博得「作品」精美的讚嘆，但是後人問及到底是唐山哪裡的匠師！是哪一位匠師！通常卻是沒有答案。甚至至今我們在廟裡看到許多建築裝飾作品仍然是只列捐獻者（佛教裡所謂的供養人，或一般概念裡出錢的業主）的名字，而不列工匠的名字。當然就更不用說晚清時期還是個工匠不留名的年代。不但工匠不留名，工藝類科也不留名，乃至於其當今的名稱也就在日據時期由殖民政權裡的御用文人以日本人的角度定名而「留頌於今」，並成為當今研究臺灣工藝淵源的重要線索。

我們如果從雙重文脈的解讀方法來檢視這種過度依賴「日本人說了算」的藝術史研究，其實是有些啼笑皆非的莫可奈何。本研究先已精簡的篇幅分析論述：「嘉義交趾燒工藝與葉王現象」其實是一種典型的「以訛傳訛」的藝術史研究，其較精確的稱呼以「嘉義尪仔陶工藝與葉麟趾現象」較為恰當。

有史以來臺灣陶藝第一人葉王，乃至於交趾燒工藝這樣的稱呼出自於所謂的日本漢學家尾崎真秀，而交趾陶成就於嘉義葉王的說法則出自於光復初期嘉義女詩人張李德和，然而我們就審美品味及作品風格來論，葉麟趾（葉王）的陶藝成就不但與越南毫無關係，也與廣東石灣公仔陶的發展毫無關係，最少時序上嘉義尪仔陶是早於石灣公仔陶。

「檢視相關葉王研究的文獻志書是相當缺乏，再從現存的史料加以比對，始為葉王立傳的為昭何十年（1935）日籍教員川上喜一郎氏，光復後有嘉義女史張李德和（1893-1972）因『不忍名藝失傳』而『用心逐漸搜羅有關材料』，採集故里鄉人的口述、探訪葉王遺作印證，並依據川上的由印記錄為主體加以翻譯改寫，其間斷續約歷二十年，於 1953 年結集印行出版《嘉義交趾陶》一書，是為今日研究葉王的唯一『孤本』；幾乎後來者對葉王的生平經歷、個性、甚至家境的描述都援引此書輾轉傳抄」（註四十五）。總之，一個日本漢學家的有意誤稱，一位

日籍教員的日文立傳，再加上一位嘉義女史的翻譯改寫，與一再的「援引此書輾轉傳抄」，就造就了「錯誤的藝術源流考察」至今「執迷不悟」。

圖 6-93：王李德和著『嘉義交趾陶』一書書影

圖 6-94：王李德和著『嘉義交趾陶』著錄葉王作品一

圖 6-95：王李德和著『嘉義交趾陶』著錄葉王作品二

圖 6-96：葉麟趾的建築裝飾作品「憨番扛厝角」

（現台南博物館）　古南兩廣會所會館

Y50. THE RIOKO-HALL (THE TAINAN MUSEUM PRESENT

圖 6-97：臺南兩廣會館

圖 6-98：廣州陳氏家廟

這種強調科學主義的「執迷不悟」到底是如何的與事實不符呢？

其一，葉王不是姓葉名王，葉王與其父都是臺灣匠師而不是廣東匠師。

「葉王本名麟趾，字王，號和雲，外號獅，時人以王獅相稱，後世尊稱為王師。原籍福建漳州府和平縣人。葉麟趾偶於作品上署名葉王。葉麟趾其父葉清嶽早年從福建漳州府和平縣移民定居嘉義打貓（民雄），以從事寺廟裝修的陶塑匠師為業，所製作的楊柳觀音、獅腳方形香爐均押『清嶽』的印記」（註四十六）。可見得葉麟趾姓葉名麟趾，作品裡偶留「葉王」或單字「王」為記，其父葉清嶽也是廟宇陶塑匠師，作品裡常留「清嶽」為記。另一方面葉清嶽從福建漳州移民嘉義後並無回移漳州的事實，所以可稱為漳州匠師或嘉義匠師，而葉麟趾生於嘉義活躍於嘉義及臺南，所以稱為嘉義匠師才符合實情，稱為「廣東匠師」就顯得無憑無據的「張飛大戰岳飛：離譜得很」。

其二，離譜居然可以編故事。

離譜的虛構事件主要源於所謂漢學家的命名及日籍教師的開始編故事。這種虛構事件的高峰在於終於編出：「道光中葉，廣東師父劉構思等數名建築師父，在臺興建兩廣會館。其中有交趾陶裝飾製作。是臺灣有史以來最早採用交趾陶藝術表現的創作。因緣際會劉構思巧遇葉王，見其與生俱來的天賦才能，而授以捏塑技巧與釉藥用法，葉王終於成為臺灣交趾陶藝第一名師」（註四十七）。

事實上，臺南兩廣會館（參圖6-97）位於臺灣府城龍王廟街，建於清朝光緒三年（1877年），1945年毀於二次大戰盟軍的轟炸而付之一炬。而葉麟趾生於道光六年（1826年），進入光緒年間後已是譽滿全臺的嘉義尪仔陶「大師」，真有「因緣際會劉構思巧遇葉王」，也是葉麟趾傳藝給劉構思，促成所謂廣東石灣公仔陶的進一步演變，而不是劉構思傳藝給葉麟趾。就連交趾陶藝術裡臺南兩廣會館的類比對照上常被提及的廣州陳氏家廟（參圖6-98），或證明交趾陶崛起的案例：廣州陳氏家廟，其實蓋得也比臺南兩廣會館來得晚，這作鼎鼎有名的廣州陳氏家廟興建於清光緒十六至二十年(1890-1894年)，比臺南兩廣會館整整晚了十七年。所以，就算真有「因緣際會劉構思巧遇葉王」，大概也只能說臺灣嘉義尪仔陶影響了廣州石灣公仔陶，而不能說廣州石灣公仔陶影響了臺灣嘉義尪仔陶吧。

離譜的事居然可以編故事，而且越編好像越真，筆者認為主要是三個因素造成。分別是臺灣藝術史研究上誤信日本學術研究就是科學的權威、臺灣藝術史研究上少了審美品味的分析與論述、臺灣藝術匠派上祖籍意識作祟。其中最嚴重的就是「誤信日本學術研究就是科學的權威」這一因素。

其三，日人命名的「故意離譜」與「時代蔑稱」

日本殖民官員也好，漢學家也好，總之尾崎真秀對葉麟趾的作品命名為「交趾燒」之後，我們的藝術史研究果真發揮「科學精神」追究到底，而提出：「所謂『交趾燒』，原出自日本人對此類低溫釉陶的紀錄，日本平凡社《世界百科大辭典》記述交趾窯陶器主要產在中國南方的廣東、福建、浙江的宜興、蜀山、鼎山等地，於明清之際，即日本的桃山時代，外銷到日本，日人當時稱之謂『交趾三彩』。臺灣在日治時期，日人以這類彩釉低溫燒的陶器或陶塑源自中國嶺南，而稱之為『交趾燒』」（註四十八）。這意思是說在日本的桃山時代就有所謂「交趾三彩」的稱呼，所以日人稱嘉義尪仔陶為「交趾燒」是其來有自。另外，施翠峰教授的說法則為：「『交趾』這句話是來自日本話。日語講的『交趾』不是指漢代那個『交趾』，而是指中南半島那一帶。江戶時代末期，日本茶道流行………日本人就不瞭解這個香盒子是從什麼地方誕生的，只好說中南半島買到的，當時中南半島叫作『交趾支那』，於是就叫作『交趾燒』。……嘉義地區傳說葉王是跟隨來自廣東窯工匠學習燒陶的，所以旅居嘉義對此興趣的日本教師們（木村喜一郎、川上喜一郎、中松乙彥等人），竟將嘉義地區燒製的『尪仔』亦稱為『交趾燒』」（註四十九）。

兩者對交趾燒名稱的起源考究上，前者說源自日本桃山時期（1573--1615），後者說源自日本江戶末期（1868），前後差了近三百年。哪一個才比較接近歷史的真實？筆者認為後者說法比較真實。

日本平凡社《世界百科大辭典》的記述難道不夠真實，不夠權威嗎？日本的藝術史寫作難道不夠真實，不夠權威嗎？很抱歉，日本民族性裡剛好只講究權威而不講究真實，特別是明治維新之後的歷史寫作，就是擁抱權威而不斷的「捏造真實」來改寫歷史。

明治維新之後才有所謂的「漢學家（sinologue）」，這類的日本漢學家鼓動之下形成的學術權威只認同「Sini-」或「Sino-」這個「語幹」的無意義音譯「支那」來稱呼「中國」，而「交趾支那」的稱呼則不但晚於「印度支那」，更是晚清列強侵略中國事件裡的法國攻打兩廣之後的「新名詞」，也是當時明治政權掌權者對列強瓜分中國的潛意識反應，「交趾支那」只的就是法國勢力範圍所預先刮分的支那，而不是什麼「中國南方的廣東、福建、浙江的宜興、蜀山、鼎山等地」或「嶺南之地」。明治後期更是如此，在這些所謂的日本漢學家的心態裡早就嚴格的區分了廣東與福建，福建屬於預支的日本勢力範圍，廣東或廣西則屬於預支的法國勢力範圍，就像西藏屬於預支的印度勢力範圍，當英國女皇也兼任印度女王的年代。「支那」這兩個漢字的稱呼就是日本漢學家表面上科學的稱呼或與世界接軌的稱呼，而內心深處則為一種幸災樂禍且極其輕蔑的稱呼。

交趾支那就是預支的法國勢力範圍，簡稱為交趾就是指兩廣，一種劃分勢力範圍

概念下的嶺南之地，一種脫離支那後的想像代名詞，心知肚明而不可明說的輕蔑稱呼，這也是為什麼連日本平凡社《世界百科大辭典》這種「辭典」越解釋越模糊的奧妙之境，也是對當時乃至於現今所謂的日本漢學家而言的「奧妙之境」。

歷史文件的解讀當然不是「動機論」所能破解，但是對所謂脫亞論走到興亞論的日本學術界的參與者而言，對仍在鼓吹後殖民主義而力阻脫殖民主義滋長的「日本意識」詮釋者而言，事實真相當然不重要，而如何以學術姿態掩飾「無知的傲慢」或「傲慢的無知」才重要吧。如果我們仔細的閱讀伊東忠太的「中國建築史」，乃至於藤島亥治郎的「臺灣的建築」，前者看得到什麼學術姿態？看不到，因為他連掩飾都不需要，後者看得到什麼學術姿態嗎？稱中國南方廟宇建築為「天竺式」就是一種學術姿態，一種尷尬的命名，歷史寫作只是一種「命名」，這種命名在 1945 年之前就是向學術權威靠攏，而 1945 年之後這種「命名」變得很尷尬，不是嗎？命名往往只是權力的靠攏與展現，而不是真相的挖掘與發現，所以交趾燒這個蔑稱只適合權力線索的挖掘，而不是什麼學術探討或真相的挖掘與發現。離譜的稱呼這只是一種權力的展現，「認真不得」，在「堅信日本學術研究就是科學與權威」的文脈裡，更是從日本史學學術文脈裡「認不得真」也「認真不得」。

放在臺灣史學學術文脈裡，什麼又是認真呢？筆者認為稱為「嘉義尪仔陶」才是認「真」的第一步。而成就嘉義尪仔陶匠藝的匠師也不是起於葉麟趾一人而已，而是進入十九世紀之初就有許許多多無名的「葉麟趾們」。追究日本人為什麼要稱這種匠藝為「交趾燒」，或是自作聰明的改稱為「交趾陶」，乃至堅稱「交趾陶」才是該有的名稱及習慣的稱呼，其實都只是一種後殖民主義發酵的餘絮而已。我們也不必大聲疾呼什麼「脫殖民主義」，只是很謙卑的提出「還我面貌」的呼喚而已。就像藝術史研究上一直稱呼什麼廣東匠師葉王，臺灣交趾陶第一人葉王，對葉麟趾而言這種稱呼就是一種難以「還我面貌」的蔑稱，乃至是所謂臺灣藝術史學者們，極盡學術身段後對「嘉義尪仔陶」的二度污衊，不是嗎？

6-3-1，嘉義尪仔陶工藝與葉麟趾們

以嘉義尪仔陶稱呼這項工藝類科最主要的因素是「尪仔陶」製作的目的在於「成就建築裝飾工藝」，不在於直接以「尪仔陶」當作藝術品出售。而「尪仔陶」的後續發展上嘉義多次扮演了匠師養成重鎮的角色。

在本土尪仔陶匠師系統上，目前已瞭解的最早的匠師系統為十九世紀的嘉義葉清嶽、葉麟趾父子，其次則為二十世紀初因嘉南大地震重建北港朝天宮與新港大奉天宮等大廟而應聘來臺所形成的柯雲、洪坤福師徒，而洪坤福的初期開班授徒即在嘉義地區的廟宇裝飾工程修復過程進行的時刻。因為在長達七、八十年的尪仔

陶藝養成期間（1850—1920 年），嘉義都扮演了重要的角色，稱嘉義為臺灣尪仔陶的發源地並不為過，所以稱為嘉義尪仔陶是名符其實的描述。

不管稱為臺灣尪仔陶或嘉義尪仔陶，這尪仔陶作為重要的建築裝飾工藝並非始於嘉義的葉麟趾匠師，只是前前後後也有不少尪仔陶的作品，而葉麟趾匠師的技藝精湛，成為一代大師，所以尪仔陶建築裝飾工藝類科到了葉麟趾手裡，不但更受大眾歡迎而這一工藝類科更為興盛，也使這一工藝類科更為在地化，幾乎成為爾後廟宇興建時必備的裝飾工藝項目，所以目前的藝術史評論都稱葉麟趾為嘉義尪仔陶第一人，1850 年代為嘉義尪仔陶崛起的年代。同樣的二十世紀初與尪仔陶工藝極其類似的剪粘工藝並非起始於落腳嘉義的柯雲、洪坤福師徒，但是以尪仔剪粘、尪仔陶、尪仔泥塑技藝集於一身，而使剪粘工藝在臺灣大為興盛者，也莫過於柯雲、洪坤福師徒。其中柯雲算是泉州廈門剪粘師，洪天福則因此後就定居臺灣而可算是臺灣本土剪粘師第一人，1910 年代則為臺灣剪粘工藝崛起的年代。

只是，如果我們放在 1850 年至 1895 年這一時段來分析臺灣尪仔陶的發展時，仍然還是有許多無法辨識工匠名稱的尪仔陶作品，這些尪仔陶作品風格有些與葉麟趾作品風格類似，有些與葉麟趾作品風格不同，技術上都極為類似，所以只能當作如同葉麟趾作品一般，稱為葉麟趾們（複數）現象。

以下就以 1850 年至 1895 年間現存古蹟建築上的案例為主，先依年代序羅列於後，再進行設計美學的分析。

其一，葉麟趾主持佳里金唐殿建築裝飾工程（1853-54 年）

佳里金唐殿於 1853 年震災後修建時聘請葉麟趾主持佳里金唐殿建築裝飾工程，因而有最多葉麟趾早期尪仔陶作品。但在 1928 年重修金唐殿時，因為金唐殿的交趾陶損壞嚴重，何金龍向黃深淵建議，盡數汰換葉王的交趾陶，全部改成剪黏作品。所以目前佳里金唐殿已無葉麟趾尪仔陶作品。

其二，葉麟趾主持學甲慈濟宮建築裝飾工程（1860-1862 年）

學甲慈濟宮於 1860 年聘請葉麟趾主持建築裝飾工程，因而擁有最多葉麟趾中期尪仔陶作品百餘件，1928 年前後重修慈濟宮時聘請何金龍主持建築裝飾修護工程，何金龍與廟方合計後只保留屋脊與正殿兩側葉麟趾尪仔陶作品，餘均改為剪粘。1980 年葉麟趾之尪仔陶作品連續兩次被竊，損失五十餘件作品，廟方因而有加強保護葉麟趾尪仔陶作品的措施。2004 年，由財團法人震旦文教基金會輾轉從海外收購回臺且無條件歸還給慈濟宮，慈濟宮乃設置「葉王交趾陶文化館」展出葉王作品。廟方將大部分葉麟趾的作品卸下，保存在文物館，另請嘉義林洸沂按廟方提供的相片或實物，重新仿製，安放在原位置。

其三，筱雲山莊尪仔陶（尪仔陶上落款為 1866 年）

筱雲山莊主人呂氏，原籍福建漳州詔安縣。清初乾隆三十六年（1771 年），呂氏的北田房派下第十二世呂祥省搬眷渡臺，定居於當時彰化縣揀東上堡瓦窯仔庄（即今臺中市潭子區）定居。至乾隆五十五年（1790 年）驚動全臺的林爽文事件之後，十三世移居三角仔庄（今神岡區三角里）建屋定居。同治五年（1866 年），呂炳南為奉養張太夫人，斥資建造別業一座（即筱雲山莊）。筱雲山莊擁有許多山水陶、尪仔陶、花鳥陶、吉祥話陶，這些低溫窯燒彩陶當時通稱尪仔陶。

其四，葉麟趾主持佳里震興宮建築裝飾工程（約於 1870 年）

佳里震興宮原稱清水宮，同治 7 年（1868 年）擴建重修之際，改稱震興宮，當時由交趾陶名師葉王主持陶燒裝飾，至今仍留下 40 多件精彩之作，為目前國內少見原樣保存葉麟趾作品的廟宇之一。葉麟趾的作品中：羲之愛鵝、敦頤愛蓮、七賢過關、八仙過海、太公釣魚、武松打虎、憨番扛厝角等名作都出現在震興宮。這些葉麟趾的作品歷來也接受過何金龍乃至王保原的剪粘名師的維修。

其五，霧峰林家景薰樓尪仔陶作品（約於 1871 年）

霧峰林家景薰樓組群約於 1864 年（同治三年）開始與築，於 1867 年（同治六年）完成第一落之內外護龍、正身與景薰樓門樓，1883 年（光緒九年）前後完成第二落，1899 年（清光緒二十五年）完成後樓。由於景薰樓門樓上的題字石刻則寫辛未年灌園，所以判定景薰樓真正完工為 1871 年，所以景薰樓門樓上的尪仔陶也是製作於 1871 年。

其六，北埔慈天宮尪仔陶作品（約於 1874 年）

北埔慈天宮始建於 1847 年增建於 1874 年，1990 年由徐裕建建築師事務所進行修復工程，所以判斷其尪仔陶為 1874 年原件經 2000 年維修而成。

其七，葉麟趾未記年作品（應於 1887 年前）

葉麟趾製作之龍鳳燭臺吉祥話陶，葉麟趾許多精美作品在日據時期多被日人搜購，這件精美作品因為被日本殖民政權提出代表殖民地臺灣參展巴黎萬國博覽會得獎，所以因此而被保留在臺灣。

其八，龍井林宅尪仔陶作品（約於 1880 年）

龍井林宅為林元龍追隨霧峰林家林文察參與討伐太平天國戰爭獲軍功後返鄉所興建的大家宅院。興建起於 1876 年，完工 1880 年，所以龍井林宅的尪仔陶製作於 1880 年。

其九，摘星山莊尪仔陶（約於 1887 年）

豐原摘星山莊建造於 1871 年，完成於 1879 年。所以摘星山莊建築群上的尪仔陶
應完成於 1887 年。

圖 6-99：葉麟趾學甲慈濟宮，七賢過關，1862　　圖 6-100：葉麟趾，東方塑

 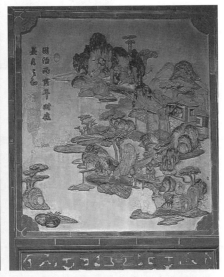

圖 6-101：筱雲山莊，1866，吉祥話陶：　圖 6-102：筱雲山莊，1866，山水陶：
平安賜福　　　　　　　　　　　　　　　樵漁耕讀

圖 6-103：佳里震興宮，葉麟趾：老子西出，
1870

圖 6-104：佳里震興宮，葉麟趾：
吉祥話博古，1870

圖 6-105：霧峰林家景熏樓門樓尪仔陶，1871 年

圖 6-106：北埔慈天宮，尪仔陶：姜子牙伐紂，1874

圖 6-107：北埔慈天宮，尪仔陶：孔明征南蠻，1874

圖 6-108：葉麟趾：尪仔陶燭臺，日據　圖 6-109：葉麟趾：肥瘦羅漢
時期以臺灣殖民地之名參展世界博覽會

圖 6-110：龍井林宅花草陶一，1880　　圖 6-111：龍井林宅花草陶二，1880

圖 6-112：摘星山莊：尪仔陶，1887　　圖 6-113：摘星山莊：尪仔陶，古蹟即
　　　　　　　　　　　　　　　　　　　　　　　將消失

我們從以上這些實物案例裡，先分析技術問題與風格類型，然後再論審美取向與
嘉義尪仔陶的美感原理與法則的歸納論點。

就技術問題上，這種低溫陶燒製品在現有的論述裡，往往著重於陶土與釉料到底
是從哪裡傳過來而論斷這種工匠技藝的來源，因而更加「印證」命名為「交趾陶」
及源自廣東石灣陶的正當性。筆者認為這種論證其實是先有答案再行論證的「偽
論證」，絲毫沒有說服力。因為這種論證並沒有真實考察宋朝以來福建、廣東，

乃至臺灣的陶藝發展過程，只是隨著所謂日據時期日本漢學家的「交趾陶」命名，以「答案」為準來找證據，進而找到了潮汕工匠，找到了石灣陶，甚至於模模糊糊的認為找到了晚清時期每一階段「尪仔陶」的土料與釉料，乃至所謂「胭脂紅」釉料的特殊配方與石灣陶釉料的相似性，進而證成「臺灣尪仔陶」是源自廣東，最好是源自廣東石灣陶，這麼一來「日本學者」的說法就能維持「權威」於不墜。甚至以：「日本 NHK 在海的絲路節目中曾提及由義大利佛羅倫斯，有人到達印度之 Cochin 作香料之買賣，而這個家族是藥師，以六粒藥丸為家徽……，他們曾經來到了印度西南沿岸的 Cochin 城（即交趾），從事了藥物、香料及釉料之貿易，並曾在 Cochin 留下有建築物」（註五十）。並進以證明日本漢字地名的「交趾」其實是印度西南沿岸的 Cochin 城（而不是中國歷史上的越南或廣州），是 Cochin 城裡六粒藥丸為家徽的義大利佛羅倫斯家族在 Cochin 城的努力，才是日本人稱「交趾燒」的真正源頭，我們誤會了日本文化，交趾燒到底是什麼，要日本 NHK 說了算，日本人說了算。

原先這種低溫陶在民間就依目的而稱為尪仔陶，到了日據初期則依用料動作而稱為「淋搪花仔」或依施作部位而稱「廟尪仔」，一直到了 1930 年代才有日本人稱呼的「交趾燒」出現，這種謬誤蔑視的稱呼怎麼竟然「後殖民地」一直沿用下來，還費盡心機證明其稱呼命名具有「正確源由」及「正當性」？

日本文化並不見得是一種「講求溯源慎終追遠」的文化，特別是中國文化與日本文化遭遇時，日本文化裡最常用的改寫事實手法就是「命名原則」，唐手道、唐山水，一個號令之下很快的就成為空手道、空山水或枯山水，難不成我們還要替日本文化「考證」枯山水是因為以砂石代水或成就空靈之境界而稱為枯山水的有理嗎？日本藝術史上先有禪宗傳入而有「建築南禪樣式」（其實應稱作式樣），但明末福建黃檗宗再度傳入禪宗，再興「建築南禪樣式」，但是這時候日本這個民族文化已經徹底蔑視中國，更蔑視中華文化，再稱這種建築式樣為福建式樣、浙江式樣、或南禪廟宇式樣都不好聽，所以就充分發揮改寫事實的伎倆，稱這種因黃檗宗而帶動的新式樣為「天竺樣式」，它專門指稱明朝之後長江以南中國宗教建築式樣。然而，黃檗宗也不是有一位和尚法號「黃檗」，也不是黃檗二字暗含什麼高深教義，黃檗只是福州近郊福清附近的一座山名而已，它是禪宗五祖落腳處。同樣的日版建築史上的「天竺樣式」當然與天竺或古印度絲毫沒有關係，就跟「交趾燒」與「交趾」絲毫沒有關係一模一樣。

再說，福建的窯業發展史上，宋朝即有極其出名的建州窯，進入元朝時更因元朝以泉州港為南洋貿易港口及元朝視「色目人」為第二等人，遠勝於漢人的第三等人及南人的第四等人而招致阿拉伯人大量移民定居泉州，元明兩朝泉州近郊的德化窯正是因引進「西方釉料」及「白土掏練」而成為福建乃至中國南方最重要的窯業中心之一，入清之後因為泉州港的逐漸淤積，泉州港的繁盛才逐漸被廈門港

的崛起而取代。所以,在盛清時期乃至晚清時期還會有匠師大老遠的攜帶石灣的土料(所謂交趾地區)、釉料,然後在臺灣燒製「尪仔陶」,並逐漸的改由廈門的土料、金門的土料,最後才採用臺灣的土料,來成就所謂的「交趾燒」,這種論述就算是找到「實物」來化學分析或燃燒光譜成分分析,都可以說是「誤信日本權威」的謬論,而不是科學的論證。泉州的德化瓷技藝與土料、釉料在元朝時就遠勝於石灣,德化瓷之所以沒落完全是泉州港淤積的關係,工匠技藝當然轉移至廈門而不會是轉移至石灣,當廈門港崛起後來臺灣的陶工陶匠還要特地選用石灣土料,這不但不符合市場法則,更不符合「常識判斷」。晚清時期來臺謀生的陶藝工匠或許有不少潮汕地區的工匠,但主要先謀生後移民定居的陶藝工匠仍然以漳州、泉州二地為主,而幾乎未見石灣地區(廣州地區)工匠來臺成為主流陶藝之說。

「交趾支那」或「支那交趾」是不是蔑稱,我們不必爭論,只要稍微涉略日本明治維新的教育文化相關論述都可以清楚明白日本文人或什麼漢學家急於撇清「醜陋中國」胎記的學術努力。在學術研究上我們其實不必花太多的功夫與篇幅來分析這個「錯誤的命名」與論證這個「偽命題」,我們只要「指出其蓄意蔑稱」以及「指出其偽」,然後還其本有稱呼,還其原有面貌就可以了。

在 1850 年至 1930 年的本有稱呼,從尪仔陶、廟尪仔到淋搪尪仔、淋搪花仔,這些稱呼的源由到底「所為何來」,倒是值得分析研究。我們提出以下簡單的觀點。

第一點,「尪仔陶」這種稱呼是建築裝飾工程上民間的主流說法。
「尪仔陶」、「花仔陶」還有一個廟宇裝飾工程裡比較少用的「山水陶」,其實正是對應到繪畫類科裡的山水畫、人物畫、花鳥畫這三大主流類科,而這種稱呼在彩繪裝飾工程或木雕、石雕等裝飾工程裡也有極其類似的稱呼。在民間彩繪工匠裡,繪師的能耐裡,「尪仔」與「花仔」功力就相差甚遠,而「尪仔」指的就是人物畫,這與紙搨畫裡的人物畫類科也還有些細微的差別,「尪仔」指的就是「戲文畫」,而「花仔」指的就是花鳥畫,到明清時期福建地區繪師口中的「花仔」就不只是「花鳥畫」,更包括了面分割的定式紋樣。總而言之,「花仔」通常可以依譜騰樣或依樣畫葫蘆,所以功力很淺,而要畫「尪仔」功力就要很高才執得了筆。更符合這種稱呼殘存痕跡的就是福建建築彩繪在明朝時以龍鳳、織錦(所謂包袱)、山水(所謂聖跡與祖廟盛景)為主要內容,到盛清時期則戲文畫逐漸登場,乃至到晚清時期山水畫就逐漸從民俗壁畫上退場了(註五十一)。這種以山水陶、尪仔陶、花鳥陶三者並呈到尪仔陶一枝獨秀的狀況在臺灣尪仔陶作為廟宇建築裝飾工程裡則更為明顯。所以,「尪仔陶」就「戲文陶」的俗稱,就是臺灣民間裝飾工程的主要工藝類型。

第二點,淋搪尪仔及淋搪花仔名稱說明了「尪仔陶」第二階段的變化特點。

「淋搪」是典型的以現代字來塞古語所形成的字詞之一，與近現代傳統建築的研究上「穿闢」變成「穿斗」或「川斗、穿鬥」，乃至於杆欄式建築裡的「杆欄」一詞則更是以現代字的北京腔調來塞古語所形成的諸多字詞的例子一樣，都錯誤的引導了傳統建築技術發展的研究發現。

「淋搪」也有寫成「淋燙」或「瑯燙」，但其原詞應為何字組成，目前並未見考證，但「淋搪」二字各拆其義指的則是「淋：二度及兩種的混合融合」，「搪：釉料」。一般的看法認為「淋搪」這樣的稱呼是起自於日據初期潮汕工匠的口音，久而久之而成為臺灣的用語，這其實表示尪仔陶第二階段的發展發生在日據時期。「淋搪」是工程作法上的程序特性命名，就像「剪粘」也是工程作法上的程序特性命名一樣，表示尪仔陶是經過二次上釉與二次窯燒，且一二次釉料能融合在一起的特殊低溫窯燒陶藝。這與臺灣「尪仔陶」裡的「山水陶」在日據之後逐漸退位於「尪仔陶」及「彩繪泥塑」情境也十分吻合。換句話說，在 1895 年之前的建築裝飾工程裡的「特殊陶藝」其實分兩大塊，較細小橫福的「戲文陶：尪仔陶」通常要經過二次窯燒（不管是先燒出尪仔，然後組合好在窯燒一次，或是在上釉程序上要兩次上釉而窯燒兩次），而較大塊正幅的「山水陶與吉祥話陶」通常是一次窯燒，除非是技藝不純熟或確實太大塊才會分塊窯燒後再組合。但是到了日據時期，「山水陶及吉祥話陶」已因工序繁複而被彩繪泥塑、剪粘、甚至上色石雕所取代，只剩下花鳥畫與戲文畫這種需要二次窯燒的工種存留下來，所以就稱為淋搪尪仔或淋搪花仔。而現今我們所見的嘉義尪仔陶其陶藝與釉料則更建立在「再度演變」的成果上，特別是據說「早期嘉義尪仔陶」，通常就是在建築工地直接以「疊土控窯」來進行窯燒（註五十二），也因此而不得不多次窯燒或低溫窯燒。

第三點，漳泉乃至石灣的公仔陶很可能是葉麟趾陶藝的外傳所致。
我們從戲文陶逐漸成為主流尪仔陶的過程來看，這種多次窯燒或建築工地以「疊土控窯」的方式，燒燒組組或組組燒燒成為特色來看，與石灣陶先後上當然是嘉義先而石灣陶後。與泉州找到的案例來看，泉州漳州也早盛行「山水陶」，而「尪仔陶」上也是嘉義先而漳泉後，甚至於「尪仔陶」在傳入漳泉之際，很快的就被剪粘所替代而未能蔚為流行。再說，尪仔陶陶藝應該是「塑像、畫像、捏陶」及組合成「戲文畫」時是否仍然生動有趣，才是匠藝判斷的重點上，就歷史資料與口傳資料而言，只可能是嘉義尪仔陶影響了泉州尪仔陶與石灣公仔陶，而沒有石灣公仔陶影響了嘉義尪仔陶的道理。具此匠藝成就者就是漳州移民來臺的陶藝匠師葉清嶽，而將此匠藝發揚光大者就是嘉義本土匠師，葉清嶽之子葉麟趾。

我們瞭解了上述「嘉義尪仔陶」技術性的討論及藝術史文脈觀點的澄清後，再進行「嘉義尪仔陶」的美學分析，就比較容易提出脈絡清晰的審美取向的變化，乃至審美法則的整理。就上述的脈絡我們提出以下的分析。

其一，葉麟趾匠藝的突破，成就了嘉義尪仔陶爾後的深受業主喜愛。

年輕的漳州陶藝工匠葉清嶽移民定居嘉義後並沒有再移居出嘉義的事，在藝術史論述裡，稱之為嘉義匠師並不為過，為什麼我們在藝術史論上仍常見稱葉清嶽為漳州匠師、泉州匠師，甚至稱為「廣東匠師」者，並以此來論證張清嶽之子葉麟趾也是「粵系潮州匠師的技法風格」（註五十三），而不是從葉麟趾在陶藝上的突破性、開創性、藝術性來定位嘉義尪仔陶的開風氣先與獨領風騷，或甚至就是葉麟趾這種突破才有爾後泉州、潮州、石灣的類似技法及匠派出現呢？

葉清嶽於 1805 年移民定居嘉義後主要也是從事建築陶藝或製陶的工作，在日據時期曾有屬名之楊柳觀音及獅子腳香爐之作品，由日人發現而攜出（註五十四），可見得類似尪仔陶的技藝在十九世紀初葉清嶽匠師的手中已經開始試煉，而至葉麟趾時不但繼承父業從事建築裝飾陶藝，更有技藝上與創作主題上的重大突破，而獨創了深受廟宇業主歡迎的大幅尪仔陶，這種尪仔陶有別於當時常見的建築裝飾山水陶與吉祥話陶，經過葉麟趾一生的努力，終於使這種戲文陶以尪仔陶之名，成為爾後尪仔陶之主流類型，雖然在 1910 年代頗受新崛起的剪粘匠藝的競爭，但是終於也與帶動剪粘匠藝的創作題材往戲文畫的方向發展，並成就了尪仔陶與剪粘的互相競爭及互相融合的最具特色的臺灣建築裝飾工藝。所以在匠藝上的突破而開創、成就一特定類科的建築裝飾工藝者，以一代宗師稱葉麟趾匠師，有何不宜呢？

其二，審美取向的轉移及其脈絡

事實上類似嘉義尪仔陶的技藝乃至剪粘的技藝在福建地區可以說是早已有之，差別只在於是否兼顧技藝突破與題材突破並蔚為風氣而已。嘉義尪仔陶並非只有釉料與燒陶溫度高低控制乃至釉上彩或釉下彩的「單獨突破」，而是一種技藝與題材的「聯合突破」與「混合突破」，而這種突破又能在藝術上有所成就，乃至大受歡迎，才能形成風氣承傳於後世。例如葉麟趾在佳里震興宮的名作：「憨番扛厝角」，早在宋朝福州湧泉寺的千佛陶塔中即已出現（註五十五）。以戲文畫當作建築彩繪題材在入清之際也曾在福建出現，以戲文畫當作建築鑿花題材、石雕題材在十八世紀中的臺灣建築裝飾中也曾出現，只是蔚為建築裝飾工程的主流類型大概都要十九世紀中葉，而以戲文畫進行低溫彩陶的創作，以目前所見的資料來看則還真是「風雲際會」於 1850 年代嘉義陶工、建築陶師傅葉麟趾身上。

事實上所有建築裝飾工程或工藝其主導工藝類科一直都是建築彩繪，這種福建繪師領導建築裝飾工藝的情境，也與明清之際福建畫派的崛起有密切的關係。在裝飾題材上於明清之際的福建，也逐漸從傳統繪畫的山水畫、人物畫、花鳥畫、吉祥畫，而發展出裝飾題材的特定分法的寓意山水畫（如：樵漁耕讀）、戲文畫（還細分為武場戲文與文場戲文）、花草畫（花鳥畫與樑坊彩畫枋頭結合的一種裝飾性極強的題材）、包袱畫(也稱織錦畫或包巾畫)、忠孝節義畫(戲文畫的典型化)、

文人雅俗畫、吉祥畫、龍鳳圖騰、龍虎獅象等等特定的分科題材，其中又以戲文畫為最主要且常見的題材。而低溫彩陶以戲文畫為題材正是突破於葉麟趾且開創成就於 1860 年代的臺灣，這在民俗的稱呼上就是尪仔陶。

6-3-2，建築裝飾工藝

在 1850 年至 1895 年間除了尪仔陶的明顯的從建築陶項目裡崛起之外，作為建築裝飾工藝項目的大木、小木、鑿花、石雕（石作）、泥塑（泥作）、彩繪等項目也在臺灣經濟繁榮的背景裡有十分精彩的表現。這些建築裝飾工藝在「巫儒釋道融為一體」的廟宇建築上特別興盛，原因無他，就是盛清時期臺灣民俗宗教裡長期的由僧人來管理道教宮觀的結果。這也是為什麼尪仔陶也稱作廟尪仔的原因之一。

清朝在臺灣的廟宇管理上全部歸由僧人管理，表面上使佛教與道教合而為一，但是這種顯形或隱形的宗教管理當然也兼及了所謂的新興宗教，而福建與臺灣的新興宗教通常又是巫教轉化而成，另一方面所謂「歸由僧人管理」基本上也是將所有宗教收歸於儒家天道思想及王天下教化思想下的產物，加上官方提倡的許多官祀廟宇，所以「巫儒釋道融為一體」也就成為不可避免，也無須避免的趨勢。

這種趨勢到了經濟發達的 1850 年至 1895 年間也就造就了建築裝飾工藝的興勃。建築裝飾工程比起建築主體工程當然更花費錢財，例如屋架上的童柱花盡功夫雕琢成「瓜筒（瓜童柱）」上粧上彩，當然花費遠高於只是乾乾淨淨的童柱，但視覺效果上當然也是好看且有意思多了，這些花費原先只有在大戶人家的院落住宅建築裡才可能看到的視覺美景，到了普遍經濟發達的年代也就率先由集眾人之財的廟宇建築上體現了。臺灣傳統建築古蹟保存上所遇到的困難之一往往並不是廟宇建築的耐久程度，而是廟宇香火興旺更替的無常，香火旺了集眾人之財越多就要將原有廟宇拆掉重建，香火沒落了廟宇裡連僧人也懶得管，地震天災過後任其殘破，久而久之只是在地方誌上記上一筆某某廟宇某某年因災消失罷了。新的錢財當然留著興建能庇佑鄉民的神佛住所，雖然清廷以宗教來教化民眾，民俗宗教裡的「功利觀」卻一點兒也沒退卻，這種民俗宗教功利觀在經濟繁盛的年代或經濟波動的年代尤其為盛。

1850 年至 1895 年的臺灣正是經濟繁盛的年代也是經濟波動的年代，所以廟宇建築裝飾工藝也就特別興盛。但是廟宇建築裝飾工藝特別興盛未必表示這個時期的建築裝飾作品留存最多，因為臺灣民俗宗教的功利觀裡還有併廟與改祭祀神的情境，併廟之後首先之事就是重新粉刷，重新配上適宜新廟的建築裝飾作品，更不用說等待下一波經濟繁盛與波動時的整建裝修廟宇了。

尪仔陶之所以崛起正表示經濟繁盛，正表示「戲文畫」作為廟宇裝飾工藝主流類型的時代來到。而戲文畫會成為廟宇裝飾工程的主流類型其源頭正是福建民俗宗教裡「聖跡圖」的進一步演變的結果，以福建廟宇裝飾工藝來看「聖跡圖」工藝崛起於清初媽祖受封天妃之後，連同臨水陳靖姑信仰也一起出現「陳靖姑聖跡圖」，而最多的就是「孔子聖跡圖」與「觀音聖跡圖」。而廟宇裡建築彩繪出現戲文畫則緊隨「聖跡圖」彩繪興盛之腳步約在十八世紀中就佈滿福建的大部分廟宇了，到了十九世紀，臺灣經濟逐漸繁榮，戲文畫作為建築裝飾工藝的主流類型也就在這個時候形成。

在臺灣極為興盛的媽祖廟由於多為福建原鄉媽祖廟「分靈」而來，所以除了必繪媽祖聖跡圖之外，通常也必繪「祖廟山水圖」，這祖廟山水圖則是建築彩繪題材上「山水畫」的由來，只是臺灣也有不少媽祖廟是鄰近鄉鎮分靈而來者，由於祖廟與分靈廟距離不遠，這種媽祖廟也就不必繪出「祖廟山水圖」，只要每年廟會時，信徒與分靈媽祖神像神轎一起回祖廟謁祖就可以，俗稱「媽祖回娘家」，是多麼有人情味的民間俗稱，戲文畫稱為「尪仔畫」，戲文陶稱為「尪仔陶」也是這種人情味的類化俗化稱呼而已。

在福建建築裝飾工藝裡，建築彩繪工藝不但因具有便利性而高居建築裝飾工藝之首，就連建築裝飾題材、類型幾乎也是由建築彩繪工藝來開風氣之先，而鑿花、石雕、泥塑、尪仔陶等等工藝類科也就依材料性質與工藝發揮的適性原則，跟隨建築彩繪工藝所開發出來的裝飾題材，選擇性的成為該工藝類科的創作題材了。尪仔陶之所以備受歡迎，就是因為這種裝飾工藝能挑戰最繁雜的建築彩繪題材類科：戲文畫，又能因陶燒而更不易風化弄髒，所以往往就裝飾在易受陽光曝曬的山川殿左右堵上，乃至於屋脊上。不過尪仔陶畢竟是低溫陶燒製品，所以在進入二十世紀後剪粘尪仔就逐漸取代了尪仔陶，特別是屋脊裝飾上，二十世紀初的剪粘裝飾工藝就擠下泥塑與尪仔陶，成為廟宇建築裝飾工藝裡必備的裝飾工藝類科了。

由於 1850 年至 1895 年間建築裝飾工藝作品留存極多，我們就以前節較確定興建日期的傳統建築上的建築裝飾工藝作品為主，以「現存實物」為案例，部分列舉如下，分析一下建築裝飾工藝美學裡的趣事。主要案例有：1857 年和美道東書院的泥塑，色彩鮮明是近年依原樣維修的結果。1858 年淡水鄞山寺的石雕龍柱、三川門龍虎堵泥塑、屋脊剪粘。1864 年大溪李宅灰壁墨繪兩幅、屋脊蟾蜍扛燕尾泥塑、石雕旗竿座。1875 年神岡大夫第建築彩繪、尪仔陶。1880 年龍井林宅鑿花四聯屏、瓜筒彩繪、泥塑老翁落水口等等。

圖 6-114：1857 和美道東書院泥塑

圖 6-115：1857 和美道東書院泥塑

圖 6-116：1857 和美道東書院泥塑

圖 6-117：1858 淡水鄞山寺龍柱

圖 6-118：1858 淡水鄞山寺泥塑

圖 6-119：1858 淡水鄞山寺剪粘

圖 6-120：1864 大溪李宅灰壁墨繪　　圖 6-121：1864 大溪李宅灰壁墨繪

圖 6-122：1864 大溪李宅泥塑　圖 6-124：1865 年之後，大溪李宅石雕旗竿座

圖 6-125：1875 年神岡大夫第楹枋彩繪

圖 6-126：1875，神岡大夫第彩繪

圖 6-127：1875，神岡大夫第尪仔陶

圖 6-128：1880 龍井林宅鑿花一　　　　圖 6-129：1880 龍井林宅鑿花二

圖 6-130：1880 龍井林宅瓜筒彩繪　　　圖 6-131：1880 龍井林宅泥塑落水口

我們先分析一下這段期間建築裝飾工藝的技術性觀察如後。

其一，在所選的實物案例裡，有些是經過古蹟維修而保持「原樣」。

並非所有的案例實物都是如年代標示的原物，這裡只有 1875 年的神岡大夫第與 1880 年的龍井林宅兩個案例是原物原樣，其他的案例都是經過文化資產保存法予以維修過的「二、三級古蹟」，由於現行文資法強調古蹟維護原則先是「修舊如舊」法則，乃至於目前的可逆式維修法則，所以凡認定為古蹟者經維修後，大致都可「視為」原物。

其二，士商共治的業社會，促成建築裝飾工藝的精進。

晚清時期的臺灣崛起的大家族幾乎都是商士互換，或是說以商換士，以商換官才形成家大業大的條件，這是一個士商共治的社會，既講究文雅之風也講究華麗之美，如此才促成建築裝飾工藝的精進。在建築裝飾工藝上除了原有的彩繪、鑿花、石雕、泥塑、陶工在講求材質之選用與匠藝的精進外，新的工藝也不斷試驗與成長中，剪粘與尪仔陶就是新興建築裝飾工藝的項目。我們看淡水鄞山寺屋脊的剪粘以花草為題材，雖略顯簡略，但也頗見巧思，而瓦匠陶燒則更明顯的發展出「尪仔陶」。以大溪李宅的案例而言，灰壁的繪畫也以墨繪為主應該不只是「省錢」或顏料技術問題，更有標榜文人雅士之作的意思。總之，從技術面來看，士商共治的業社會，促成建築裝飾工藝的精進。

我們瞭解了這些技術面的情境後，再略析此一期間建築裝飾工藝的審美取向與美學原理如後。

其一，就工藝類科而言，建築彩繪理所當然的成為主導的建築工藝類科。

由於福建建築裝飾工藝發展的特殊背景，以民間繪師為主導的建築裝飾工藝供稿職業關係在臺灣也逐漸形成。這從建築裝飾工藝的源頭為兼顧視覺之美與意思之美有密切的關係。傳統社會裡紙絹畫藝術的成就從元朝開始就有士人畫或文人畫的分支，也因此繪畫類科與士人階級、知識份子乃至審美取向的變化聯繫在一起。或是說傳統工匠裡彩繪工匠與繪師是唯一與士人階級可能有「交集」的區塊，再加上繪師又是一般工藝的供稿者，這些都造成建築彩繪的發展主導了建築工藝類科的取材與發展。

其二，建築彩繪的發展已逐漸注重吉祥畫、戲文畫與士人畫。

在福建地區建築彩繪的發展先是明朝時的織錦紋包袱繪、山水畫、特定圖紋龍鳳畫，到清盛期從廟宇裝飾彩繪裡逐漸發展出「祖廟山水圖」、「主祭祀神之聖跡圖」，乃至戲文圖、吉祥圖。這樣的背景同樣出現於臺灣，只是時間稍有後滯而已，到了晚清時期臺灣廟宇的建築彩繪也因經濟富裕而逐漸注重戲文畫與吉祥畫，另一方面，在民居裡的建築彩繪則著重吉祥畫與士人畫。這建築彩繪發展的

趨勢正是審美取向的新走向，人們不但在廟宇裡祈求平安吉祥，也以聖跡圖來表述神明的惠世救世成就，更以酬神戲的形式表述忠孝節義的人間天道，所以戲文畫、吉祥畫就逐漸成為廟宇建築彩繪的主要題材，士人畫與吉祥畫就成為民宅建築彩繪的主要題材，求財吉祥畫則成為商業建築（街屋）乃至所有建築裝飾工藝的共同題材了。

6-3-3，一般工藝，以家具與衣飾為主要詮釋對象

晚清時期的臺灣建築裝飾工藝裡的鑿花、泥塑、墨繪、彩繪、石雕、尪仔陶、剪粘等工藝，除了剪粘還待下一階段的精進發展以外，其餘的建築裝飾工藝類科其實都已達到工藝精湛賞心悅目的地步，所以一般工藝的發達也是可想而知。只是這一般工藝「實物為憑」研究上卻遠比建築裝飾工藝的「實物為憑」研究來得困難的多。

建築裝飾工藝的實物為憑或許還可以透過建築史上得較清晰的年代考證以及傳統建築維修上遠本就是原樣原料拆換而視為生產製作的原年代物品來推斷某一時期的風格類型，這幾乎是匠師不留名年代的「唯一年代憑證」，在匠師不留名的年代企圖從打破泥塑神像發現神像腹中存有三塊小石碑，內容書寫：「天上聖母福建興化府莆田縣湄州嶼人、大宋建隆元年三月念三日誕降。道光元年天上聖母寶像由泉郡水陳成居重修，道光二年十一月十五日午時重光，重興總事三郊主導修護」（註五十六），幾乎是可遇不可求，也無此必要的事。更不用說將攜帶方便的古董或以用為主要目的的工藝品拆解半天或科學檢驗材料成分，其實也證明不了是不是臺灣原地生產原地製造。

在既有的臺灣工藝史研究上大致已知宗教相關工藝乃至石雕、泥塑、錫藝、版刻早在盛清時期均已十分發達，只是工藝以用為目的以藝為附加的天職上，我們確實很難以「古董實物」乃至「古董實物」上的留名落款來判定這「古董實物」的年代，更不用說 1850 年至 1895 年間是臺灣工藝變動劇烈的年代，這種劇烈變動又是因經濟提升所促成，經濟提升的年代往往因為預期心理而卯食寅糧或加強除舊佈新，這在臺灣廟宇建築的發展上幾乎成為定律，所以，以明確年代落入 1850—1895 年間本土匠師在地生產的「古董實物」來舉證工藝發展的狀況就顯得有些「緣木求魚」，來論證這一階段的工藝美學則尤其顯得「以匠論藝」甚至「以工論藝」，而論不出審美過程與美感喜好了。

與其斤斤計較本土工匠在地生產，不如相信風格遞演是一種審美取向的遞變，因為這種審美取向而致風格定位，乃至傳統工法與匠藝一再重複生產，就像原先傳統建築的維修方式本來就是「原樣新料替換」而不是什麼「修舊如舊」。所以，在本小節分析晚清時期的服飾與家具的實物舉證上，也就採取了「風格一再重複」

的原則，而不是什麼「考古年代鑑定」或「本土工匠在地生產」這些原則。論風格論審美時「考古年代鑑定」或「本土工匠在地生產」只是佐證而不是主證。

圖 6-132：興賢書院古蹟維修過程：原樣新料替換原則。　圖 6-133：興賢書院古蹟維修過程所見之鑿花原件。

圖 6-134：翹頭如意形供桌，萬巒某客家祠堂

圖 6-135：和美道東書院祭祀家具

圖 6-136：霧峰林家廳堂家具

圖 6-137：龍井林宅太師椅

圖 6-138：木衣架，臺中文化中心收藏

圖 6-139：竹家具，臺中文化中心收藏

圖 6-140：竹家具，臺中文化中心收藏

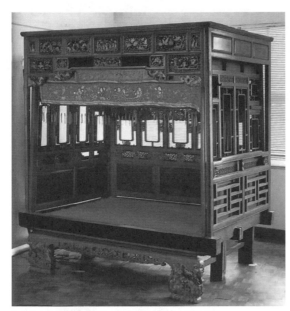

圖 6-141：紅眠床，臺中文化中心收藏

圖 6-142：洗臉架，臺中文
化中心收藏

圖 6-143：沈葆楨官服照片

圖 6-144：益源大厝開基祖陳武畫像

圖 6-145：女杉、三寸金蓮，華岡博物館。　　圖 6-146：清朝臺灣女衫。

圖 6-147：清朝臺灣新娘禮服。　　圖 6-148：清朝新娘鳳冠，臺中文化中心收藏

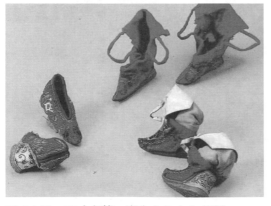

圖 6-149：三寸金蓮，臺中文化中心收藏　　圖 6-150：女衫及裙

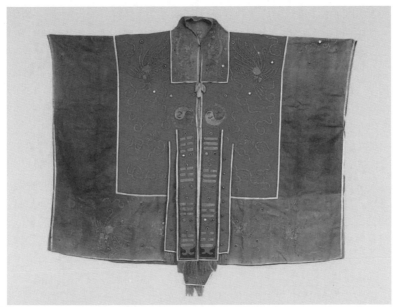

圖 6-151：晚清臺灣道士禮服，臺中文化中心收藏。

圖 6-152：現今製臺灣風味女衫，華山藝文中心展出。

圖 6-132 與圖 6-133 實物照片案例為員林興賢書院在最近一次古蹟維修時的施工狀況。其中興賢書院的牌匾就是以「原樣新料替換」原則進行維修，圖片所示為牌匾的鑲框鑿花部分不堪支撐的木料只能以新料依原樣再做一個予以替換，再接下去的工序就是上漆擂金了，這工序完成後牌匾就是「煥然一新」，又怎麼會「修舊如舊」，如果單就牌匾物件來論，我們當然只能認定為上次大修時（1881 年）的製作年代。這木構造古蹟的認定與維修原則本來就與西洋石構造古蹟的認定與維修原則不同。這也造成古蹟裡的家具年代的認定有高度的困難，而如果我們論述的目的如果是證實「設計美學與審美取向」時，那麼反過來以風格特徵來「證實」器物的年代，反而是重要的研究取向了。例如剪粘裝飾工藝如果是尪仔剪粘的話，那麼在臺灣一定是 1910 年，甚至 1920 年代製作的，因為早期的晚碗片剪粘只是選用航運過程中的陶瓷碎片，以類似馬賽克鑲貼的方式形成花草紋樣，而尪仔剪粘則是燒製出特定釉色且較薄的陶瓷器，方便以特製割器與剪刀來依狀裁剪出特定關鍵形狀（臉形），再黏貼在泥塑胚體上，而 1920 年代以後這關鍵形狀（臉形）乾脆就結合尪仔陶的製作技術，以陶燒方式製作，如此尪仔剪粘才能夠具有「維妙維肖」的藝術成就。再如，依文獻的考證目前發現凡三川殿採取「假四垂」造形者都有 1910 年以後重大整修翻修紀錄，所以在現有古蹟建造日期的認定上，凡山川門採「假四垂」者，該古蹟通常必經過二十世紀初期地震災害所震垮，而重建過，除非廟誌裡有清楚記載只進行屋頂翻修，那麼最少山川門部分應該是震垮新建。而通常一般的廟宇其廟誌往往是含糊不清的，甚至於根本沒有所謂的廟誌。

圖 6-134 為客家祠堂常見的供桌，這種供桌在泉州裔臺灣人的家族祠堂裡反而很少見，如果再往堂屋的後側觀察，如果有微凸且保養頗佳的「化胎」的話，那就可以判斷此屋主家族為客家人。如果只就這種目前稱為「翹頭如意形供桌（案桌）」的形式特徵來看，這種案桌其實具有「宋朝」案桌的形式特徵，又具有明式家具簡鍊的形式特徵，總之「古意十足」。但是這「翹頭如意形供桌」到了清朝因為受到「廣式家具」崛起的影響，而演變出紋路雕刻繁雜，捨棄如意造形改編獸足或獸頭造形的「清式家具」，乃至到了 1930 年代因受日本殖民及所謂「西化現代化」的影響，而發展出只強調直線線條與西式家具線腳與「直角化的夔曲紋」的簡潔造形，那麼在形式特徵上也不是「清式家具」而是「改良式清式家具」了吧，但是隨著時代而出現的供桌家具形式的演變雖然發生在大部分的臺灣家廟裡，但是就是很少發生在臺灣客家的祠堂裡，我們如果以「古文化約束性」來解讀民族性的話，很明顯的可以解讀出客家民族與廣東的「粵族」是有極其不同的文化發展脈絡，否則這以廣式家具為基底的「清式家具」在臺灣客家祠堂裡為什麼到現在也很少出現呢？反過來如果分析審美品味與審美取向時，就算是 1930 年代製造或當今製造的「翹頭如意形供桌（案桌）」，我們不是讀出宋明家具的審美品味，而不是讀出清式家具的品味嗎？這就是家具風格的再生產。

圖 6-135 的和美道東書院祭祀場所（廳堂）及圖 6-136 的霧峰林家廳堂維修後的狀況，其中的供桌就很明顯的可判斷出是「改良式清式家具」，乃至霧峰林家廳堂的供桌造形更為精鍊，應該是 1970 年代之後才形成的臺灣家具風格之一，而不是建築物興建年代的「原樣新料替換」。圖 6-137 為龍井林宅古蹟裡的太師椅。圖 6-138 至圖 6-142 的案例分別為木衣架、仿太師椅的竹椅加茶几、仿太師椅的一對竹椅、紅眠床、洗臉盆架，都是選自臺中市立文化中心以「臺灣民俗文物」為名的收藏展示品。

圖 6-143 為沈葆楨的官服照片。圖 6-144 為彰化馬興陳宅（益源大厝）陳氏家族移民來臺第一代「開基祖」陳武的畫像，陳氏家族入墾馬興始於 1821 年，陳武的畫像應該繪於晚年的「盛裝」。圖 6-145 為華岡博物館收藏品，說明文指出：「臺灣清代服飾之美講究花色與刺繡。臺灣清代服飾之美，主要表現在刺繡上。從每逢喜宴節慶小孩必帶的各式童帽，值到年老都需穿著的肚兜，以及小巧玲瓏的三寸金蓮等，皆巧心的繡以雙魚、花卉、蝙蝠（福）、鹿（祿）或龜（壽）等精美紋樣」（註五十七）。圖 6-147 至圖 6-151 的案例分別為女衫、新娘禮服、新娘禮冠（鳳冠）、三寸金蓮的小鞋與包腳巾、女衫與女裙、紅頭司公道士禮服，也都是選自臺中市立文化中心以「臺灣民俗文物」為名的收藏展示品。圖 6-152 則為 2002 年前後臺北華山藝文展示中心展售場裡的古裝女性長袍。

家具美學與服裝美學的分析是典型的設計意識下追求材質之美、形體之美加紋飾之美的分析過程。這意思是說這種工藝品追求的就是裝飾美，或器物形體之美為骨幹之後極盡所能的「增美」。椅子的設計裡不可能造出一個坐起來極不舒服的骨架而稱為椅子，它必定要坐起來舒服同時骨架看起來也舒服，然後再追求材質之美與紋飾之美，這骨架看起來舒服就是所謂「器物形體之美」，而不是什麼「機能美」。服飾設計也是如此。

如果從上述的案例以及古蹟維修過後裡的家具乃至工藝器物來看，家具似乎並無所謂「一致的風格」，這可能是一方面，較久的時段來看家具也是「消耗財」，另一方面 1850 年至 1895 年之間工藝的變化與「精進」其實很大，第三方面除了特定的祭祀家具產業曾經以鹿港為中心而在中部地區享有盛名之外，家具產業在這段期間，尚未有哪一個地點成為風靡全臺的定型化風格發源地。再說，目前所熟悉許多地方特色工藝，有三分之二的具地方特色的工藝產業，是日據時期乃至於臺灣光復後，因交通位置的改變才逐漸發展出來的。諸如，在臺灣傳統家具風格之演進的探討裡，明顯的呈現不同時期的多核心多樣風格遞變的現象，有「早期的臺南地區明式漢體樣式期、臺南地區清式漢體樣式期、高屏地區客家古風樣式期；中期的鹿港清式漢體期（泉州風格）、豐原東勢清式漢體期（漳州風格）、新竹清式漢體期；晚期的大溪西式變體期、宜蘭竹節式變體期等」（註五十八），可

見得家具產業的「多核心、多樣風格」是如此，服飾產業亦是如此，只能說風格
各異多樣繽紛而難脫福建風格而已。

以祭祀用供桌來看更是如此，臺灣客家族群祠堂裡的供桌顯然保留了「宋明家具
風格」，不像客家人被歸類於廣東人一般的興起「廣式家具風格」而在臺灣家具
產業上獨樹一格，正明顯的說明了至今臺灣家具仍然呈現的「多核心、多樣風格」
現象。

圖 6-153：林安泰古厝大廳供桌與太師椅，翹頭如意形供桌（維修前後比較）

6-4，晚清時期臺灣書畫的兩個系統：紙裪畫與建築彩繪

在匠師不留名的士商共治社會裡尪仔陶的出現，乃至於葉麟趾生平匠藝的歷史研究都蘊含著太豐富的待解讀訊息。我們先嘗試放在福建傳統匠藝發展的脈絡下，試著做以下的解讀。

其一，尪仔陶的出現顯示了福建特有的繪師供稿制以成風氣。

尪仔陶其實是戲文陶的俗稱，戲文陶出現顯然是在建築彩繪類科裡戲文彩繪已經取得主流優勢市場之後，甚至於在戲文版畫、聖跡圖連環故事畫、含插話的演義小說頗為風行之後。這在葉麟趾的創作中多以歷史演義小說為主要題材，乃至於以四愛四聘為題材就可證一般。如果放在整個福建裝飾工匠發展的脈絡來看，福建裝飾工匠之所以能獨樹一格，正是因為早在盛清時期工匠的匠藝承傳體系裡，一種顯形的或隱形「繪師供稿制度」已然形成風氣。所謂顯形的繪師供稿制度就是繪師以謝禮或工程合作禮數來免費回報業主一些紙捐畫作品，回報其他工藝同行一些「足尺現稿」作品，乃至於彩繪匠師的師徒承傳體系裡，傳統的水墨畫與書法成為必修的課業之一。所謂隱形的繪師供稿制度則是所謂「遠宗某畫家」的風氣與關係。葉麟趾尪仔陶創作的突破必然經歷了這種「隱形的繪師供稿制度」，而不會是因為什麼釉料與廣東匠師的陶燒訣竅的傳授。

其二，1850 年至 1895 年年間確實還是匠師不留名的社會情境。

其實到現在二十一世紀臺灣還是個匠師不留名的社會情境，我們如果有空到廟裡看看這些建築裝飾工藝作品，百分之九十留名的還是出錢的業主，這決定畫什麼或以什麼題材來創作的「業主」在佛教裡稱為「供養人」。我們在目前廟宇建築裝飾工程裡還是看到「供養人」留名斗大醒目，而匠師留名的暗藏角落，如：門神畫留名在箭袋的小角落一般。換句話說，在 1850 年至 1895 年年間匠師若要在重要作品裡留名，除非改變身份為供養人，否則只能找個極不明顯的地方將名號藏著留下來。總之，這是個匠師不留名，匠師沒什麼是會地位的年代。這也是為什麼葉麟趾極力培養其兒子葉牛讀書取仕，最後葉牛以漢學先生當作一生的職業一般，因為當個漢學先生比當個賺錢的藝匠更有身份地位。

其三，葉麟趾開創了嘉義尪仔陶，而不是廣東匠派的葉王延續了交趾陶。

交趾陶是一種日本人恣意的蔑稱，葉麟趾從未以「王」為名，也從未自稱匠藝學自廣東匠師，這在前一節裡已經予以「考證」，不再贅言。但是目前對臺灣傳統工匠的研究裡，自編匠派派給古人的風氣其實反而誤判了匠藝發展的真實脈絡。

所以，我們對四則臺南繪師呂璧松的定位描述予以簡單的比對考證。第一段是：「陳玉峰本名陳延祿，玉峰是字號，臺南人，日明治 33 年（1900）年生，民國

53 年因肝疾過世。是臺灣傳統建築重要的彩繪匠師，人稱祿仔司、祿仔仙或陳畫師，拜泉州畫家呂璧松為師，與潘春源為同門師兄弟」（註五十九）。另一段是：「日治初期，臺灣較知名的臺灣書畫家，臺南方面除前揭兼為畫師的潘春源（一名潘科）、陳玉峰以外，以呂璧松為最受尊崇，潘、陳二人均曾問學於呂氏，但以陳氏為其正式弟子。呂璧松（1872—1924?），原籍福建泉州，曾祖一度遷臺，一說呂氏客居臺南前後約三年時間，之後返回大陸，一說終老臺南」（註六十）。第三段是：「呂璧松：泉州人，清同治十二年（1872）生，曾祖世遷居臺南。幼穎悟，喜繪事，悉心研究南宗畫法。日人據臺邀展所作於京都洛陽美術會，授一等金牌獎。惟性忠耿，不願與彼邦藝人多所周旋」（註六十一）。這三則關係到畫家呂璧松的定位，大概都屬於所謂客寓臺南畫家呂璧松或泉州畫家呂璧松而不是臺灣本土畫家呂璧松。

然而也有更嚴謹的對呂璧松的定位則為：「呂璧松（1871-1931）：正名為呂林，璧松為號，出生於同治 9 年（1871），臺南府人（有人誤寫為「福建人，日治時代由對岸渡臺，不久即返鄉」，甚至於以一幅穿道服的清代老人像充當呂璧松，令人噴飯。筆者看過呂氏穿西裝打領帶的相片，一副嚴肅的面貌，他是道地的臺南人無誤，生於斯，始於斯），自幼好畫，初練宋明各家畫風，後自成一格，……其作品參加日本京都舉辦的「洛陽美術展」，獲得入選，其姓名立即被刊登於「日本全國名家錄」，進而參加日本「熊本美展」，竟榮獲特選第一名金牌獎。1925 年參加日本「富士美展」，又榮獲第二名特選展。1928 年參加「善化美展」，榮獲第一名特選講。……其得意門生有陳玉峰、許春山、鄭清奇、吳錦源等多人。卒於 1931 年，享年 60 歲」（註六十二）。

這簡單考證的結論就是第四段的描述最為嚴謹，而前三段的描述均過渡依賴日據時期相關資料原有的定位，乃至日人資料的權威性。其實在臺灣美術史的研究上這種一類日據權威而輕忽草率的定位，畫家呂璧松不是第一人，前例極富開創性的陶藝家葉麟趾就是活生生以交趾陶匠師葉王「誤寫至今」的例子。我們很難想像「道地的臺南人無誤，生於斯，始於斯的畫家呂林（呂璧松）」以泉州畫家、客寓畫家呂璧松「誤寫至今」成為廣東畫派、泉州畫派影響臺南第一代本土彩繪匠師的繪畫風格的論點。我們也很難想像從曾祖父遷臺落腳臺南的第四代臺南人，怎麼大部分的臺灣繪畫史、美術史的相關著作裡都還是認定為祖籍泉州或泉州人。

或許我們在臺灣畫家分類上所謂流寓畫家、仕宦畫家、本土畫家（臺灣本地出生者，註六十三）的分類方法上本身就是有問題的，最少這種分類法在十九世紀的臺灣已經難以適用，更不用說在晚清的臺灣，乃至殖民時期的臺灣。或許我們還給呂林或呂璧松一個公道，還給呂林或呂璧松一個近代臺南畫派開創人，或近代臺南本土繪師第一的封號，才是澄清臺南彩繪匠師承傳脈絡的第一步。將呂璧

松排除在外而直推潘春源為臺南本土彩繪匠師第一人，或堅決認定潘春源沒有拜師於呂璧松，完全是自修得來精湛匠藝，其實只滿足了少數人的主觀願望，更混淆了建築彩繪與紙捐畫間正常的社會脈絡，更混淆了畫工、彩師、繪師到畫家的一段進階養成關係，乃至社會關係。

我們沒有任何壓低潘春源匠藝成就的企圖，只是過度抬高潘春源匠藝的開創性與無師自通，顯然與一般藝術家的養成過程經驗是不符合，更與福建畫派的崛起情境格格不入。畢竟，1850 年至 1885 年臺灣還是福建省轄下的重要地區，所謂「閩習到臺風」在 1850 年至 1885 年年間應該論為「閩習就是臺風」。

晚清時期臺灣的繪畫歷史應該分成紙褙畫與建築彩繪兩個系統來探討，這兩個系統間原本有極其密切的關連與互動，但是由於這個時期的臺灣還是「匠師不留名」的年代，所以這種兩個系統之間的關連與互動是很難有直接史料應證。本文論述的重點也不在史料應證兩個系統間的「關連與互動」，而在論證這兩個系統「共享同一種審美取向」，這種「共享同一種審美取向」的情境在日據時期卻遭受到極其嚴酷的挑戰與摧殘而已。

6-4-1，晚清時期臺灣紙褙畫

我們從<<汲古潤今：臺灣先賢書畫專輯>>、<<彰化縣先賢書畫專集>>、<<明清時代臺灣書畫展>>、<<彰化縣美術發展調查研究：繪畫篇>>等四份文獻為主，挑出確實於 1850 年至 1895 年期間曾有畫作流傳至今的二十位畫家，先簡要引介畫家的生平與繪畫類科，再舉其作品進行設計美學分析。由於部分紙褙畫畫家在上述的文獻中並無明確的出生與逝世的記年，本研究僅以秀才或中舉往前推 25 年，往後推 40 年，或作品出名年代往前推 20 年，往後推 35 年分別「推測」當作該畫家的出生年代與逝世年代。

所選出的二十位畫家分別是：丁捷山（嘉義，推測 1809--1975）、謝琯樵（福建紹安，1811--1864）、葉化成（廈門，1812 --）、蒲玉田(漳州，推測 1830—1890)、張世英（浙江陰山人，推測 1832--1892）、黃玉柱(新竹，推測 1835—1895)、馬兆麟（福建紹安，1837 年-1918 年）、黃瑞圖（新竹，推測 1840--1900）、謝彬（臺南或嘉義，推測 1845--1905）、陳奕樵（鹿港，1845--1891）、黃元璧（鹿港，1846--1972）、林嘉（，紹安人推測 1846--1906）、龔植（晉江人，推測 1849--1909）、朱少敬（大稻埕，1852--1928）、郭彝（臺南，1858--1909）、蘇淞（福州，推測 1860--1930）、陳心授（新竹人，1862--）、施少雨（鹿港，1864--1949）、呂璧松（臺南，1872--1931）、王席聘（鹿港，1876--1939）。在籍貫的認定上，凡移民定居者均以定居地為籍貫。

丁捷三（推測 1809--1875）

字子微，嘉義人，道光十一年（1831）舉人，曾任山東候補同知。工詩，福建詩選載其七絕多首。

謝琯樵（1811--1864）

嘉慶 16 年（1811）生，同治 3 年（1864）卒，福建詔安人。名穎蘇，初字采山，三十以後字琯樵，別署琯城山樵，號北溪漁隱、嬾雲山人、書畫禪。謝氏能詩，解音律，工書法、技擊，喜談兵，精書畫。咸豐元年（1851）佐幕至臺南，寓磚仔橋吳尚霑家為師，嗣居海東書院；後應板橋林家之聘為師，後又寓艋舺，與大龍峒文士時有往來，亦曾客竹塹潛園，寓臺約有四年。書畫俱佳，善畫花鳥，兼山水、人物，尤精蘭竹，亦論畫主胸無成竹。

葉化成（1812 --）

字東谷，原籍福建省海澄縣，後移居廈門。1835 年舉人，曾遊於臺灣道周凱（1779~1837）門下（呂世宜亦出於其門下），後因周凱推薦，任板橋林家西席，與呂世宜、謝琯樵合稱「板橋三先生」，對於北臺灣詩文、書畫之發展助益良多。葉化成擅書畫，尤擅長水墨山水畫，筆法溫文秀潤，其行草書法典雅秀麗，與呂世宜擅伊秉綬風格之「八分書」，謝琯樵之宗「板橋道人」，風格截然不同。

蒲玉田(推測 1830—1890)

福建漳州人，道光年間遊臺灣，善長工筆人物花鳥，曾為徐宗幹（1848--1854 任臺灣道）作臺地花果六幅、乘風破浪圖、登岸圖、斐亭課子圖等。

張世英（推測 1832--1892）

浙江陰山人，以監生捐補通判，需次至臺，1862 年戴潮春事起，淡水同知殉職，林占梅等眾擁世英攝同知篆，巡撫徐宗幹委以總辦臺北團練之職，並有效擊退戴朝春大軍攻擊淡北。仕宦畫家。

黃玉柱(推測 1835—1895)

字笏山，淡水廳竹塹人。受教於鄭用錫，擅詩文，工書畫。1855 年中舉；1859年以孝廉派任廣西思恩縣知縣，其後歷官江右，所至有政聲，廉明有古儒吏風；每朔望命治下各塾師，率學子入官署，背誦孝經，獎賞有差。其子宗鼎、彥鴻，亦相繼入仕宦之途。

馬兆麟（1837 年-1918 年）

字竹坪，號子般、東山裡人等，東山人（時屬詔安），光緒乙亥舉人。晚年築「宜

宜軒」，時有「詩、書、畫三絕」之譽，尤以書畫飲響藝壇。擅寫意花鳥，間作山水、筆墨簡練、崇尚疏淡。他是當時詔安畫派最早師事任伯年並吸收海派藝術風格的畫家之一。馬兆麟生前創作了大量的花鳥、山水作品，流傳甚廣，影響很大。

黃瑞圖（推測 1840--1900）

祖籍僅江定居新竹的新竹人，清咸同間秀才。工書善畫，尤長行體、花鳥。

謝彬（推測 1845--1905）

一作謝斌，清光緒年間（1875-1895）臺灣縣治人，精湛書法、水墨。筆法師承林覺，同屬黃慎影響下之宗派。史載：時為廟壁作畫，所繪人物畫尤佳，姿態神情，均具個人特色。

陳奕樵（1845--1891）

鹿港人，曾隨謝琯樵學習傳統書畫，畫風接近謝氏，陳氏因而將自己改名為「奕樵」，傳為趣談。陳奕樵作品以四君子的花鳥畫為主，在鹿港收有不少學生，後來成名的施少雨，即其門下。

黃元璧（1846--1972）

名廷棕，字元璧。祖籍汀州鹿港人，國子監生，擅四君子畫，尤擅畫竹。

林嘉（推測 1846-1906）

字咸甫，號漢仙。紹安人。師事同邑馬兆麟。清光緒中葉，幕遊至臺，喜與時彥交，有暇即閉戶作畫。

朱少敬（1852--1928）

原名長，號鶴波，臺北大稻埕人，咸豐元年生。年少時受僱於蘇義吉，為繪茶箱面板。多購前賢畫冊，以為觀摩。觀察蟹行為動靜，心領神會下筆而就，果得其形態，遂以畫蟹著稱。初始書法笨拙，作品均無署名，僅鑴印石兩方，一曰鶴波，一曰少敬。因眾譏其無學，發奮習書法之道，久之，書畫皆可。晚年任慈聖宮廟祝，自畫佛像供奉。工道釋、鬼神、人物。與林覺、葉王並稱臺灣三異，三人皆無傳師而至有術。

郭彝（1858--1909）

幼名欽沐，又作欽木，字藻臣，或稱佐臣，號東山。臺南安平人，生於清咸豐八年。祖父與父親皆曾在朝中為官，年少時聰穎過人，卻不熱中於科舉。清光緒11 年（1885）佐裡嘉義縣政，13 年（1887）入水師協鎮。善畫梅花。光緒十一年，曾任嘉義知縣羅建祥記室。後因羅建祥對稅賦自作主張，違背規矩，為巡撫

劉銘傳革職。郭彝也因而賦歸,未久又入平安協鎮幕僚。日本據臺,郭彝遷居廈門。隨後又返鄉隱居。

蘇淞（推測 1860--1930）

字僧瀞,福建福州人,光緒年間旅居霧峰鹿港等地十餘年,以人物花鳥為主。蘇淞的花鳥畫,工筆、沒骨運用自如,下筆線條剛勁拙趣,頗有吳昌碩、任頤筆意。

陳心授（1862--1933）

字道宗。新竹人,清同治元年生。精通經史。十九歲設帳授徒,工書善畫。

施少雨（1864--1949）

字作雲,號煙秋山民。祖籍浙江的鹿港人,少時隨家人到鹿港定居,拜陳奕樵為師,為謝琯樵在臺第二代傳人。擅長四君子花鳥畫及博古清供圖。

龔植（1869-1943）

字樵生。晉江人。清光緒初年來臺,居臺南,後遷臺北。喜丹青,善金石,花鳥草蟲,有畫院甜熟之習,賦色修潔,時得物外之趣。

呂璧松（1872--1931）

名林,號璧松。臺南人,自幼好畫,初練宋明各家畫風,後自成一格,一生以繪畫為業既是繪師或供稿匠師也是畫家。作為繪師呂璧松留有不少近似於水墨畫的線稿,也有手繪傳統習畫手冊留傳後人,更培養出近代臺南第二代本土彩繪匠師陳玉峰,作為畫家呂璧松在日據時期因受邀參展日本京都舉辦的「洛陽美術展」更輾轉參加「熊本美展」,榮獲特選第一名金牌獎,而聲名大噪。擅長人物、山水、花鳥。

王席聘（1876--1939）

清光緒年間畫家,名玩,號管癡,鹿港人。少好繪事,喜摹名人畫冊。施少雨見之,許列門牆,自是藝益進。工寫四君子。妙筆之間書學米芾,隸亦圓勁。割臺後,冰雪為心,未遑外慕,人目為高士。

就上列晚清時期在臺活動的畫家而言,與都市聚集、士商世家遊走的原則尚稱符合。以下來我們就列舉作品,及其必要的解說:丁三捷作品舉梅蘭菊竹四屏幅中的梅蘭二幅、花鳥畫;謝琯樵作品舉四君子之菊、扇畫山水、葉化成舉山水畫;蒲玉田舉觀音畫、花鳥畫;張世英梅畫;黃玉柱舉吉祥畫松鶴;馬兆麟舉花鳥畫;黃瑞圖舉寓意畫英雄獨立;謝彬舉三幅人物畫作品;陳奕樵、黃元璧、林嘉三位均舉花鳥畫;其餘擅長人物畫者有:朱少敬、蘇淞、呂璧松三位而已。

圖 6-154：丁捷三之四屏幅　　圖 6-155：丁捷三之花鳥

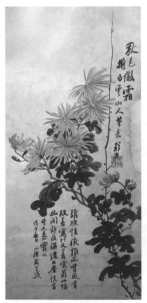

圖 6-156：謝琯樵作品一　　圖 6-157：謝琯樵作品二

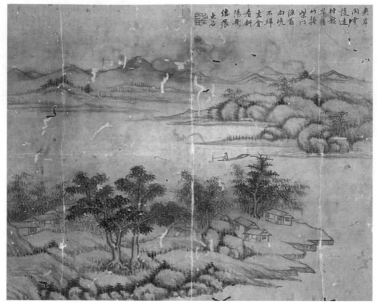

圖 6-158：葉化成作品一

圖 6-159：蒲玉田，觀音畫

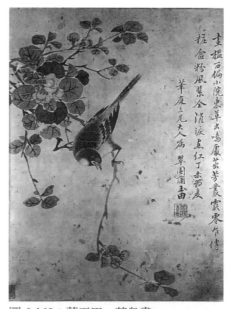

圖 6-160：蒲玉田，花鳥畫

圖 6-161：張世英作品　　　　　圖 6-162：黃玉柱作品

圖 6-163：馬兆麟　　圖 6-164：黃瑞圖　　圖 6-165：謝彬作品一

圖 6-166：謝彬作品二麻姑獻壽　　圖 6-167：謝彬作品三

圖 6-168：陳奕樵作品　　圖 6-169：黃元璧作品　　圖 6-170：林嘉作品

圖 6-171：龔植作品　　圖 6-172：朱少敬作品　　圖 6-173：郭彝作品

圖 6-174：蘇淞作品一　　　　圖 6-175：蘇淞作品二

圖 6-176：陳心授

圖 6-177：施少雨

圖 6-178：呂璧松作品一

圖 6-179：呂璧松作品二

圖 6-180：王席聘作品

我們先從繪畫的技術面分析一下上述畫家及其作品的分類議題。

其一，專業畫家與業餘畫家的分類

傳統水墨畫的發展過程中，由於書畫同用筆墨紙硯，所以也就有許多文人與士人因自認為擅書法而必然擅墨趣與擅繪畫，最典型的例子就是蘇東坡。乃至於傳統繪畫裡有許多特殊類型的畫家，諸如：文人畫家、士人畫家、和尚畫家（禪畫家）、水墨畫家（只用墨色而不上彩）、單一類科畫家（只畫竹或松或梅或蘭），這些特殊類型的畫家也都通常自命開風氣之先或為天地立命云云，總之說了一嘴好畫，所謂的畫論也都被他們說光了，但是事實上畫卻畫得很爛，他們以繪畫為天地立命云云，其實都只是一種「變形的交際」，甚至是掩護醜陋勾當的「道貌岸然化妝品」，最典型的例子就是明末的董其昌及其什麼畫旨禪畫論等。

傳統紙捐畫也因此而稱畫家者猶如墨分五色一般，專業性上參差不齊。其實，傳統紙捐畫的專業性的辨識也蠻簡易的，那就是辨識上以國家畫院的繪師、繪畫全才（各類繪畫都畫得好）、乃至於是否接受得了市場考驗與是否以繪畫謀生。反之繪畫則是修身養性，則是消遣，則是交際，則是比氣計較而已，都因該說是業餘畫家而不是專業畫家。

如果，我們拿上述的標準，專業畫家與業餘畫家的分類來看 1850 年至 1895 年臺灣紙捐畫的發展，必然更能看出這段期間繪畫風格的急速成形與劇烈變化。急速成形在於士人畫的風格仍然主導了所有的繪畫市場走向，劇烈變化則在於畫工畫匠晉身為畫家的例子也屢見不鮮，諸如：蒲玉田、謝彬、蘇淞，乃至於馬兆麟、呂璧松等畫家。

其二，潤筆與工資：繪畫作為專業，在傳統社會裡的困境

中國傳統的社會在儒家形成、科舉形成之後，所謂「士、農、工、商」的四民位階關係在宋朝南方經濟崛起之後已然鬆動了，更不用說在清朝政權腐敗之後，更是如此。我們說晚清時期的臺灣是個「士商共治」的社會，這還是講較為上層的社會，換到現實的社會則應說是「商士共治」的社會吧。正是由於這種士商共治社會或商士共治社會形成專業繪畫的特定養成方式，也養成業餘繪畫主導了審美取向。專業繪畫就是要能謀生餬口，要能以繪畫技術與分工取得最大的經濟效益；業餘繪畫則與謀生餬口無關，要能指指點點，並自認為替天行道，不可斯文掃地。說清楚一點，專業繪畫要看業主的臉色以高工資為目的，業餘繪畫要奉士人之道、文人之道以導正社會風氣為目的，千萬不能以賣畫為榮，「畫是無價」其實有兩面看法，一個是無價之寶，另一個是一文不值，當然業餘畫家都會認為自己畫的是無價之寶。在清朝福建的紙捐畫世界也就形成了互相聯繫又截然不同「金錢觀」的兩個世界，一個是士人畫或仕人畫的世界，也是所謂「留名千古」

的繪畫世界，另一個是畫工畫或建築彩繪工匠的世界，也是所謂「工匠不留名，業主來留名」的繪畫世界。在晚清的臺灣也是如此。

這樣的社會情境下在 1830 年鹿港龍山寺重修的機會下，泉州建築匠班裡一個傑出的年輕工匠郭連成就在鹿港龍山寺彩繪工程完成後，留在鹿港成家立業，開設「益錦號」從事漆料色料的商貿買賣，也處理可能的後續彩繪工程接案（註六十四）。從此以商號為名的彩繪工匠家族事業就悄悄的以新姿態在臺灣立足並發逐漸光。

6-4-2，晚清時期臺灣建築彩繪

紙捐畫因為與既有的傳統社會價值觀直接聯繫起來，所以畫家之名也就普遍的以紙捐畫的創作者為主。民間的繪畫系統雖然有學徒、畫工、彩師、繪師這般的進階養成訓練與資格認定，但是繪師如果未能沾上文氣、未能讀讀古書進而從事紙禍畫，並博得名聲的話，那麼繪師在歷史上通常留不了名。

士商共治的社會，工匠不留名的年代，商號可留名，這是封建社會的概念嗎？當然不是，因為到了二十一世紀的臺灣建築彩繪業界還是工匠不留名商號可留名的風氣。商號留名太俗氣，那就留個頗有詩意又有所本的名號：「醉墨軒」，特別是在郭氏彩繪家族集體創作、共同接業的畫作裡，通常是留「醉墨軒」之名，而不是留匠師之名。不過那是下一階段鹿港郭氏彩繪家族第二代、第三代的事了。醉墨軒表示專業與文人取向的詩意，有所本是民國初年最具創意的海上畫派成員胡炎卿發行了《<醉墨軒畫冊>>，成為二十世紀初頗多傳統習畫者的重要「教材」。雖然在日據時期，鹿港郭氏彩繪家族專業的發展還是與中國繪畫市場同一文脈水乳交融。

由於鹿港郭氏彩繪家族的經營模式在晚清的臺灣算是一種新形態，所以，也只有鹿港郭氏彩繪家族的作品才更有機會留名，才更有機會在後人的研究裡將作品與作者聯繫起來。而在 1850 年至 1895 年期間絕大部分的臺灣建築彩繪作品是沒有這種機會與優勢。我們從這樣的社會情境裡，「考證」出這個階段的「繪師」有以下幾位：
鹿港郭氏彩繪家族第一代郭連成（--1888）。
蒲玉田(推測 1830--1890)。
謝彬（推測 1845—1905）。
鹿港郭氏彩繪家族第二代郭友梅（1849--1915），名柳，友梅為字。
鹿港郭氏彩繪家族第二代郭鍾、郭盼（由於未能成為繪師而少有紀錄）
鹿港郭氏彩繪家族第二代郭福蔭（1851--1909）。
蘇淞（推測 1860--1930）。

臺南傳統繪師第一代呂璧松（1872--1931）。

以現有的歷史資料我們很難研判郭連成是「繪師」還是「彩師」，但是從郭連成對第二代的期待與技術養成訓練裡，很清楚的可以看得出來科舉功名乃或私塾漢學老師還是第一順位，而「繪師」則是第二順位，以彩師繼承「益錦號」則是第三順位。這與葉麟趾首創嘉義尪仔陶的事業後，對其兒子的期待順位幾乎是一模一樣的，可見得晚清是個士商共治社會，士人比商人更有社會地位，而繪師酬勞比彩師的酬勞高得多，都是真實的社會情境。

繪師的專業當然是繪畫，但是除了建築彩繪工程裡的繪畫之外仙佛掛畫、肖像畫（特別是祖先畫）、收徒教畫、以線稿售予彩師乃至所有需要線稿的裝飾工匠、手繪科徒畫冊、發行畫冊等等都比畫紙褙畫來得觀乎生計。所以繪師也是傳統社會裡的「供稿師傅」，繪師從事紙褙畫往往只在獲得極高建築彩繪工程的酬勞時，送給業主、建立社會網絡兼顧業務的發展，繪師也只有在酬謝用的紙褙畫裡會留名，其他類型的作品基本上是不留名的。這種「行規」直到日據時期，乃至臺灣光復後亦然如此。所以，目前對1850年至1895年期間建築彩繪或民間繪畫作品的實物舉例，通常也不太可能「找到」繪師的名號，最多只有藉由對鹿港郭氏彩繪家族第二代所接過的重大建築彩繪業務的紀錄作為一種旁證，來指稱這是郭家彩繪匠師團隊的作品而已。

我們先引述一段鹿港郭氏建築彩繪家族重大建築彩繪業務紀錄：「所謂郭家彩繪團隊真正成形，要到郭柳於光緒元（1875）年起主持今臺中縣社口林大夫第（1875）、潭子摘星山莊（1876）、神岡筱雲山莊（1888）、大里林大有宅（1890）、永靖餘三館（1891）、東勢潤德堂（1903）、梧棲楊瑤卿宅（1909）等彩繪工程後而確立。目前上述前清時期古建築如社口林大夫第、潭子摘星山莊、神岡筱雲山莊的彩繪作品大部份尚保存完好，時間且已長達135年之久，除上述古建築本身已深具歷史意義及獨特的藝術價值，所映現當年以郭柳為首的鹿港彩繪團隊的專業外，就彩繪作品表現的嚴謹作工和高雅古趣的藝術精度，亦傳達出鹿港郭家彩繪團隊獨領時代風範的必然性。……其間他曾返回鹿港，並在光緒6（1880）年應鄉賢丁壽泉進士之邀施作大街商宅，及為莊德佛堂彩繪裝修板壁佛畫」（註六十五）。

由於這個時期的匠師不留名，對建築彩繪發展的舉例分析，基本上是從建築物的完工日期來推斷建築彩繪創作年代，並且從建築彩繪風格來判斷是否重繪過。另一方面，由於古蹟維修的原則是依原樣維修彩繪，所以也視同該彩繪原樣的創作日期。依時間序，僅舉淡水鄞山寺、大溪李騰芳宅、新埔劉氏宗祠、佳冬蕭宅、神岡大夫第、鹿港丁宅、龍井林宅、永靖餘三館、霧峰林家的建築彩繪如下：

圖 6-181：1857 淡水鄞山寺彩繪一

圖 6-182：1857 淡水鄞山寺彩繪二

圖 6-183：1860 大溪李騰芳樑枋彩繪

圖 6-184：1860 大溪李騰芳灰壁繪

圖 6-185：1866 新埔劉氏宗祠樑枋彩繪一，包巾彩繪

圖 6-186：1866 新埔劉氏宗祠樑枋彩繪二

圖 6-187：1860-1870 佳冬蕭宅門版彩繪，雙星獻壽（攝於 1990 古蹟維修前）

圖 6-188：1860-1870 佳冬蕭宅屏風擂金彩繪與樑枋彩繪

圖 6-189：1875 神岡大夫第林宅樑枋彩繪一

圖 6-190：1875 神岡大夫第林宅樑枋彩繪二，局部（郭有梅作品）

圖 6-191：1875 神岡大夫第林宅壁版水墨繪

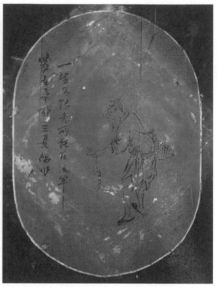

圖 6-192：1880 鹿港丁宅門版墨繪一　　圖 6-193：1880 鹿港丁宅門版墨繪一

圖 6-194：1880 龍井林宅壁版彩繪

圖 6-195：1880 龍井林宅樑枋彩繪

圖 6-196：1880 龍井林宅墨繪細　圖 6-197：1880 龍井林宅墨繪細部二
部一，款摹古黃慎先生大意

圖 6-198：1891 永靖餘三館樑枋彩繪

圖 6-199：1891 永靖餘三館壁版彩繪

圖 6-200：1891 永靖餘三館擂金繪

圖 6-201：依風格研判 1880 後，霧峰林家樑枋彩繪維修前（攝於 1990 年）

圖 6-202：霧峰林家樑枋彩一繪維修前　圖 6-203：霧峰林家樑枋彩繪二維修前

圖 6-204：霧峰林家樑枋彩繪二維修後　圖 6-205：霧峰林家樑枋彩繪二維修後

圖 6-206：霧峰林家灰壁墨繪一維修前　圖 6-207：霧峰林家灰壁墨繪二維修後

在分析 1850 年至 1895 年臺灣建築彩繪發展之前，我們先辨識一下「建築彩繪裝飾（工程）」與「建築彩畫（工程）」這個兩個用語的差異。

建築彩繪一詞包括建築上彩裝飾與繪畫裝飾。而建築彩畫則只包括建築上彩，指依既定幾何裝飾圖稿，先在建築構件上打稿放樣，再上彩，然後再上墨線或金線的油漆工程，建築彩畫的工作只要取得彩師資格，就能承接。建築彩繪裡的繪畫裝飾則為在建築構件上的繪畫創作，包括壁畫創作、木版畫創作、樑枋彩畫時留下所匡出的堵仁範圍上的繪畫創作，這些工作通常要取得繪師資格，才能承接。由於取得繪師資格者早已歷練過彩師的工作，而且該具有直接於指定範圍上揮筆成畫的能力，所以彩師能做的工作繪師也會做。但是繪師能做的直接揮毫成畫的工作，彩師就無能為力。

另一方面，由於在盛清時期福建的繪師名家倍出，所以就只有福建地區才發展出以繪師為中心的彩繪工匠系統，這包括了彩繪匠師的養成過程及彩繪工作團隊。而在中國的其他地區並沒有發展出這個彩繪工匠系統，所謂的彩畫工程，也就只是彩師為中心匠師養成過程及「以漆上彩」的工作團隊而已。換句話說，就是油漆工程師，而其工程項目就是宋朝「營造法式」裡所稱的「彩畫作」。宋朝營造法式裡所稱的彩畫作工作內容並不包括「繪畫」這一項目，繪畫這一項目還是找繪師或畫家來進行。

目前在臺灣用「建築彩繪」一詞而少用「建築彩畫」一詞，其原因在於建築彩繪工程包括彩師的工作與繪師的工作，而彩繪工匠團隊通常又是以繪師為中心，而不是以彩師為中心。

在 1850 年至 1895 年臺灣建築彩繪發展，最重要的一項承傳，就是將福建特有的建築彩繪系統，從「頗不熟悉」轉變為「商業制度」。

所謂「頗不熟悉」指的是以繪師為中心的工作團隊在 1850 年之前的福建以經形成，但是在臺灣並未形成，這從前期的傑出繪師林覺並無收徒的紀錄，乃至本期的傑出繪師蒲玉田、謝彬、蘇淞也少有收徒的紀錄就看得出來，繪師要投入建築彩繪似乎還是「個人創作」，而不是團隊工作，繪師想突破的是成為畫家，成為士人或商人的幕僚，成為能吟詩作對，有文學修養的文人，成為「以畫會友能伸志」的有社會地的人，成為能將繪畫當作修身養性而不是當作買賣的「志業」，然而在當時的社會情境裡，並不容易。繪師能看清楚授徒傳藝也有一定的社會地位，就要從看破「科舉功名」開始，而在士商共治的社會裡，其途徑就是從商。

所謂「商業制度」指的是以繪師為中心的工作團隊只能寄養在家族商號裡，這麼

一來,最該成立的商號就是經營建築彩繪工程材料,在家族商號裡培養家族成員成為繪師,那麼現成的以繪師為中心的工作團隊或匠班就自然而然的形成了。而這種「商業制度」在福建或許還沒有,但在當時的鹿港卻非常需要。這就是泉州年輕彩繪匠師郭連成移民定居鹿港,開設「益錦號」的眼光與原因吧。

繪師以個人之力投入建築彩繪工程與以家族工作團隊投入建築彩繪工程,在工作態度、方法乃至「施工材料與用料上」是有不同的考量因素,而 1850 年至 1895 年之間,臺灣建築彩繪工作也面臨著許多變化。如果我們只看個人創作與團對創作的重疊領域,或看建築彩繪面臨變化時不變部分的話,那就是繪師能夠直接提毛筆在牆上、版上作畫,而對畫底(後來稱為地仗層)的要求則是儘量接近紙褙的性質,另一方面,如果有繪師投入的建築彩繪裝飾工程時,通常會在既定的建築彩繪創作模式裡,尋求「錦上添花」乃至「口碑留名」的突破。這種建築彩繪技術上的重疊或差異我們在以下的分析裡再說明。我們也是先分析建築彩繪的技術議題。

其一,樑枋彩繪已從包巾彩繪發展到匝頭分段彩繪。

建築彩繪工程的重點向來都是樑枋彩繪,在江南與福建樑枋彩繪的圖紋出現則是在宋朝之後,原先是以上樑包袱或上樑包巾的形式出現的,所以很長一段時間樑枋彩繪的特點就是龍鳳圖紋、八卦圖紋乃至吉祥圖紋的包巾畫。這種包巾畫在盛清時期的江南地區就往「錦織包巾」發展(註六十六),然而在福建地區就往「吉祥圖畫」,乃至於「花鳥畫」發展。吉祥畫也好,花鳥畫也好通常就不是彩師所能勝任,而需要繪師加入工作,或最少要繪師提供線稿再拓上才可能完成。

在分析上述的舉例裡,我們可以很清楚的看到 1866 年新埔劉氏宗祠建築樑枋彩繪就是「包巾彩繪」以及「花草覆包巾」的例子。1875 年神岡大夫第建築樑枋彩繪的「包巾彩繪」就有些變化,增添了新元素美人畫與時鐘於瓜筒及包巾上,包巾的披覆也更複雜些,幾何折紋也較明顯。1880 年代之後的樑枋彩繪就逐漸從「包巾彩繪」走到「箍頭分段彩繪」,如:龍井林宅、永靖餘三館、部分霧峰林宅的樑枋彩繪。這種「箍頭分段彩繪」就是爾後臺灣彩繪匠師所稱的「花草」。而花草一詞筆者認為是花鳥與唐草(也稱團草)的簡稱,也就是圖 6-186 新埔劉氏祠堂彩繪案例中左邊為花鳥,右邊為唐草(即幾何團草或織錦紋)的合稱。

其二,灰壁墨繪、壁版墨繪、壁版彩繪越來越多。

由於「彩繪工匠團隊、彩師工匠團隊」與「繪師、仕人畫家」這兩組不同創作性質的創作者同時存在,所以這個時期能然可見諸多墨繪形式的建築彩繪作品,但由「彩繪工匠團隊、彩師工匠團隊」所經筆的墨繪作品以漸失水墨韻味,如:圖 6-191 龍井林宅壁版彩繪、圖 6-192、圖 6-193 鹿港丁家門版彩繪。而未失水墨韻味者當為「繪師、仕人畫家」所經筆,如:圖 6-206 霧峰林家灰壁彩繪。也由於

「彩繪工匠團隊、彩師工匠團隊」與「繪師、仕人畫家」這兩組不同創作性質的創作者同時存在，所以在互飆技術之下，灰壁墨繪、壁版墨繪、壁版彩繪越來越多。

其三，戲文畫的需求越來越高，戲文畫成為廟宇建築彩繪的主流類型。
由於廟宇建築彩繪有手繪聖跡圖與祖廟山水圖的「傳統」，加上臺灣廟宇酬神戲的不可或缺，所以戲文畫就成為廟宇建築彩繪的主流類型。但是在案例上我們卻很難找到 1850 年至 1985 年間的戲文畫，這是因為這個時期的經濟正向變動極大，也造成廟宇的香火鼎盛，主殿上的建築彩繪逐漸因煙燻而「重繪」，更不用說在下一階段（1895--1945）已有化學香出現，帶有焦油的煙對建築彩繪的破壞力更強。

雖然很難在廟裡找到 1850 年至間 1895 年間的戲文畫建築彩繪，那麼我們怎麼「證明」戲文畫在此時就以然成為廟宇建築彩繪的主流類型呢？

嘉義尪仔陶的崛起主要就是替代戲文畫這個事實，有力的證明了戲文畫與明君詮釋畫（所謂的四聘乃至歷史典故）在 1850 年至間 1895 年間以然成為廟宇建築彩繪的主流。

其四，建築彩繪題材上已出現「新事物」。
在鹿港郭氏彩繪家族出現後，建築彩繪取材上就逐漸有「新生事物」在彩繪中出現，以郭有梅的作品來看這新生事物就是「鐘錶」，以整個鹿港郭氏彩繪家族的作品來看，這新生事物就是指「仕女畫」上了樑。圖 6-192 的案例可以很清楚的察覺到這種變化。

其五，本時期最大的技術改變在於扁筆取代了毛筆。
由於工作性質的不同所以彩師習慣用刷子而繪師習慣用毛筆，而在以繪師為中心的彩繪工匠團隊裡彩師與繪師最大的交集就是「扁筆」的運用。筆者認為在本階段（1850--1895）建築彩繪工程裡最大技術改變即在於扁筆取代了毛筆，只有在題字落款時才可能以毛筆寫字，這主要是指「彩繪工匠團隊」裡的作業狀況，如果是「繪師、仕人畫家」這一組人馬的創作，那當然還是以毛筆為主。

其六，下一階段（1895--1945）最大的技術改變在於地仗層的出現。
在下一階段（1895--1945）建築彩繪的技術上最大的改變則在於木作畫底的地仗層出現，這地仗層原先是合併木柱與木柱維修時的施工要件，原名「披麻捉灰」，到了清朝時改稱「地仗層」或與「地仗層」工序合而為一。而地仗層的施作原本是「建築彩畫」的要項，根本不是「建築彩繪」的要項，但在泉州地區卻因對抗戶外海風含鹽量的侵蝕，乃至不知何時反而成為「建築彩繪」的要項（註六十七）。

而在日據時期乃至光復後的臺灣彩繪行業也就不明究裡的成為「彩繪」工序的一環，進而劇烈的改變了彩繪技術。以彩繪技術上的術語來說那就是「化色」取代了「疊暈法」與「退暈法」，化色可以指稱水墨，也可以指稱油漆繪畫，然而「疊暈法」只可以指稱「油漆彩畫」。「化色」可以包括「入木三分」，然而「疊暈法」則拒絕「入木三分」。

分析了建築彩繪的技術議題後，我們再分析建築彩繪的美學議題。

其一，這一階段建築彩繪有哪些主題

如果只論「建築彩畫」，那麼就是圖案以漆作畫，所謂的包巾畫重點在於如何表現包巾的柔軟轉折或剛硬轉折而已，堵仁或垛仁上的主題就是八卦圖案、龍鳳圖案、團草圖案，甚至於是底色填充而已。

但是如果是論「建築彩繪」那麼就有主題的類型可分。一般現今建築裝飾研究上的分法為：動物主題、植物主題、圖紋主題、文字主題、器物主題、人物主題（註六十八）。但是如果我們從繪師與畫家的角度來作主題的分類的話，那麼動物主題、植物主題、圖紋主題、文字主題都是圖案畫，是屬於「彩師」依稿平塗即可的製作，只有器物主題裡的吉祥畫與人物主題裡的戲文畫是由繪師與畫家來畫。如果我們認可廟宇建築彩繪的重繪通常不改變主題的話，那麼就以上列舉的民居與街屋裡的建築彩繪，加上難以認定為 1850 年至 1895 年原作的眾多廟宇建築彩繪。那麼這一階段建築彩繪的主題主要就是士人畫（梅蘭竹菊）、文人典故畫、美女畫（也稱仕女畫）、吉祥畫、歲供畫（屬吉祥畫裡的特殊類型）與歷史典故畫（也稱演義畫、戲文畫），其中歷史典故在建築彩繪匠師的術語裡還分成文場畫與武場畫，俗語裡通稱尪仔畫。

其二，這一階段為什麼戲文畫為成為主流類型

在繪師創作的主題裡雖然有士人畫、文人典故畫、美女畫、吉祥畫與歷史典故畫這五大類，但是廟方業主的最愛還是戲文畫與吉祥畫。因為臺灣廟宇多為福建祖廟分靈而來，而媽祖信仰及陳靖姑信仰與觀音信仰的廟宇裡都有繪聖跡圖與祖廟山水圖的傳統，而戲文畫既可表彰忠孝節義，又可表現常駐「酬神戲」的意思，久而久之，戲文畫就成為宮廟建築彩繪業主的指定主題，吉祥畫亦是如此，只是吉祥畫不止宮廟業主喜愛，民居的業主也很喜愛，而這吉祥畫與戲文畫成為建築彩繪的共同主流類型，在臺灣形成的時間應該就是晚清時期，而這種審美取向則是士商共治社會順應「民意」的理想選擇。簡單的說，士商共治的社會，前者強調傳統倫理綱常，後者強調大家有錢唯我發財，廟宇強調拜了就吉祥如意事事順心，而經濟蓬勃發展的臺灣會養成如此的審美取向，還有財力投入這等裝飾藝術，那也是合情合理的選擇。

6-4-3，晚清時期的閩習到臺風：戲文畫與演義價值觀的審美取向

我們將晚清時期的紙祸畫發展與建築彩繪發展合在一起,來探究這個時期的繪畫美學,那麼我們可以說一種「演義價值觀」的審美取向正在借用,並且已然醞釀成熟。說這是一種「借用」,指的就是「閩習就是臺風」,說是已然醞釀成熟,指的則是集中在「戲文畫」的現象更擴張到尪仔陶的藝術創作上,這在傳統工匠的創作上是具有獨特性,而葉麟趾的嘉義尪仔陶在技術與美感上都是首創且引領一代風騷。

我們實在沒有什麼理由,也沒有什麼蹟事證來說明葉麟趾的尪仔陶是從廣東匠師學來的,因為當時泉州的德化窯遠比廣州的石灣窯來得發達,更不用說陶藝的成就在於捏陶是否有趣,是否精準符合該社會的審美取向,而不在陶燒技術與釉料秘方。唯一值得探討的就是尪仔陶或尪仔畫,乃至下一階段的尪仔剪粘所共享的審美取向到底是如何形成。

筆者認為尪仔畫在廟宇建築彩繪裡形成主流創作主題,雖是一種借用,但仍然具有獨特的臺灣味,那就是「演義價值觀」在晚清時期的臺灣已然確立,並且成為士商共治社會與臺灣民俗信仰裡的最大共識。這種「演義價值觀」催促了臺灣傳統繪畫取材的「有意思化」與「臺灣味」。我們可以說,設計美學的發展當然不是只有畫技的演變,而更要有「有意思化」過程。藝術創作著重於有意思化就是指「人物詮釋畫」或「義理詮釋畫」,乃至於我們可以直稱這就是「敘事設計美學」。而在案例上就是此刻層出不窮的以歷史演義當作創作題材。

6-5，小結

由於本章各節的分析頗多,所以在總結晚清時期臺灣的審美取向與藝術風格時就顯得清晰得多。在建築美學上除了承續「以美為貴」原則以外,庭園美學也明顯的加入建築美學的行列,這從板橋林家花園與霧峰林家花園的「江南庭園」取向上就可一見端倪。在工藝美學上除了講求材質之美以外,嘉義尪仔陶的崛起很明顯的指向戲文畫或義理詮釋畫成為工藝表現的審美重點,材質之美講究的是金碧輝煌,而戲文畫講究的則是「感人落淚」。在繪畫美學上除了講求墨色、筆韻與色彩之外,戲文畫、士人畫與吉祥畫三者共譜了士商社會與民俗社會滿意的作品。如果說建築美學、工藝美學、繪畫美學有什麼交集論域的話,那麼在晚清時期的臺灣那就是建築裝飾工藝的「富貴險中求,不如,富貴廟中求」,「富貴功名廟中求,不如,心安理得吉祥家中來」。晚清時期的設計美學或許已不是什麼「野逸」美感取向所能詮釋,而是「富貴吉祥」美感取向才能滿足的吧。

第六章註釋

註一：第二次鴉片戰爭所簽的北京條約裡，所附《通商章程善後條約》，規定：鴉片貿易合法化；海關對進出口貨物照時價百抽五徵稅；洋貨運銷內地，只納 2.5%子口稅，免征一切內地稅；聘用英國人幫辦海關稅務。但是，英、法不容修改《天津條約》的各項條款，並堅持要在北京換約。

註二：由於朱熹生於福建葬於福建，所以以福建的觀點而言宋明理學就是「朱熹之道」，「朱熹之道」就是閩學。

註三：引自，何綿山，2005，p.21。

註四：引自，許雪姬，1993，p.1-2。

註五：參考引自，許毓良，2008，p.524。

註六：引自，許毓良，2008，p.32—33。

註七：引自，許雪姬，2009，p.20—21。

註八：參考，楊裕富，2011，福建設計美學發展講義。

註九：參考，楊裕富，2011，敘事設計美學。

註十：同，註八。建築彩畫指建築梁枋上圖紋式漆作，也是宋朝營造法式裡所稱的彩畫作，建築彩繪指的則是建築梁枋上從「錦紋包袱」擴大為「花鳥包袱」與「戲文枋心繪畫」，以及粉壁彩繪（如：敦煌壁畫）。建築彩畫與建築彩繪最大的差異則在於營造法式的建築彩畫只需彩工從事，而不需繪師繪畫創作。

註十一：參考，楊裕富，2011，福建設計美學發展講義；林從華，2006，緣與源：閩臺傳統建築與歷史淵源。

註十二：參考，林從華，2006，p.130。

註十三：參考，楊裕富，2006，建築構造類型：一個傳統民居研究方法論的輪廓。

註十四：參考，米復國、吳瓊芬，1992，澎湖縣西嶼鄉二崁村聚落保存軟硬體規劃。

註十五：參考，屏東縣古蹟及歷史建築提報表。劉友才宅第。

註十六：參考，許雪姬，2009，樓臺重起：林本源家族與庭園歷史。

註十七：參考，黃柏勳，2004，發現古厝之旅。

註十八：詳見，林文龍，1998，社寮三百年開發史，第 68 頁所錄日據時期連星宮全貌之老照片，其其三川殿屋頂就是斷簷升口，或斷簷升箭式屋頂。

註十九：參考，淡水社區工作室網站，鄞山寺(汀州會館)款；文化部文化資產局網站，鄞山寺(汀州會館)款。

註二十：引自，許雪姬、賴志彰，1992，p.119。

註二十一：同前引，p.129。

註二十二：同前引，p.134。

註二十三：參考，黃柏勳，2004，發現古厝之旅。

註二十四：參考，何肇喜、楊裕富，2002，彰化李宅歷史建築物修護計畫研究報告。

註二十五：馬背山牆夾燕尾的屋脊形式出現於福州大約在明朝之後，其原因可能是明朝後福州市

地擁擠、民居比鄰，為了防火而出現極具造形效果的封火山牆，然而官宦之家建宅又要以「燕尾」標記，所以就形成「馬背山牆夾燕尾」的屋脊形式。馬背山牆夾燕尾的屋脊形式出現於閩西北則可能更早，其原因可能是批披水懸山建築其出挑較多，原本屋脊燕尾即為屋脊之壓磚，作在側牆頂才有壓磚的效果，爾後民居往兩側小幅擴張（也是因為市區民居比鄰而建）即以「封火山牆」再頂住出挑的外緣，而形成較小的稍間或側間，如此一來整個屋脊也就呈現「馬背山牆夾燕尾」的特殊屋脊形式。這種屋脊形式或屋頂形式很少出現於閩南地區，所以，依此判斷當初新埔劉家祠堂興建時可能受到福州建築式樣或閩西北建築式樣的影響，或是聘請了此二地區的建築匠師興建所致。

註二十六：參考，國家三級古蹟：南投藍田書院網站。

註二十七：參考，文化部文化資產局網站，學海書院(今高氏宗祠)款。

註二十八：參考，許雪姬、賴志彰，1992，臺中縣建築發展：民宅篇田野調查總報告，p.76-78。另外對建築風格判斷上，由於晉水與詔安都屬漳州，自古以來一直都是福建所屬，而非廣東所屬，所以稱之為漳州建築風格應是實情，若判斷為閩客建築混合風格，或閩粵建築混合風格就不精確了。

註二十九：參考，臺中市政府網站臺中文昌廟款；洪文雄，1993，臺閩地區三級古蹟：臺中文昌廟調查研究與修復計畫。

註三十：參考，新竹縣北埔鄉公所網站之觀光旅遊古蹟北埔慈天宮款；龍玉芬，2007，一座護隘廟宇的個案研究：以新竹北埔慈天宮為例。

註三十一：參考，鹿港天后宮全球資訊網，建築沿革款。

註三十二：引自，夏鑄九，1981，板橋林本源園林研究與修復，p.37。

註三十三：參考，夏鑄九，1981，板橋林本源園林研究與修復，p.37-38。

註三十四：維基百科。林本源家族款。

註三十五：參考，許雪姬、賴志彰，1992，p.84-86。

註三十六：參考，許雪姬、賴志彰，1992，p.256；楊仁江，1996，臺中縣龍井林宅研究。

註三十七：參考，文化部文化資產局網站，馬公觀音亭款。

註三十八：參考，黃俊銘、李乾朗，2009，臺灣府儒考棚調查研究暨修復計畫。

註三十九：引自，連橫，2007，p.61。

註四十：客家人是一種文化的概念而不是種族的概念，明清客家人的再遷移主要有三次，第一次為明中葉的閩粵客家遷回贛南；粵東梅縣、長樂客家向海豐、歸善、永安乃至珠江三角洲遷移。第二次盛清時期康熙年間的「湖廣填四川」時帶動粵東客家往四川遷移；康熙時鎮平（今蕉嶺）、平遠、興寧、長樂（今五華）的客家人（俗稱四縣客家人）及部分汀州客家人的移民臺灣，從鹿耳門登陸後往南北兩路擴散。第三次十九世紀中葉，太平天國運動失敗，同時引發廣東西路大規模且慘烈的的土客械鬥，再度引發廣東客家人的大量遷移，這次的遷移則以南洋為主，臺灣為輔。詳，謝重光，1999，p.23-36。

註四十一：引自，楊裕富，2011，p.157。

註四十二：參考，林文龍，1998，社寮三百年開發史。

註四十三：引自，蔡相煇，1992，p.213。

註四十四：詳，楊裕富，2011b，敘事設計美學：四大文明之風華再現。

註四十五：引自，江韶瑩，1997，p.86。

註四十六：參照，江韶瑩，1997，p.82。

註四十七：引自，簡榮聰、鄭昭儀，2001，p.113。此段所引之作者為鄭昭儀，同書另一作者簡聰榮則於葉王系統的師承流派最後一段略似姑且一錄的寫出：「世間傳誦葉王技藝，曾向來臺之廣東匠師劉構思學習而得釉法與窯燒技法」，見同書，p.65。

註四十八：轉引自，簡榮聰、鄭昭儀，2001，p.8。其此段文字小標題為「2 陳國寧所長的說法」。

註四十九：轉引自，簡榮聰、鄭昭儀，2001，p.7。

註五十：引自，洪天送，1997，p.42。

註五十一：福建地區的民間繪畫裡，稱為繪師的民間畫家往往就是廟宇裝飾工程的主要匠師，而彩繪工匠就成為建築裝飾工程的設計師，這也是為什麼福建地區稱營造法式裡的「彩畫工程」為「彩繪工程」的主因之一，彩畫匠師基本上就只是漆作匠師，而福建地區所稱彩繪匠師則分為繪師與彩師兩種，繪師就是能創作能畫人物畫的匠師，而彩師就是其他地區的「彩畫匠師」。另一方面，從現存福建地區尚存的古時建築彩繪作品來看，廟宇裡的彩繪作品在明朝時就是以龍鳳圖紋、錦織包袱圖案、山水圖案為主，至清盛期戲文畫則從「聖跡圖」逐漸發展成「戲文圖」，到晚清時期，戲文圖、吉祥話圖與花鳥圖就成為主要的建築彩繪題材，反而將山水圖擠下。

註五十二：詳，施翠峰，1997，p.36。

註五十三：詳，簡榮聰、鄭昭儀，2001，p.64。

註五十四：詳，左曉芬，1977，p.53。

註五十五：詳，楊裕富，2011a，p.76-79。

註五十六：引自，全臺祀點大天后宮網站。

註五十七：引自該展覽潘采芹所撰說明文。

註五十八：參考，陳勇成，2006，p.89-96。

註五十九：引自，李乾朗，2003，p.168。

註六十：引自，蕭瓊瑞，2009，p.229。

註六十一：引自，謝月素、顏毓芬編，2003，p.236。

註六十二：引自，施翠峰，2006，p.159。

註六十三：參考，蕭瓊瑞，2009，p.144-p.146。

註六十四：參考，李奕興，2010。

註六十五：同前註。

註六十六：這種包巾畫成為「錦織包巾」，乃至於成為「錦織方布」的例子在蘇州的太平天國忠王府博物館所保留的傳統建築彩畫裡看得最清楚，而這種變化基本上都還是屬於彩師的工作範圍，而不是屬於繪師的工作範圍。

註六十七：詳，汪洁、林國平，2003，p.97。

註六十八：詳，康鍩錫，臺灣古建築裝飾圖鑑，p.11。

第六章參考文獻

王建柱，1982，鹿港手工藝，鹿港：鹿港文物維護及地方發展促進委員會。

王御風，2010，圖解臺灣史，臺中：好讀出版公司。

石文誠、呂理政等，2010，珍藏臺灣，臺南：國立臺灣歷史博物館。

左曉芬，1997，葉王創作生命史、世系傳承與交趾陶作品分佈情形、題材類型調查研究，收錄於「嘉義交趾陶藝術初論」一書。

米復國、吳瓊芬，1992，澎湖縣西嶼鄉二崁村聚落保存軟硬體規劃，臺北：文建會。

江韶瑩，1997，<臺灣交趾第一人王師葉麟趾的研究考略>，收錄於「嘉義交趾陶藝術初論」一書。

汪洁、林國平，2003，閩臺宮廟壁畫，北京：九州出版社。

何綿山，2005，閩臺文化探略，廈門：廈門大學出版社。

何肇喜、楊裕富，2002，彰化李宅歷史建築物修護計畫研究報告。彰化：彰化縣政府。

李奕興，2010，臺灣傳統建築彩繪匠派的生成與行跡（1830 一 1980），網路文章，標明發表於「國美館新一期臺灣美術的傳統彩繪專題」。

李政隆，1994，彰化縣第二級古蹟和美道東書院文物展示規劃報告書，彰化：彰化縣政府。

李政隆，1994，彰化縣鹿港文開書院文物規劃報告，彰化：彰化縣政府。

李乾朗，2003，臺灣古建築圖解事典，臺北：遠流出版公司。

吳漢恩等著，2005，臺灣的古蹟：南臺灣，新店：遠足文化公司。

汪洁、林國平，2003，閩臺宮廟壁畫，北京：九州出版社。

林文龍，1998，社寮三百年開發史，竹山：社寮文教基金會。

林世超、張宇彤，1997，澎湖傳統合院與歷史建築，馬公：澎湖縣立文化中心。

林從華，2006，緣與源：閩臺傳統建築與歷史淵源，北京：中國建築工業出版社。

林會承，1995，臺灣傳統建築手冊：形式與作法篇，臺北：藝術圖書公司。

林會承、許雪姬，2001，彰化鹿港古蹟保存區丁家大宅調查研究，臺北：國立臺北藝術大學傳統藝術研究所。

洪文雄，1993，臺閩地區三級古蹟：臺中文昌廟調查研究與修復計畫，臺中：東海大學建築研究中心。

洪天送，1997，<論交趾陶>，收錄於<<嘉義交趾陶藝初論>>。

夏鑄九，1980，全省重要史蹟勘察與整修建議：歷史古蹟部分，臺北：臺大土木所都市計畫研究室。

夏鑄九，1981，板橋林本源園林研究與修復，臺北：臺灣大學土木所都市計畫室。

范明煥編，2000，新竹縣古蹟圖文集，竹北：新竹縣政府。

施翠峰、施慧美，2007，臺灣民間藝術，臺北：五南圖書公司。

施翠峰，1997，評「林添木交趾陶藝風格初探」，收錄於<<嘉義交趾陶藝初論>>。

施翠峰，2006，<日治時代臺灣美術五十年史>，收錄於<<風中勁竹>>。

施慧明編，2006，風中勁竹：日據時代臺灣新文化運動下的藝術，臺北：臺北市立美術館。

康鍩錫，2007，臺灣古建築裝飾圖鑑，臺北：貓頭鷹出版社。

徐天福、陳勇成，2006，家具之美：臺灣家具傳統具研討會論文集，臺北：國立歷史博物館。

高傳棋編著，2004，穿越時空看臺北：古地圖舊影像文獻文物展，臺北：臺北市政府文化局。

陸明哲，2006，中國歷史圖鑑，中和：華文網公司。

連橫，2007，臺灣通史，臺北：眾文出版社。

許雪姬、賴志彰，1992，臺中縣建築發展：民宅篇田野調查總報告，豐原：臺中縣立文化中心。

許雪姬，1993，滿大人最後的二十年：洋務運動與建省，臺北：自立晚報社文化出版部。

許雪姬，2009，樓臺重起：林本源家族與庭園歷史，板橋：臺北縣政府文化局。

許毓良，2008，清代臺灣軍事與社會，北京：九州出版社。

陳仕賢，2006，彰化縣古蹟與歷史建築導覽手冊，彰化：彰化縣政府文化局。

陳武雄、張啟仁編，臺灣民俗文物圖錄（一），臺中：臺中市立文化中心。

陳勇成，2006，<臺灣傳統家具風格之演進：以大溪游禮海藝師作品為例>，收錄於<<家具之美：臺灣家傳統具研討會論文集>>。

陳國清，2000，臺灣傳統船頭行建築形態變遷之初探，斗六：雲林科技大學碩論

黃柏勳，2004，發現古厝之旅，臺北：黎明文化公司。

黃俊銘、李乾朗，2009，臺灣府儒考棚調查研究暨修復計畫，臺中：臺中市文化局。

楊仁江，1996，臺中縣龍井林宅研究，豐原：臺中縣立文化中心。

楊裕富，2006，建築構造類型：一個傳統民居研究方法論的輪廓，<<空間設計學報>>，第二期，p.71-82。

楊裕富，2007，<傳統家具設計美學：從室內設計臺灣家具設計與布置搭配風格的形成>，收錄於<<臺灣家具產業協會 TFPA 第一屆第二次學術研討會論文集>>。

楊裕富，2011a，福建設計美學發展講義，斗六：課程講義。

楊裕富，2011b，敘事設計美學：四大文明之風華再現，新北市土城：全華書局。

楊裕富，2011，福建設季美學講義，斗六：雲林科技大學建築研究所課程講義。

葉泰欽、江文義編，2007，臺灣家具產業協會 TFPA 第一屆第二次學術研討會論文集，臺南：臺南家具產業博物館、臺灣家具產業協會

趙莒玲，1992，臺北市古街之旅，臺北：臺北市政府新聞處。

曹春平，2006，閩南傳統建築，廈門：廈門大學出版社。

蔡相煇，1992，臺灣的祠祀與宗教，臺北：臺原出版社。

蔡榮順編，1997，嘉義交趾陶藝術初論，嘉義：財團法人金龍文教基金會。

劉文三，1982，臺灣早期民藝，臺北：雄獅圖書公司。

劉益昌、高業榮、傅朝卿、蕭瓊瑞，2009，臺灣美術史綱，臺北：藝術家出版社。

劉寧顏，1985，臺灣地區第一級古蹟巡禮，臺中：臺灣省政府新聞處。

簡榮聰、鄭昭儀，2001，彩塑風華：臺灣交趾陶藝術專輯，南投市：臺灣省文獻委員會。

龔玉芬，2007，一座護隘廟宇的個案研究：以新竹北埔慈天宮為例，竹北：新竹縣政府文化局。

謝月素、顏毓芬編，2003，汲古潤今：臺灣先賢書畫專輯，新營：臺南縣政府。

謝重光，1999，海峽兩岸的客家人，臺北：幼獅文化公司。

蕭瓊瑞，2009，臺灣美術史綱‧第五章殖民體制與新美術運動第一節至第四節。

第六章網路資料

百度百科第二次鴉片戰爭

http://baike.baidu.com/view/13965.htm

維基百科彰化南瑤宮

http://zh.wikipedia.org/wiki/%E5%8D%97%E7%91%A4%E5%AE%AE

萬巒聖金教堂網站。聖金教堂歷史。

http://www.catholic.org.tw/bankin/bankim/history.htm

屏東縣古蹟或歷史建築提報表。劉友才宅第。

http://sixstar.cca.gov.tw/e_upload_sixstar/cms/file/A0/B0/C0/D0/E1/F803/fe79faed-2
4de-4789-8d36-8d1da3831854.pdf

淡水社區工作室網站。淡水古蹟導覽簡介。鄞山寺(汀州會館)。

http://tavc.arch.tku.edu.tw/maps/intro/hs2.htm

文化部文化資產局網站。鄞山寺(汀州會館)款。

http://www.boch.gov.tw/boch/frontsite/cultureassets/caseBasicInfoAction.do?met
hod=doViewCaseBasicInfo&caseId=FA09602000115&version=1&assetsClassifyId
=1.1&menuId=302

文化部文化資產局網站。學海書院(今高氏宗祠)款。

http://www.boch.gov.tw/boch/frontsite/cultureassets/caseBasicInfoAction.do?method
=doViewCaseBasicInfo&caseId=AA09602000021&version=1&assetsClassifyId=1.1
&menuId=302

文化部文化資產局網站。馬公觀音亭款。

http://www.boch.gov.tw/boch/frontsite/cultureassets/caseBasicInfoAction.do?method
=doViewCaseBasicInfo&caseId=XA09602000292&version=1&assetsClassifyId=1.1
&menuId=302

國家三級古蹟：南投蘭田書院網站

http://www.lantian.org.tw/

臺中市政府網站。臺中文昌廟款。

http://www.taichung.gov.tw/internet/main/docDetail.aspx?uid=3598&docid=11765

新竹縣政府文化局網站。北埔慈天宮款。

http://www.hchcc.gov.tw/ch/06culture/cul_02_main.asp?bull_id=1054

新竹縣北埔鄉公所網站。觀光旅遊、古蹟、北埔慈天宮。

http://www.beipu.gov.tw/beipu/home.jsp?mserno=200801160004&serno=200801200
005&contlink=content/tourism4.jsp&menudata=BeipuMenu&level3=Y

鹿港天后宮全球資訊網。建築沿革款。

http://www.lugangmazu.org/menu2/history.aspx

嘉義市政府文化局交趾陶館網站

http://www.cabcy.gov.tw/koji/index.asp

學甲慈濟宮網站

http://www.tcgs.org.tw/index.asp

葉王交趾陶文化館
http://www.tcgs.org.tw/YW/YehWang/index1.html

第六章圖版目錄

尪仔陶作品「姜子牙伐紂」；圖 6-107 北埔慈天宮之尪仔陶作品「孔明征南蠻」；圖 6-108 葉麟趾作品尪仔陶燭臺；圖 6-109 葉麟趾作品「肥瘦羅漢」；圖 6-110 龍井林宅花草陶作品一；圖 6-111 龍井林宅花草陶作品二；圖 6-112 摘星山莊尪仔陶（建築裝飾版陶）作品一；圖 6-113 摘星山莊尪仔陶（建築裝飾版陶）作品二，消失中；圖 6-114 和美道東書院泥塑作品一；圖 6-115 和美道東書院泥塑作品二；圖 6-116 和美道東書院泥塑作品三；圖 6-117 淡水鄞山寺龍柱；圖 6-118 淡水鄞山寺泥塑；圖 6-119 淡水鄞山寺剪粘；圖 6-120 大溪李宅灰壁墨繪作品一；圖 6-121 大溪李宅灰壁墨繪作品二；圖 6-122 大溪李宅泥塑；圖 6-123 大溪李宅石雕旗竿座；圖 6-124 神岡大夫第樑枋彩繪；圖 6-125 神岡大夫第壁版彩繪；圖 6-126 神岡大夫第尪仔陶；圖 6-127 龍井林宅鑿花一；圖 6-128 龍井林宅鑿花二；圖 6-129 龍井林宅瓜筒彩繪；圖 6-130 龍井林宅泥塑落水口；圖 6-131 興賢書院古蹟維修過程一（楊裕富拍攝）；圖 6-132 興賢書院古蹟維修過程二（楊裕富拍攝）；圖 6-133 萬巒客家祠堂之翹頭如意形供桌（楊裕富拍攝）；圖 6-134 和美道東書院祭祀家具；圖 6-135 霧峰林家廳堂家具；圖 6-136 龍井林宅太師椅；圖 6-137 清朝木衣架（引自陳武雄、張啟仁<<臺灣民俗文物圖錄（一）>>）；圖 6-138 竹家具一；圖 6-139 竹家具二；圖 6-140 紅眠床；圖 6-141 洗臉盆架；圖 6-142 沈葆楨官服照；圖 6-143 益源大厝開基祖陳武畫像；圖 6-144 清朝女杉與三寸金連（引自華岡博物館）；圖 6-145 清朝臺灣女杉（引自陳武雄、張啟仁<<臺灣民俗文物圖錄（一）>>）；圖 6-146 清朝臺灣新娘服；圖 6-147 清朝新娘鳳冠；圖 6-148 三寸金蓮；圖 6-149 女杉及裙；圖 6-150 晚清臺灣道士禮服；圖 6-151 現今臺灣風味女杉（楊裕富拍攝）；圖 6-152 林安泰古厝大廳裡的供桌與太師椅一（維修前）；圖 6-153 林安泰古厝大廳裡的供桌與太師椅二（維修後）；圖 6-154 丁捷三之四屏幅畫作；圖 6-155 丁捷三花鳥畫作；圖 6-156 謝琯樵作品一秋色傲霜；圖 6-157 謝琯樵作品二扇面山水；圖 6-158 葉化成山水作品；圖 6-159 蒲玉田觀音畫；圖 6-160 蒲玉田花鳥畫；圖 6-161 張世英作品；圖 6-162 黃玉柱作品；圖 6-163 馬兆麟作品；圖 6-164 黃瑞圖作品；圖 6-165 謝彬作品一；圖 6-166 謝彬作品二麻姑獻壽；圖 6-167 謝彬作品三；圖 6-168 陳亦樵作品；圖 6-169 黃元璧作品；圖 6-170 林嘉作品；圖 6-171 龔植作品；圖 6-172 朱少敬作品；圖 6-173 郭彝作品；圖 6-174 蘇淞作品一；圖 6-175 蘇淞作品二；圖 6-176 陳必授作品；圖 6-177 施少雨作品；圖 6-178 呂璧松作品一；圖 6-179 呂璧松作品二；圖 6-180 王席聘作品；圖 6-181 淡水鄞山寺彩繪一；圖 6-182 淡水鄞山寺彩繪二；圖 6-183 大溪李騰芳宅樑枋彩繪；圖 6-184 大溪李騰芳宅灰壁繪；圖 6-185 新埔劉氏宗祠樑枋彩繪一，包巾彩繪；圖 6-186 新埔劉氏宗祠樑枋彩繪二；圖 6-187 佳冬蕭宅門版彩繪，雙星獻壽（維修前，楊裕富拍攝）；圖 6-188 佳冬蕭宅屏風擂金彩繪及樑枋彩繪；圖 6-189 神岡大夫第梁枋彩繪一；圖 6-190 神岡大夫第梁枋彩繪局部，郭友梅作品；圖 6-191 神岡大夫第壁版墨繪；圖 6-192 鹿港丁宅壁版墨繪一；圖 6-193 鹿港丁宅壁版墨繪二（引自林會承、許雪姬<<彰化鹿港古蹟保存區丁家大宅調查研究>>）；圖 6-194 龍井林宅壁版彩繪；圖 6-195 龍井林宅梁枋彩繪；圖 6-196 龍井林宅繪局部一，上款摩古黃慎先生大意；圖 6-197 龍井林宅墨繪局部二；圖 6-198 永靖餘三館梁枋彩繪；圖 6-199 永靖餘三館壁版彩繪；圖 6-200 永靖餘三館擂金繪；圖 6-201 霧峰林家樑枋彩繪一維修前（楊裕富拍攝）；圖 6-202 霧峰林家樑枋彩繪二維修前（楊裕富拍攝）；圖 6-203 霧峰林家樑枋彩繪三維修前（楊裕富拍攝）；圖 6-204 霧峰林家樑枋彩繪四維修後；圖 6-205 霧峰林家樑枋彩繪五維修後；圖 6-206 霧峰林家灰壁墨繪一維修前；圖 6-207 霧峰林家灰壁墨繪二維修後。本章圖片除正文另有說明及附記引用來源外，均引用自本章所列之參考文獻與參考網站資料並予以圖像校正及清晰化。

國家圖書館出版品預行編目(CIP) 資料

臺灣設計美學史. 卷二, 盛清臺灣 / 楊裕富著.
-- 初版. -- 臺北市：元華文創, 2019.05
面；　公分

ISBN 978-957-711-082-4 (平裝)

1.美學史　2.設計　3.臺灣

180.933　　　　　　　　　　　　　　108006176

臺灣設計美學史(卷二)—盛清臺灣

楊裕富　著

發 行 人：賴洋助
出 版 者：元華文創股份有限公司
公司地址：新竹縣竹北市台元一街 8 號 5 樓之 7
聯絡地址：100 臺北市中正區重慶南路二段 51 號 5 樓
電　　話：(02) 2351-1607
傳　　真：(02) 2351-1549
網　　址：www.eculture.com.tw
E - m a i l：service@eculture.com.tw
出版年月：2019 年 05 月 初版
定　　價：新臺幣 300 元

ISBN：978-957-711-082-4 (平裝)

總 經 銷：易可數位行銷股份有限公司
地　　址：231 新北市新店區寶橋路 235 巷 6 弄 3 號 5 樓
電　　話：(02) 8911-0825　　傳　　真：(02) 8911-0801